Marketing Estratégico

Antônio Cláudio Queiroz Santiago
Carlos Roberto Lago Parlatore
Edilberto Camalionte
Edson Marques Procópio
Marco Aurélio Morsch

Marketing Estratégico

Antônio Cláudio Queiroz Santiago
Carlos Roberto Lago Parlatore
Edilberto Camalionte
Edson Marques Procópio
Marco Aurélio Morsch

DVS Editora Ltda.
www.dvseditora.com.br

Marketing Estratégico
Copyright © DVS Editora 2004

Todos os direitos para a língua portuguesa reservados pela editora.

Nenhuma parte dessa publicação poderá ser reproduzida, guardada pelo sistema *retrieval* ou transmitida de qualquer modo ou por qualquer outro meio, seja este eletrônico, mecânico, de fotocópia, de gravação, ou outros, sem prévia autorização, por escrito, da editora

Revisão: Ivone Andrade e Márcia Elisa Rodrigues
Produção Gráfica, Diagramação: ERJ Composição Editorial e Artes Gráficas Ltda
Design da Capa: SPAZIO
ISBN: 85-88329-20-4
Endereço para correspondência com o autor:
Edilberto Camalionte – ecamalionte@faap.br

Dados Internacionais de Catalogação na Pubicação (CIP)
(Câmara Brasileira do Livro, SP, Brasil)

```
Marketing estratégico / Edilberto Camalionte... [et
   al.]. -- São Paulo : DVS Editora, 2004.

   Outros autores: Edson Marques Procópio, Marco
Aurélio Morsch, Antônio Cláudio Queiroz Santiago,
Carlos Parlatore
   Bibliografia.

   1. Marketing 2. Planejamento estratégico 3.
Administração mercadológica I. Camalionte, Edilberto.
II. Procópio, Edson Marques. III. Morsch, Marco
Aurélio. IV. Santiago, Antônio Cláudio Queiroz.
V. Parlatore, Carlos Roberto Lago.


04-7044                                      CDD-658.802
```

Índices para catálogo sistemático:
1. Marketing : Planejamento estratégico :
        Administração   658.802
2. Planejamento estratégico : Marketing :
        Administração   658.802

Prefácio

O Marketing toma conta de nossas vidas. Esta é a conclusão que pode se ter, levando-se em conta o número de ofertas de produtos e serviços que nos cercam. Elas vêm de todos os lados, e de formas cada vez mais criativas e bem elaboradas.

O pano de fundo que nem sempre conseguimos ver é o que levou o produto ao sucesso ou o fracasso. A estratégia. Os passos que foram tomados no caminho que leva empresas de todos os tamanhos a tomar decisões que mexem com a vida de todos nós.

Mas, como se desenvolve uma estratégia? Quais são os passos? O objetivo deste livro é abordar o assunto, fazendo uma reflexão em três partes:

Na primeira, o professor Edilberto Camalionte faz uma análise sobre a ligação entre os mercados financeiros do Brasil, mostrando os principais pontos que as empresas devem saber para tomar decisões sobre o seu planejamento. No mesmo capítulo, serão mostradas estratégias para determinação de preços.

A segunda parte, de autoria do professor Edson Marques Procópio, trata de um dos assuntos que mais freqüentam a pauta das empresas: como obter e sustentar vantagem competitiva, e as ferramentas para a análise da concorrência. O tema faz uma estreita relação entre teoria dos mais conceituados autores mundiais e a realidade brasileira, fazendo uma excelente adaptação das estratégias.

No capítulo final, os professores Marco Aurélio Morsch, Carlos Roberto Lago Parlatore e Antônio Cláudio Queiroz Santiago traçam os passos para a elaboração de uma estratégia para obter sucesso nos negócios, levando-se em conta o ambiente interno e externo, focado no cliente, exatamente como deve ser uma estratégia de marketing.

Este livro foi escrito pelos professores dos cursos de Pós-Graduação em Administração de Marketing e Gestão de Marketing de Serviços da Fundação Armando Alvares Penteado – FAAP. Gostaríamos de agradecer aos alunos, pelas suas valiosas contribuições, aos colegas professores pelas sempre excelentes dicas e especialmente à Direção da Pós-Graduação, na pessoa do Professor Arthur Marega, pelo incondicional apoio e motivação.

Esperamos, com este livro, ajudar no desenvolvimento de profissionais para que tenham firmeza em suas decisões e capacidade de análise crítica, requisitos essenciais para a sobrevivência no mercado de trabalho.

Edilberto Camalionte
Coordenador dos cursos de Pós-Graduação em
Administração de Marketing – FAAP

Sumário

Capítulo 1 Marketing Financeiro: Uma Visão do Todo .. 1
Edilberto Camalionte

    Exportações Brasileiras em 2003 5
    Investimentos Externos 21
    Mercado de Câmbio 30
    Bolsas de Valores 35
    Conclusões 45
    Montagem Técnica de Preços 46
    Parâmetros Técnicos 47
    Custos fixos 47
    Custos Variáveis 48
    Custo de Oportunidade 49
    Impostos 54
    ICMS 54
    Como Embutir Encargos no Preço de Venda 55
    Demanda – Função e Cálculo 57
    Rateio ABC 58
    Markup 63
    Impacto das Oscilações do Dólar 65
    Importação: 65
    Exportação: 67
    Mecanismos de Proteção ao Preço 68
    Vendas Financiadas 70
    Preço ao Contrário e Ponto de Equilíbrio 72
    Determinação de Metas 74

Capítulo 2 Gestão Competitiva 77
Edson Marques Procópio

    Comprando a Passagem (Ou Não...) 77
    Falando a Mesma Língua 81
    Dogmas da Gestão 90

O Ambiente Corporativo 104
O Ambiente Concorrencial 116
Gestão de Projetos 121
Diagnóstico: A Análise SWOT 128
Os Passos da Análise SWOT 133
   1 – Identificação do Foco de Análise 135
   2 – Viabilização do Cenário 138
   3 – Equalização do Cenário 141
   4 – Brainstorming 141
   5 – Tratamento das Variáveis 142
   6 – Classificação das Variáveis 143
   7 – Priorização das Variáveis 146
   8 – Cruzamento das Variáveis 153
Cadeia de Valores e Elos 154
   Os Elos na Cadeia e no Sistema de Valores 160
Você Faz. Por Que as Empresas Não Podem Fazer? 166
Referências Bibliográficas 169

Capítulo 3   Administraçao Estratégica 171

Antônio Cláudio Queiroz Santiago
Carlos Roberto Lago Parlatore
Marco Aurélio Morsch

A Administração Estratégica: Modelo Crucial para a Supremacia das Organizações 172
O Mundo em Mudanças: Novas Tendências, Novos Paradigmas 173
Os Novos Paradigmas e a Estratégia do Surfista 175
A Questão dos Paradigmas 177
Paralisia de Paradigma 178
   O Paradigma do Surfista 181
Estratégia: Definições e Evolução 181
   A Importância da Estratégia 186
   Pensando Estrategicamente 187
   Níveis de Estratégia 189
O Processo de Administração Estratégica 191
   Análise do Ambiente 192
   Ambiente Externo ou Geral 192
Ambiente Interno/Operacional 197
Estabelecendo a Diretriz Organizacional 198
   Missão Organizacional 199
   Importância da Missão 202
Princípios e Valores Organizacionais 202
Visão 204
Objetivos Estratégicos 205

Formulação da Estratégia 207
Apoiando-se nos Dados de Análise do Ambiente 208
Estratégias Corporativas (Organizacionais) 210
　Estratégias de Crescimento 210
　Estratégia de Concentração 212
　Estratégia de Estabilidade 213
　Estratégia de Redução de Despesas 213
　Estratégias Combinadas 213
　Estratégias Competitivas 214
　Alternativas Estratégicas 219
　Estratégias Funcionais 220
　A Contribuição da Cadeia de Valor e das Competências Essenciais
　　para a Formulação Estratégica 222
Restrições e Critérios de Seleção na Formulação da Estratégia 223
Implementação da Estratégia 224
　Abordagem do Comandante 227
　Abordagem da Mudança Organizacional 228
　Abordagem Colaborativa 228
　Abordagem Cultural 228
　Abordagem Crescente 228
Controle Estratégico 230
　A Importância da Informação no Controle Estratégico 233
　A Estratégia e a Responsabilidade Social Empresarial 234
Referências Bibliográficas 235

Capítulo 1
Marketing Financeiro: Uma Visão do Todo

Edilberto Camalionte

Graduado em Filosofia e Psicologia, MBA em Finanças, Professor Coordenador dos Cursos de Pós-Graduação em Marketing da FAAP – Fundação Armando Alvares Penteado, é professor das disciplinas Marketing Financeiro e Estratégias de Diferenciação. Foi executivo da área Corporate do Banco do Brasil.

Dedicatória

Para minha amada esposa Solange e meus adorados filhos André e Letícia. Todas as palavras escritas no mundo não iriam expressar o que sinto por vocês. Com todo meu coração, obrigado.

Desde há muito os principais setores que geram atividade econômica no mundo sempre caminharam de maneira parecida. Os governos de todo o mundo sempre tentaram o que se chama de elevação do poder aquisitivo da população através de uma distribuição justa de riqueza para que, assim, a economia tenha uma dimensão justa e organizada.

Essa forma de organizar a economia é uma meta a ser traçada, quando não um sonho que vale para qualquer economia do mundo. Pensar que pessoas diferentes tenham a mesma oportunidade e que essas oportunidades possam quase sempre ser bem-sucedidas parece muito mais longe de ser alcançado a cada dia, pois a tecnologia, a rapidez nas informações e o poderio econômico das nações fortes do ponto de vista econômico vão dificultando cada vez mais para economias como a brasileira, que encontra outros problemas igualmente complicados, desde aspectos culturais e sociais até econômicos.

Para facilitar o entendimento: o objetivo de qualquer país é gerar uma justa divisão de riqueza entre a população. Vejamos, então, como é feita a geração ou administração de recursos de qualquer país. Simplificando o modelo de arrecadação, as duas principais fontes dos Governos no mundo inteiro são impostos e saldo positivo em balança comercial.

Impostos são os principais geradores diretos de dinheiro para que um país possa administrar. Em alguns países, como a Alemanha, essa carga tributária pode chegar a quase 53% do total recebido pelas pessoas físicas. No Brasil, esse percentual pode chegar a até 45% da renda, se considerarmos a classe média. Aqui, os principais impostos são pagos pelo consumidor final após uma longa história de cobrança em toda a cadeia produtiva. Em razão da carga tributária, alguns produtos, como o cigarro e algumas bebidas alcoólicas chegam a custar quatro vezes mais caro do que o custo de produção. Com relação ao Produto Interno Bruto (PIB), a arrecadação do governo com impostos ultrapassou em 2002 os 35%, enquanto nos EUA a média varia entre 30% e 33% do PIB.

Ainda assim, infelizmente não tem sido suficiente para comemorarmos uma boa atuação do Estado, não pela competência, até porque isso é discutível, mas efetivamente porque faltam recursos para que tenhamos uma sociedade com saúde, educação e transporte, em ótimas condições. Sabemos que muito ainda há o que ser feito.

Como se dá esse processo de transformação da riqueza? Vamos resumir um pouco esse processo:

(+) Impostos

(+) Saldo comercial (exportações maiores que importações)

Se os impostos são a principal fonte de receita de qualquer país do mundo, o saldo positivo de balança comercial é a segunda maior fonte de divisas. Isso porque, no Brasil, as empresas não podem movimentar dólares em sua conta corrente. O dinheiro que vem de fora, objeto das exportações, deve ser vendido a um intermediário (no caso, um Banco) que fornece para essas empresas os reais a que têm direito, mediante o resultado da venda dos dólares. Assim, quanto maior for a cotação do dólar, melhor para quem vende, pois receberá mais reais.

Esses dólares são vendidos, em sua maior parte, para os importadores, que, em caminho contrário, precisam comprar essa moeda, dando, em troca os reais. Se sobram dólares nessa transação, existe o que se chama de superávit comercial. Os dólares são mantidos na conta do governo federal. Nesse caso, e somente nesse, é possível emitir moeda sem a geração da inflação, pois existe o que se chama de "lastro" para garantir essa emissão de moeda.

Para exemplificar melhor, imaginemos uma empresa que fabrique cadeiras. Digamos que o custo de produção seja de R$ 10,00, mas ela vende por R$ 12,00 para obter lucro. Quem vai comprar é um intermediário ou um distribuidor de cadeiras, que venderá para lojas especializadas. O preço de compra foi de R$ 12,00 e imaginemos que o preço de venda será de R$ 14,00. Chegamos, então, na loja que vende ao consumidor final. Ela comprou por R$ 14,00 e venderá por R$ 20,00. Nessa ponta é que entra o consumidor final e leva a cadeira para casa.

A pergunta é a seguinte: se somarmos todo o dinheiro daquele país no momento zero, quando o produtor construiu a cadeira, e somar de novo no momento três, quando o consumidor final adquiriu da loja, haverá mais, menos ou igual dinheiro naquele país?

A resposta é a seguinte: haverá o mesmo volume de dinheiro.

Isso porque os recursos trocaram de mão, mas, financeiramente, continuaram os mesmos. O aumento de massa de dinheiro em circulação só iria aumentar se um dos três elos da cadeia de dinheiro que envolveu esse exemplo exportasse para um outro país esse produto. Digamos que a cadeira tenha sido exportada por um preço em dólares (ou euros) correspondentes aos R$ 20,00. Isso significa que foi vendida pelo dobro do que custou para ser produzida.

A dificuldade é entender como isso pode ser revertido em riqueza para o país. Imaginando que a empresa que produziu a cadeira faça a exportação, com o dinheiro do lucro ela poderá:

a) Investir na própria empresa – nesse caso, poderá reduzir custos operacionais, abrir outras filiais ou aumentar de tamanho. Ela pode também investir mais em sua marca ou mesmo em comunicação, aumentando, dessa forma, suas chances de crescer.

b) Repassar o dinheiro ao acionista – com isso, ela ficará efetivamente mais rica, gastando mais com bens de consumo e fazendo com que a economia "gire" mais.

c) Diminuir o preço médio dos produtos – com isso, aumentará o volume de vendas ou sua participação de mercado.

d) Investir esses recursos em um Banco.

Vamos nos concentrar na última alternativa. Se ele investe mais no Banco, significa que está emprestando esses recursos ao Banco. O Banco é, efetivamente, um intermediário financeiro, uma empresa que compra e vende moeda. Quando o Banco aceita esses depósitos, vai, necessariamente, emprestar esses recursos a outra pessoa, seja ela física, ou jurídica.

Emprestando dinheiro a uma pessoa física, ela poderá comprar um carro, uma casa, uma geladeira. Quando empresta para uma empresa, ela poderá, por exemplo, investir na produção ou adquirir um determinado bem e com isso fazer com que tenha um custo menor. Os empréstimos, em última ordem, fazem com que a economia gire mais rápido. Nos Estados Unidos, as baixas taxas de juros garantem alto consumo o ano todo. Fica fácil comprar bens e serviços em prazos longos e juros baixos.

Por outro lado, esse consumo deve ser efetivamente sustentado. Se imaginarmos que determinado parque industrial tem capacidade de produzir 20.000 carros por ano e as taxas caem de 20% para 1%, é evidente que essa produção, que foi feita para atender a um público em 12 meses, será atendida em 4 ou 5 meses. Assim, uma forma lógica para não ter de ficar sem clientes pelo resto do ano por falta de produto é aumentar os preços. Isso fará com que o público, inicialmente beneficiado pelos juros, não vá "correndo" às compras. De qualquer forma, haverá aumento de preços e, conseqüentemente, inflação.

Se imaginarmos um país que só poupa, é fácil concluir que a taxa de juros será zero. Não existe nenhum país no mundo exatamente assim, mas em alguns, como o Japão, por exemplo, é um fato condicionado à sua cultura. Os japoneses têm o costume, o hábito de poupar. Por isso, consomem menos e sua economia apresenta baixo crescimento. Em 2001 e 2002, por exemplo, o governo chegou a decretar feriados sem qualquer motivo especial, apenas para que as pessoas pudessem ter oportunidade de ir ao *shopping* e consumir um pouco mais...

Essa não é uma realidade que impera aqui no Brasil. Por vários motivos, que vão desde questões culturais, financeiras, sociais, entre outras, até o fato de que os brasileiros gostam de ir às compras. Não vão mais porque nosso país, infelizmente, é pobre e sua riqueza está extremamente concentrada.

Vamos voltar à questão inicial. Como nosso país depende de exportações para sobreviver, é importante que saibamos como estão estruturadas nossas vendas. Para que haja um controle sobre os preços, o ideal é que tenhamos produtos cujo preço de venda represente um produto que tenha marca. Com um nome, um símbolo, podemos conferir a ele um valor na mente dos consumidores que traduza em uma estabilidade de preços. Ao contrário, teríamos problemas para a determinação de uma riqueza de maneira estabilizada. Produtos *commodities*, por exemplo, que não têm marca, dependem necessariamente de condições que vão além dos produtores para se manter.

Exportações Brasileiras em 2003

Os números que resumem as exportações do Brasil, embora apresentem dados que mostram uma ótima evolução nos volumes de exportação, merecem considerações.

O Gráfico 1.1 representa o comércio brasileiro no período de 1990 a 2003:

Gráfico 1.1

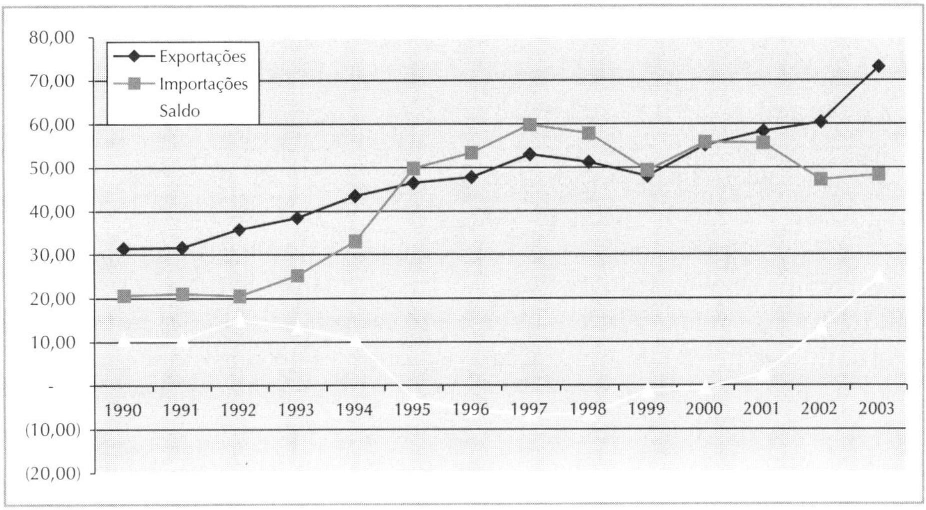

Fonte: Ministério do Desenvolvimento, 2004.

É possível observar que as exportações começam a superar as importações com maior vigor a partir de 2003. Para ter uma idéia, o superávit comercial de 1990 a 1993 acumulou vantagem de US$ 49,87 bilhões, enquanto no período de 1994 a 2003 o superávit acumulado foi de US$ 26,86 bilhões. Também é fato que o Brasil teve déficit comercial entre 1995 e 2000, mas isso está vinculado à política cambial que deixou o real "mais caro" com relação ao dólar. Explicaremos isso adiante.

Contudo, também é fato que as exportações estão bem fortes, apontando para um aumento progressivo nas vendas, enquanto as importações caminham "de lado", ou seja, estão estabilizadas em patamares próximos de US$ 50 bilhões desde 1995. As exportações têm uma taxa de crescimento bastante inconstante de um ano para outro, como mostra o Gráfico 1.2:

Gráfico 1.2 Taxa de Crescimento das Exportações (comparativo de um ano para outro).

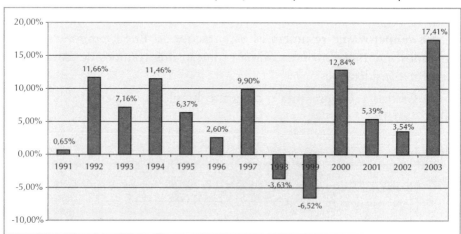

Fonte: Ministério do Desenvolvimento, 2004.

Existem vários motivos que explicam a grande oscilação nas taxas de crescimento, fazendo com que ela não tenha uma tendência clara. É possível, de toda maneira, avaliar, de uma forma mais esmiuçada, porque isso ocorre no Brasil. Vamos avaliar quais os principais produtos que são exportados – que têm exportação acima de U$ 1 bilhão, dados do Ministério do Desenvolvimento referentes às exportações de 2003.

- 1º colocado – **Soja – Volume total do complexo, que inclui grão, farelo e óleo – U$ 6,9 bilhões**. Praticamente o total das exportações de soja vai para a China, que é, também, o maior consumidor do mundo. O Brasil é o maior produtor e exportador do produto no mundo. Contudo, a soja que é exportada não tem marca: fica na dependência das condições climáticas e da oferta desse produto por outros países, além dos hábitos alimentares dos chineses ou dos consumidores dos demais países que importam o produto. Em junho de 2004, a notícia de que a safra nos EUA seria 15% melhor do que 2003, aliada à notícia que em 2004 o Brasil colheria 20% mais soja do que no ano anterior, deprimiu os preços em 5% em um único dia. Essa não é a pior notícia de todas, até porque podemos dizer que é possível recebê-la em qualquer momento, uma vez que, por ser uma *commoditie*, o preço varia de acordo com condições primárias do mercado. Em suma, não é possível prever ou fazer um planejamento de longo prazo para esse produto, porque ele depende apenas de condições de mercado.

- 2º colocado – **Aço e derivados – U$ 6,5 bilhões** – O Brasil tem o mais eficiente sistema de extração de aço do mundo e poderia ter um volume muito maior, não fossem as barreiras colocadas por vários países, sobretudo os EUA, que fazem com que o volume de exportações não seja ainda maior. É interessante comentar, nesse aspecto, que praticamente todos os países do mundo tem algum tipo de barreira. Aqui no Brasil ela se dá no preço: especificamente o Imposto de Importação, que limita as compras em razão do preço final. Mostraremos isso com um exemplo adiante, quando abordarmos os aspectos de preço na importação dos produtos.

- 3º colocado – **Automóveis, tratores e autopeças – U$ 5,8 bilhões** – Diferente dos dois primeiros, esse tem, sim, uma marca forte, que de certa forma garante a qualidade dos produtos. Há outros aspectos que devem ser levados em conta: a pesquisa e o desenvolvimento desses produtos geralmente está na matriz das fábricas, as quais conhecemos pelo nome: Volkswagen, Ford, GM, Fiat, entre outras gigantes, todas estrangeiras. Essas empresas escolhem, no mundo, empresas que tenham baixos custos de investimento, boa estrutura de logística para exportação, um mercado interno em expansão e baixos custos fixos. Corresponde a um ambiente propício para se gerar bons volumes de produção e alternativas atraentes. Se o mercado externo não vai bem, exportam a produção. Por isso, o bom senso levou as montadoras aos conceitos de "carro global". Reduz os custos de investimento em estudo e desenvolvimento de novos produtos e torna o modelo flexível: até 1996 era mais barato para a Volks produzir seus carros para exportação na Argentina do que no Brasil. O câmbio, lá, era fixo em U$ 1,00, enquanto no Brasil, o dólar flutuava abaixo desse valor. Com o tempo, a situação se inverteu, a ponto de a Volks fechar a fábrica na Argentina, concentrando toda sua produção aqui.

Portanto, se de um lado é ótimo abrigarmos fábricas que produzam bens com valor agregado, de outro essa situação também fica subordinada a condições externas, já que todas são empresas multinacionais. São poucas as empresas brasileiras, embora esse número esteja em elevação. Ainda assim, não há grande investimento em pesquisa e as indústrias acabam por desenvolver projetos já existentes, portanto com menor valor agregado.

- 4º colocado – **Carnes** – **US$ 3,9 bilhões** – Este é um maravilhoso exemplo de prosperidade em nosso país. A Sadia e a Perdigão, entre outras excelentes empresas do setor, com reconhecida competência internacional, conseguem colocar nossos produtos nos pratos dos mais variados países, sobretudo no Oriente Médio e na Europa. Contudo, há de se destacar que as carnes são *commodities* e têm seu preço balizado pelo mercado internacional. São cortes especiais, é bem verdade, que fazem parte de um restrito e competitivo mercado. Ainda assim, ficam subordinados aos parâmetros básicos da economia: excesso de gado, mercado estabilizado e diminuição do preço. Faltando gado, aumenta-se a demanda e o preço sobe. É claro, a marca vale, e muito, mas essa premissa ainda está na frente. Sem contar com a política cambial: o dólar sobe, os preços ficam mais competitivos. Se ocorre o contrário, a empresa perde força nas exportações.

- 5º colocado – **Aviões** – **US$ 1,9 bilhões** – Do rol das dez mais, os aviões são os que têm talvez o maior valor agregado, uma vez que dependem de grandes investimentos em tecnologia, mas também da política cambial e de crédito externo: a maior parte das vendas ocorre por financiamentos do BNDES com excepcionais vantagens. As taxas são atrativas, pena que concentradas em uma única empresa, a Embraer, responsável por 95% do volume, foi ré na Organização Mundial do Comércio (OMC) justamente por oferecer condições de financiamento muito melhores do que seus concorrentes, sobretudo a canadense Bombardier. Vamos deixar claro aqui que a Embraer ganhou a disputa. Não há absolutamente nada de ilegal com ela e muito menos com seus aviões. Pena que só temos uma Embraer aqui. Ficamos condicionados, portanto, ao fato da concentração em uma única empresa.

- 6º colocado – **Celulose – US$ 1,8 bilhões** – A exportação de matéria-prima para fabricação de papel tem importante colocação entre as mais vendidas pelo Brasil. Novamente encontramos aqui os mesmos problemas entre as *commodities*: condições climáticas, política cambial e completa impotência para dominar os preços de venda. A favor, a política interna de preservação do meio ambiente, que reina entre todas as empresas responsáveis pela exportação. Contudo, isso algumas vezes não é bem percebido pelo público externo. O Brasil já foi, por vezes, acusado de crimes ambientais, na grande maioria das vezes, sem razão, o que depõe contra a imagem brasileira. Na maior parte das vezes são organismos internacionais de imprensa, que, com informações parciais ou movidos por interesses escusos, acusam e atiram para todos os lados. A defesa geralmente não tem o mesmo espaço que a acusação, e fica a imagem negativa, sem a respectiva culpa. Existe um movimento para se desenvolver um tipo específico de celulose com valor agregado, com outro posicionamento de preço. A Votorantin, empresa brasileira, já comercializa. Todavia, não podemos, conceitualmente, dizer que não é uma *commoditie*, uma vez que é feita de acordo com um padrão que pode ser imitado.

- 7º colocado – **Aparelhos transmissores – US$ 1,7 bilhões** – Estamos no século da informação. Aparelhos transmissores, como celulares, antenas, satélites, são produzidos aqui no Brasil por inúmeras multinacionais, que têm uma estratégia de atuação muito parecida com a dos automóveis. A favor do Brasil, além daquilo que já foi escrito naquele item, o fato de termos excelentes profissionais em ótimas faculdades, que ajudam no aprimoramento e desenvolvimento desses produtos. Contudo, a maior parte dessas exportações são feitas para a matriz ou para outras filiais. E a controladora define os preços, que podem ou não ser bons para quem exporta. Vai depender da política de preços adotada mundialmente. Um exemplo que simplifica: se a empresa que produz, no Brasil, será tributada, digamos, em 25% do lucro, e no país de destino a cobrança será menor, digamos 10%, a empresa exporta com um pequeno lucro ou com lucro igual a zero, deixando que a outra filial fique com o lucro. No todo, a empresa sai ganhando: tem mão-de-obra barata e lucro maior. E não apenas isso. Passa, mais uma vez, pela política cambial adotada no Brasil, ou seja, é bom, muito bom, mas não tem como melhorar.

- 8º colocado – **Calçados – US$ 1,6 bilhões** – Os calçados brasileiros são mundialmente reconhecidos pela sua ótima qualidade e pelo *design* desenvolvido de acordo com o mercado comprador, atendendo a todos os quesitos de um *marketing* bem feito. No entanto, temos grandes problemas aqui:
    - o mercado está "patinando", com volume de vendas semelhante há pelo menos cinco anos. Para se ter uma idéia, o volume de vendas do primeiro trimestre de 2004 foi 6,4% menor que em 2003.
    - não há grandes empresas, apenas cooperativas de pequenas empresas, que, unidas, formam bons volumes de venda, ou seja, ainda o mercado não apresenta sinais claros de organização da forma esperada pelo mercado internacional;
    - a maior parte dos produtos exportados não tem "etiqueta" brasileira, ou marca consolidada. São exportados apenas como itens brasileiros, para que os mercados regionais possam elevar o valor no mercado escolhido com outras marcas.

    Isso não representa, nem pode ser considerado, um grande risco; ao contrário, podemos situar esse mercado como um dos mais emergentes, mas, necessariamente, precisa ser organizado de maneira mais agressiva, para que tenha uma maior sustentabilidade.

- 9º colocado – **Açúcar – US$ 1,3 bilhões** – O Brasil é o maior produtor e consumidor do produto no mundo. Para se ter uma idéia, a Copersucar, cooperativa brasileira que reúne 34 das maiores usinas produtoras de açúcar e álcool do Brasil, produz aproximadamente 7% de todo o açúcar consumido no mundo. Esse excepcional desempenho foi o resultado de um longo processo de regulamentação do setor, que aos poucos foi perdendo a "mão" do estado no controle de preços, até ser totalmente livre, o que causou problemas para as que não conseguiram se profissionalizar, e grandes vantagens para as mais ágeis. Com as guerras e crises nos principais países produtores de petróleo, O Brasil ainda deverá progredir muito nas exportações, , pelo potencial de negócios não apenas do açúcar, mas principalmente pelo álcool.

Para se ter uma idéia simplificada de como funciona o mercado: o Brasil é um dos maiores produtores de cana-de-açúcar do mundo, especialmente a região centro-sul, com aproximadamente 84% de toda a produção. Dois tradicionais produtos são derivados de sua industrialização: açúcar e álcool. O mercado brasileiro consome aproximadamente 13 bilhões de litros de álcool e o restante da matéria-prima é usada para a produção de açúcar. Assim, quando a produção de cana é muito grande, o que se faz é produzir primeiro o álcool, e com o restante da cana, o açúcar.

As exportações de álcool são pequenas, sobretudo perto do nosso potencial. O Brasil já chegou a vender para os EUA cerca de 850 milhões de litros de álcool para ser misturado no combustível, mas uma ação movida por uma empresa americana na OMC com o argumento que o produto era subsidiado pelo governo brasileiro impediu o avanço das exportações, que por muito tempo foram próximo de zero. Em 2001 as exportações do produto voltaram, ainda que tímidas, e em 2003 alcançaram 236 milhões de litros. Ainda é muito pouco, porque o álcool pode, sim, ser acrescido à gasolina sem danos para o automóvel, desde que feitos os ajustes necessários. Esse é um produto que deverá ter grande potencial de venda nos próximos anos, porém ainda como *commoditie*.

O açúcar, infelizmente, também não tem uma marca voltada ao consumidor final como valor agregado. Nos gráficos a seguir, fica fácil mostrar os problemas causados pela relação oferta-demanda-preço:

Gráfico 1.3 Preços Médios de Açúcar Cristal R$/Saco 50 kg.

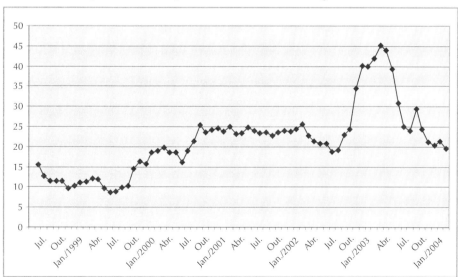

Fonte: União Nacional das Indústrias de Cana-de-açúcar (Única).

O Gráfico 1.4 mostra, no mesmo período, os preços do álcool anidro:

Gráfico 1.4 Álcool Anidro – R$/litro.

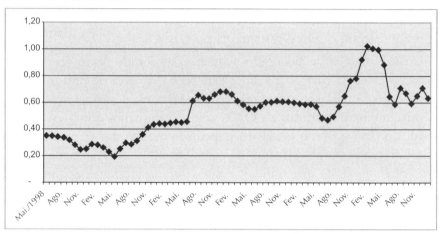

Fonte: União Nacional das Indústrias de Cana-de-açúcar (Única).

É evidente a correlação de preços entre esses produtos, porque fica subordinada à demanda e à oferta. Nos anos que houve maior oferta, os preços despencam, causando problemas financeiros ao produtor e à indústria. Muitos produtores efetivamente quebram ou mudam a cultura, como é o caso do produtor de cana que passa a cultivar laranja. Quando isso ocorre, os preços reagem.

A seguir, a evolução das exportações:

Gráfico 1.5 Evolução das Exportações de Açúcar – em US$.

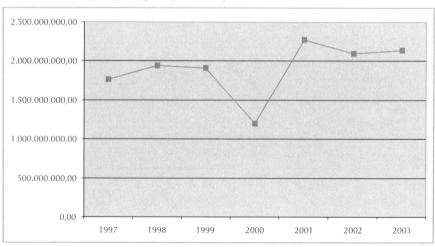

Fonte: União Nacional das Indústrias de Cana-de-açúcar (Única).

O Gráfico 1.5 mostra que o mercado não teve altas taxas de crescimento, ao contrário, o volume do produtor de cana considerando esse período é 12% maior que o pico histórico obtido em 2001. Veja a seguir a evolução da produção do produto:

Gráfico 1.6 Evolução da Produção de Açúcar – em sacas de 50 kg.

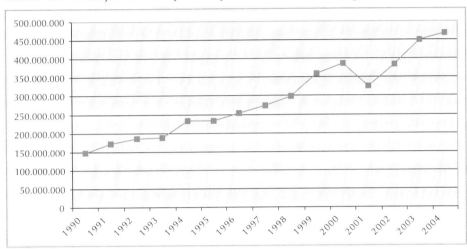

Fonte: União Nacional das Indústrias de Cana-de-açúcar (Única).

O raciocínio é simples: com a produção cada vez maior, será necessário aumentar, na mesma taxa, o consumo do produto. Sabe-se que a demanda no mercado externo pelo açúcar, como mostra o gráfico de exportação, é estável, e o consumo interno, também. Dessa forma, uma saída para a remuneração adequada dos preços é o crescimento das vendas externas de álcool, uma vez que o consumo interno também é praticamente estável.

Outra saída lógica é o controle da produção de cana, na medida da demanda, contudo essa é uma variável muito difícil para o controle da indústria, uma vez que a maior parte da produção está diluída em centenas de produtores. Movimentos nesse sentido são organizados por entidades do setor, mas nem sempre têm o resultado esperado. A última saída é contar com a sorte! Uma quebra de produção de países concorrentes beneficia os preços no mercado internacional.

Um detalhe que não podemos deixar de abordar é o fato de que, quando o dólar sobe com relação ao real, os preços desses produtos exportados também ficam mais altos no mercado interno. A soja e o açúcar, por exemplo, cujos custos são praticamente todos em reais, porque o industrial tem a opção de vender ou para o mercado interno ou para o externo e, é claro, escolherá o mais rentável. Um exemplo:

Dia 10/03 – cotação do dólar: R$ 2,10

Preço em dólar: US$ 9,52 (cotação estabelecida pelo mercado internacional)

Preço em reais: R$ 20,00

Dia 12/03 – cotação do dólar: R$ 3,00

Preço em dólar: US$ 9,52

Preço em reais: R$ 28,57

- 10º colocado – **Café** – **US$ 1,3 bilhões** – Muito também se especula sobre o café brasileiro. Os desavisados acham que a marca de café que se exporta é uma dessas conhecidas aqui no mercado interno, encontradas facilmente nos supermercados. Infelizmente, não é verdade. O principal produto de exportação brasileiro é o café Arábica "tipo 6 para melhor", o café tipo exportação.

É bem verdade que há algumas ações que são feitas para promover a venda do café *gourmet*, uma variação com maior qualidade e com ótimos preços, se comparados aos dos tipos tradicionais. Os que compõem 95% da exportação brasileira são Arábica, Conillon e a mistura solúvel. O Gráfico 1.7 mostra o quanto cada tipo de café responde nas vendas no ano de 2002, em volume de sacas de 60 kg:

Gráfico 1.7   Volume de Exportações – sacas de 60 kg.

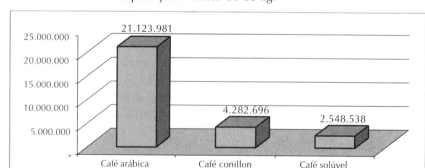

Fonte: Associação Brasileira das Indústrias de Café (Abic).

Contudo, os preços fazem outra curva:

Gráfico 1.8 Preços dos Produtos – valores em US$.

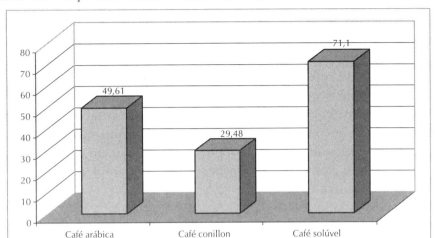

Fonte: Associação Brasileira das Indústrias de Café (Abic).

Aqui fica evidente como se pode agregar valor: o preço do café solúvel acaba sendo inversamente proporcional ao volume exportado. Isso, que é fundamental para o comércio internacional, ainda não é um ponto forte no Brasil, como se pode verificar nos gráficos mencionados. O ideal seria que tivéssemos uma marca forte em outro país, produzindo de acordo com os gostos e costumes. Dessa forma, seria possível agregar valor ao produto, criando uma estabilidade nos preços, conseqüentemente um fortalecimento comercial e financeiro.

Para se ter uma idéia, a Alemanha, que não tem um único pé de café plantado em seu país, tem 3% do comércio mundial, exportando sete vezes o valor que importa, graças ao princípio de desenvolver o comércio com valor agregado. Todos os envolvidos no mercado de café, no Brasil, sabem disso. Não é por falta de competência que isso não ocorre. É por falta de dinheiro, mesmo. Para estabelecer uma marca em um país é preciso investimento em propaganda, publicidade, *marketing*, distribuição, preços competitivos, estudo da concorrência, pois não basta ter, simplesmente, um ótimo produto. Para não se entrar nessa seara difícil, os elos da cadeia do café, assim como de outros produtos descritos aqui, preferem concentrar-se na produção e na venda.

Um outro aspecto que merece nota é que o Brasil é o maior produtor e consumidor de café no mundo. Contudo, a grande maioria dos países produtores de café, concorrentes do Brasil, é mais pobre e mais dependente da exportação do que nós. Por isso, quando há excedente de produção, qualquer movimento em prol da diminuição das vendas para controlar o preço acaba por ruir: o Brasil ainda pode conter as exportações para regular o estoque interno, como já fez por duas vezes. O Vietnan, a Costa Rica e alguns países do continente africano, por exemplo, não têm como fazer isso. Ao verificarmos o gráfico de exportações de café, é possível identificar aspectos dessa "montanha russa":

Gráfico 1.9 Evolução das Exportações de Café – sacas de 60 kg.

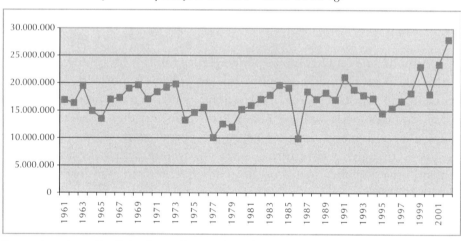

Fonte: Associação Brasileira das Indústrias de Café (Abic).

Se descrevermos a média de exportações, por década, o resultado é esse:

Gráfico 1.10 Evolução por Década.

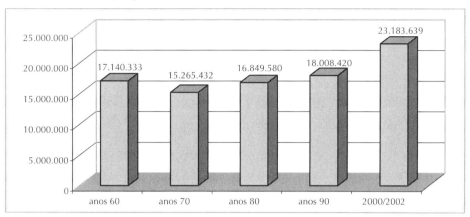

Fonte: Associação Brasileira das Indústrias de Café (Abic).

Mais uma vez é possível perceber que houve uma evolução, porém ainda muito pequena. A taxa média de crescimento é de 0,72% ao ano, nos 42 anos de estudo. A média de exportações dos anos 90 foram apenas 5% maiores que nos anos 60, mesmo com o consumo mundial aumentado em quase 100%. Isso representa uma perda de mercado, de *market-share*, não apenas quantitativo mas também qualitativo.

- 11º lugar – **Suco de laranja concentrado – US$ 910 milhões** – A região Sudeste é a grande produtora de laranja do Brasil e a maior do mundo, com quase 30% da produção mundial. A segunda maior região é a Flórida, nos EUA, que eventualmente sofre com condições climáticas, como furacões e tempestades, que acabam por dizimar os pomares. No Brasil, a produção é mais estável graças à manutenção da mesma condição climática, porém os preços, seguramente, não são estáveis. Quando os produtores dos EUA comemoram grande colheita, os daqui lastimam os preços baixos, porque não há esforço de *marketing* para criar uma bebida com o eventual excedente do produto. Um litro de suco de laranja natural chega a custar três vezes mais do que um litro de refrigerante. São muitos os motivos, é verdade, que vão desde a falta de hábito (que poderia ter uma ajuda do *marketing*) até a tranqüilidade de ser ter um mercado cativo, o europeu, que consome praticamente 70% de todas as vendas para aquele continente.

O fato é que não existe um movimento organizado para promover o aumento do consumo do produto no mercado interno. Dessa forma, o caminho, idêntico ao café, é o mercado externo como *commoditie*. O Brasil tem conseguido bons números na exportação, como mostra o Gráfico 1.11:

Gráfico 1.11 Exportações de FCOJ – 1990/91 a 220/03 (em mil toneladas).

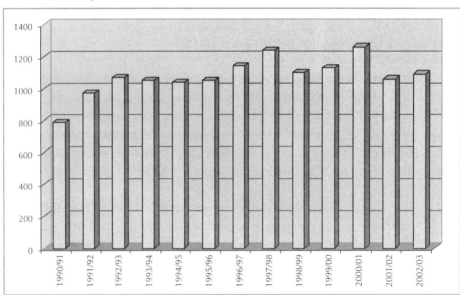

O problema, mais uma vez, é que a taxa de crescimento não é alta e as exportações devem obedecer à mesma curva de crescimento da demanda. Quando isso não ocorre, há oscilação do preço, para cima ou para baixo. Veja a seguir o Gráfico 1.12 com o crescimento da produção:

Gráfico 1.12 Safra de Laranja – São Paulo.

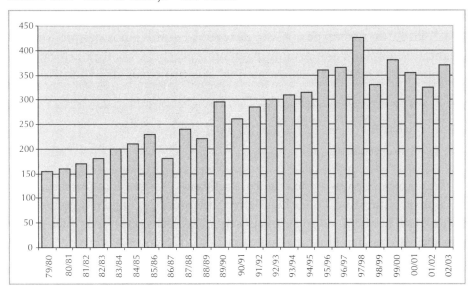

No ano de 1998 verificou-se um grande problema no setor que ilustra a importância desses números. O custo de produção de uma caixa de laranja era de aproximadamente R$ 1,00 e, em razão da elevada oferta do produto, a indústria que faz o suco pagava apenas R$ 0,80, ou seja, quanto mais fosse colhido, maior seria o prejuízo. Muitos produtores foram à falência naquela época. A única saída, para o futuro, parecia ser a mudança de cultura, para soja ou açúcar, por exemplo. Um movimento organizado no interior do Estado de São Paulo, orientando os produtores a mudar paulatinamente a cultura, impediu que os danos fossem maiores. Se isso não tivesse ocorrido, o problema seguramente se repetiria com a cana-de-açúcar, 18 meses depois.

O que podemos resumir dessa história é que os principais produtos destinados à exportação, que correspondem praticamente a 45% de tudo o que o Brasil vendeu no ano de 2003, têm graves problemas em relação à continuidade das vendas no ritmo necessário para um crescimento sustentável. Praticamente todos dependem de aspectos climáticos, e não apenas aqui do Brasil, mas do clima dos países concorrentes para sabermos qual será o preço, e, só depois, saber se o negócio será ou não lucrativo;. Devemos refletir mais e melhor sobre essa pauta de exportações, porque devemos muito a ela para contribuir com o volume de dólares que podem ou não sustentar adequadamente nossa economia.

É fato que não é apenas isso. A seguir, enumeramos de que forma a balança comercial é importante para um país, bem como a arrecadação de impostos. Quanto ao lado "menos", os principais dispêndios de um país são:

(–) Salários

(–) Infra-estrutura

Aqui cabe, de novo, uma rigorosa reflexão. O Brasil tem os seus órgãos de controle, que são o Poder Legislativo, o Poder Executivo e o Poder Judiciário. Tem, também, de pagar os aposentados e pensionistas, os quais têm o subsídio dos assalariados, mas perdura uma diferença de cerca de R$ 50 bilhões anuais entre o que se arrecada menos o que se paga para eles, que tem a ver com a má gestão desses recursos, que hoje consome uma imensa parte do orçamento da União. Para se ter uma idéia desses gastos, veja como a União fez o seu orçamento para 2004:

Receita líquida: R$ 342 bilhões

Juros da dívida externa: R$ 42,3 bilhões

Poder Executivo: R$ 30 bilhões

Ministério da Saúde: R$ 30 bilhões

Despesas com pessoal: R$ 80 bilhões

Previdência Social: R$ 124 bilhões

Programas Sociais: R$ 12,9 bilhões

Infra-estrutura: R$ 7,8 bilhões

Investimento com estatais: 32,8 bilhões (sendo R$ 23,6 bilhões só com a Petrobrás)

Ou seja, isso resulta em um déficit de R$ 21,6 bilhões, que representa a necessidade de financiamento do Brasil. Veja as despesas no Gráfico 1.13:

Gráfico 1.13 Orçamento 2004.

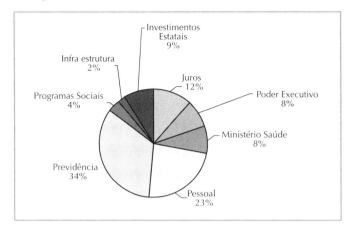

Fonte: Ministério do Planejamento.

Podemos fazer inúmeras reflexões sobre os dados mencionados. Evidente que eles precisam ser estudados minuciosamente para que possamos fazer uma crítica sobre a utilização dos recursos, mas é possível, em uma primeira análise, identificar que 57% de todos os recursos são usados para pagar salários e apenas 2% tem seu emprego em infra-estrutura, uma das funções básicas mais importantes do estado, o que diz muito sobre o país. Os investimentos sociais, por exemplo, são os mesmos há oito anos, apesar de o novo governo ter como um de seus pilares o investimento social. Com a criação de programas como o "Fome Zero" não houve grande evolução nessa área, já que os novos programas substituíram outros existentes. Foram feitas reformas para aumentar a arrecadação do estado, por exemplo, a reforma fiscal, concluída em 2003. Nesse mesmo ano também foi finalizada a reforma da Previdência, que tem como objetivo diminuir o encargo do estado naquele item. A grande importância disso fica evidente no gráfico anterior. O governo não faz mais porque, efetivamente, não tem de onde extrair o dinheiro necessário para isso.

Investimentos Externos

Sem dinheiro, restam três alternativas:

- Primeira alternativa: fartamente usada nos anos 80, o governo, na necessidade de se ter dinheiro, emite sem o devido "lastro", ou seja, sem a correspondência necessária de recursos externos, como exportações ou investimentos diretos, como explicaremos adiante. Com a exportação, o governo pode, sim, emitir dinheiro sem gerar inflação, porque os exportadores são obrigados a vender o dólar e ficar com os reais. Se não houver importações na mesma correspondência, sobram dólares e o preço da moeda cai. Na absoluta ausência de compradores, o próprio Banco Central compra e fornece os reais no lugar. Assim, efetivamente, o país fica mais "rico". Fora dessa possibilidade, a emissão sem lastro vai fazer com que mais pessoas tenham dinheiro e comprem mais. Maior procura com a mesma oferta fará com que os preços subam, gerando, assim, a inflação.

- Segunda alternativa: o governo vende os ativos que não precisa para "fazer caixa", ou seja, todas aquelas empresas que pertençam ao governo, mas não são utilizadas efetivamente na sua tarefa-fim – que é melhorar a condição de vida do cidadão – podem ser vendidas e, com isso, o governo tem mais dinheiro em caixa. Temos dezenas de exemplos de empresas estatais que foram vendidas, como a Cesp, Eletropaulo, Telesp, Telemig etc., que pertenciam aos governos estaduais ou outras que pertenciam ao governo federal.

- Terceira alternativa: é usada pelos maiores países do mundo, consiste em tomar dinheiro emprestado para financiar as suas atividades. Na eventual necessidade de dinheiro, ao invés de fazer a emissão de moeda, o governo emite um título, que vale um determinado valor depois de um determinado prazo. É o chamado título da dívida pública, que pode ser lançado de duas formas:

    a) pré-fixado, quando ele emite já com uma taxa de juros "embutida", ou seja, o valor do título já está com os juros que ele promete pagar;

    b) pós-fixado, lançado quando promete remunerar o capital que está discriminado no documento mais uma taxa de juros combinada.

Vejamos alguns exemplos.

Digamos que a taxa de juros atuais seja de 20% ao ano e o governo precisa captar R$ 1.000.000,00. Então, ele lança um título pelo valor de R$ 1.250.000,00 com vencimento para daqui a um ano. Se você subtrair os 20%, chegará nos R$ 1.000.000,00 desejado.

Por outro lado, o governo pode emitir um título de R$ 1.000.000,00 e prometer pagar, ao portador do título, variação por algum índice, como IGPM, IPC, TR, mais uma taxa de juros, por exemplo, de 1% ao mês.

Vamos imaginar que a inflação tenha sido, nesse ano, de 30%. Então, quem comprou o segundo título teve vantagem sobre quem comprou o primeiro. Quem cobrar o governo pelo primeiro título receberá R$ 1.250.000,00, mas quem comprou o segundo, vai receber:

- o valor principal de R$ 1.000.000,00;
- juros de 1% ao mês, que, ao ano, viram 12,68%: R$ 126.825,00;
- correção pelo indexador, ou seja, 30%: R$ 300.000,00;
- total: R$ 1.426.825,00.

Se a inflação foi menor do que 12%, digamos, 10%, valerá a pena o primeiro caso, porque no segundo ele receberá, de correção, R$ 100.000,00, além dos juros e do principal, ou seja, um total de R$ 1.226.825,00.

Portanto, na hora de lançar títulos, é evidente que o governo vai elaborar sua estratégia pensando sempre em pagar o menor valor possível. Infelizmente, não podemos mensurar adequadamente o que vai ocorrer no futuro, pois existem variáveis absolutamente impossíveis de se prever, que podem interferir em todos os países. Por exemplo, uma guerra como a que ocorre no Iraque pode promover inúmeras mudanças: sabe-se que eles têm a maior reserva de petróleo do mundo e, se ameaçada ou destruída, fará com que o preço do produto suba para grandes alturas, promovendo reajustes nos preços de incontáveis produtos, conseqüentemente, uma recessão mundial.

Ou, ainda, um golpe militar na China, promovendo mudanças radicais na política comercial externa, poderia fazer ruir um sem-número de empresas que estão se estruturando para explorar o mercado local – inclusive o Brasil – ou mesmo naquelas que lá já estão.

O fato é que o governo brasileiro tem a obrigação de fazer a sua "lição de casa", gastando apenas o que arrecada, e criar uma estável política de exportação de produtos com valor agregado para melhorar qualitativamente as suas vendas. Com isso, poderíamos atrair mais investimentos estrangeiros, que trazem também uma grande riqueza para o Brasil.

Aprofundando melhor, e retomando o que já foi explicado, a administração financeira de qualquer país do mundo está baseada nos princípios a seguir:

(+) Impostos

(+) Balança Comercial (desde que exportações maiores que importações)

(−) Salários

(−) Infra-estrutura

Na eventualidade de o resultado da conta anterior ser negativo, o governo deve:

(+) Tomar empréstimos ou atrair Investimentos Especulativos

(+) Atrair investimentos Diretos

O Brasil deve tentar atrair todo capital estrangeiro possível, uma vez que esse dinheiro é duplamente bem-vindo. Primeiro, porque, quando uma empresa resolve abrir uma fábrica ou escritório, é dinheiro novo que entra para aumentar a base do país. Segundo, porque efetivamente geram novos empregos e aumentam a renda. O único aspecto negativo que podemos adicionar é que vai aumentar a concorrência, ou seja, a "dor de cabeça" das empresas que ficam por aqui. Nesse sentido, podemos considerar um lado bom: mais empresas, mais concorrência, significa, em tese, produtos de melhor qualidade a preços mais competitivos. É evidente que nada impede uma organização das empresas que compõem esse mercado com o objetivo de coordenar preços iguais. No entanto, uma competição saudável sempre é boa para o consumidor.

O capital estrangeiro procura os países que têm a melhor condição econômica e social. Consoante estudo do Ministério do Planejamento, pela ordem, o que procuram é:

a) tamanho e ritmo de crescimento do país;

b) qualificação da mão-de-obra;

c) receptividade quanto ao capital externo;

d) risco do país;

e) desempenho das bolsas de valores;
f) facilidade para exportação;
g) política econômica interna.

Uma das características que marcam este século é a velocidade da informação. Dessa forma, a concorrência pelos dólares é extremamente grande e aqueles que tiverem maior transparência ao informar o que faz e como faz, seguramente irão ficar muito a frente dos que não conseguirem esse preparo.

Um mérito que deve ser atribuído à política econômica desde 1994 é que, nesse período até hoje, há muito mais informações disponíveis, sobre a política econômica de maneira mais clara e sem "sustos", como os planos heterodoxos de outros governos, como o frustrado e traumático Plano Collor, que confiscou a poupança interna, ou a moratória no Governo Sarney, que provocou pânico no mercado mundial, com a óbvia saída do Brasil do mercado de capitais estrangeiros. Quem iria querer emprestar dinheiro para um país que pode não pagar? Quem garante que, ao investir recursos, terei condições de administrá-lo com autonomia? São essas perguntas que faz um investidor quando escolhe determinado país para destinar sua capacidade de produção. Veja a seguir o histórico de capitais investidos no Brasil de 2001 para cá:

Gráfico 1.14 Investimentos Diretos – Valores em US$ Milhões.

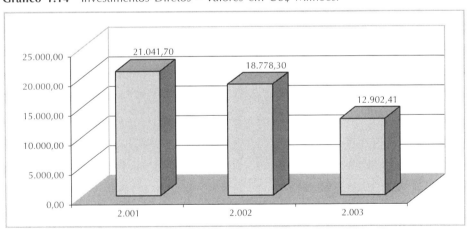

Fonte: Banco Central do Brasil.

É evidente que o declínio dos investimentos externos preocupa nosso país, como preocuparia qualquer outro.

Se dividirmos por atividade, o resultado acumulado, tanto em serviços quanto na indústria, fica evidente a descida mais acentuada na perda de receita nos investimentos externos em serviços:

Gráfico 1.15 Evolução Corporativa – Investimento Externo.

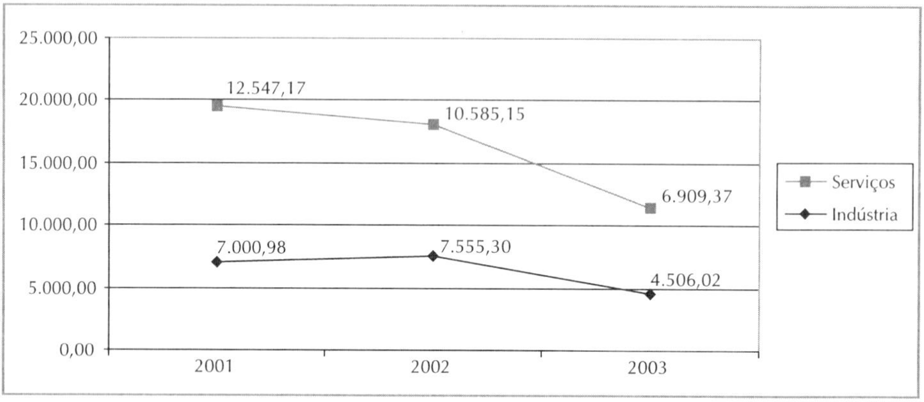

Fonte: Banco Central do Brasil.

Com relação aos países que fazem esses investimentos, veja o resultado acumulado dos dez maiores, entre 2001 e 2003:

Valores em US$ milhões

1	Estados Unidos	9.462,26
2	Países Baixos (Holanda)	6.709,19
3	Ilhas Cayman	5.219,12
4	França	4.553,02
5	Espanha	4.063,95
6	Portugal	2.912,22
7	Japão	2.699,42
8	Bermudas	2.699,13
9	Alemanha	2.183,36
10	Ilhas Virgens (Britânicas)	1.961,09

Entre os dez principais, nada menos do que três paraísos fiscais (Ilhas Cayman, Bermudas e Ilhas Virgens), que, juntos, somam US$ 9.879,34 milhões de dólares, quase 19% de tudo o que foi investido no Brasil nesse triênio.

Não se trata de dinheiro ilícito. A maior parte das grandes empresas mundiais tem conta nesses países, porque a legislação deles traz vantagens fiscais. Nas exportações brasileiras, Ilhas Cayman também têm uma considerável parte das vendas, geralmente de soja, como forma de diminuir o lucro tributado nos países de origem.

Esses recursos certamente seriam em maior volume, se nossa legislação fosse mais favorável à entrada de capitais. A Lei nº 4.131, de 1964, que regulamenta a entrada de capital estrangeiro, é clara ao determinar que, mesmo em caso de moratória (ou seja, em "calote" assumido), é possível que empresas remetam a parcela dos juros de empréstimos contraídos no exterior. Isso fez com que muitas empresas estrangeiras constituam-se aqui com pouquíssimo capital, mas o restante do capital necessário através de empréstimos feitos com a matriz ou com a filial em algum paraíso fiscal. Assim, os juros pactuados acabam servindo para remeter, na prática, lucros obtidos na atividade da empresa aqui no Brasil. Isso é ruim, porque "camufla" o que efetivamente é capital e o que é empréstimo.

Voltando à atração do capital estrangeiro, o Brasil lidera o *ranking* dos países da América Latina no que diz respeito à atração de investimentos, mas está longe de fazer sombra à poderosa China, porque lá a tendência para o crescimento em curto e médio prazo é excelente. Estima-se que 50% de todo o cimento, 31% do carvão e 21% do aço produzidos no mundo é consumido lá. E na produção, graças à mão-de-obra barata e da facilidade para se investir recursos, 30% dos aparelhos de ar-condicionado, 24% das lavadoras de roupa e 19% dos telefones celulares consumidos no mundo inteiro são produzidos lá. Ou seja, mesmo sem atender a alguns dos requisitos da lista das preferências, o fato de as perspectivas de crescimento serem enormes fazem com que os investidores apostem naquele mercado. Já foi assim com Tawan, Japão, Coréia e, agora, de uma forma mais consistente, na China.

Por isso, o atual governo deve, sim, fazer suas viagens para prospecção de novos negócios para as empresas brasileiras. Embora não seja sua responsabilidade direta, mas é evidente que o país como um todo se beneficia dessas vantagens.

De outro lado, existem os investimentos chamados de especulativos, porque vêm especificamente atraídos pela remuneração ou no pagamento dos juros. Aqui, o que se considera é a relação risco *versus* retorno que os investidores do mundo inteiro fazem. Eles não estão preocupados apenas com a atividade produtiva, mas com a perspectiva que leva em conta aspectos políticos e sociais, além dos econômicos.

Investir em algum país, qualquer que seja, no mundo inteiro, significa decodificar o emaranhado de situações que podem aumentar ou diminuir a rentabilidade, sem levar exatamente em consideração a atividade produtiva. O que vale, aqui, é uma espécie de jogo, em que os participantes compram e vendem títulos para alcançar a melhor relação possível de lucro sobre o risco.

Por outro lado, é fundamental que o governo capte recursos por essa via, para financiar o que falta em seu caixa. Além disso, todas as atenções devem estar focadas para que o governo pague a menor taxa de juros possível, uma vez que isso onera os cofres públicos. Contudo, ainda assim, nossas taxas são extremamente altas, como mostram os números a seguir.

Se, de um lado, as taxas são altas e, por isso, temos dificuldade para pagar os juros, por outro, se estes caem de uma hora para outra, ocorrem dois grandes problemas. O primeiro é que dificulta a entrada de capital estrangeiro, uma vez que a relação risco *versus* retorno começa a não valer a pena para os investidores, que entendem que outros países apresentam riscos menores diante do retorno apresentado nos títulos que eles compram. Se isso ocorre, o governo tem de arrecadar mais impostos ou emitir moeda para cumprir seus compromissos, gerando inflação.

O outro problema que pode ocorrer é o aumento de demanda sem que a economia esteja bem preparada. Imagine que você tem um carro que vale R$ 25.000,00, e quer vendê-lo de uma hora para outra. Você tem interesse em comprar outro que custa, digamos, R$ 55.000,00. Então, deve pagar uma diferença de R$ 30.000,00. Se não dispuser da diferença, pode eventualmente financiar. Digamos que a taxa de juros seja de 2% ao mês pelo prazo de 24 meses. A prestação, pela Tabela *Price*, a usualmente praticada pelo mercado, será de R$ 1.555,00. Uma prestação "salgada" para um carro novo. Agora, em alguns países, é possível comprar esse carro em 60 vezes sem juros, ou seja, pagando uma prestação de R$ 500,00 por mês. Isso certamente faz com que a economia fique sempre aquecida com bons negócios à vista.

Se isso ocorresse no Brasil de uma hora para outra, o que provavelmente sucederia é que os consumidores passariam a demandar os produtos de maneira desenfreada. Isso fatalmente faria com que houvesse um aumento nos preços como forma a adaptar a demanda e a oferta, ou seja, uma brusca queda nos juros provavelmente causaria inflação.

É bom destacarmos, também, que, mesmo que o governo comece a pagar juros menores de uma hora para outra, os bancos não serão obrigados a cobrar dos seus clientes (Pessoas Físicas e Empresas) taxas de juros menores. Isso porque, quando uma instituição financeira empresta, o juro cobrado representa:

- o custo do dinheiro tomado emprestado;
- o risco do empréstimo;
- os impostos;
- o lucro da operação.

Assim, ainda que o custo do dinheiro tomado emprestado pelo Banco para promover o financiamento caia, se o risco apresentado pelo cliente continuar o mesmo, as taxas dificilmente cairão. Igualmente, o país como um todo deve estar em boas condições econômicas para que se tenha o efeito desejado.

Um grande risco para qualquer país é quando ele precisa, desesperadamente, de financiamento externo para sobreviver. Isso sucede quando seus gastos estão fora de controle. Um exemplo típico, antes muito comum no Brasil, era o de utilizar a "máquina" do estado para ganhar votos, construindo estradas, pontes, viadutos, sem ter condições para cumprir o pagamento. Uma clássica história, relatada pela jornalista Miriam Leitão, em entrevista a rádio CBN dá conta de que, logo após assumir a pasta do Ministério do Planejamento ao final da ditadura militar, em 1985, o ministro da fazenda, após 12 horas de reunião com sua equipe, não conseguiu descobrir qual era o endividamento do Brasil. Ele "estimava" que fosse em torno de 4% do PIB. Alguém da equipe sugeriu: "Põe aí 4,3, senão vão achar que estamos chutando". E divulgaram 4,3%.

Esse tipo de desgoverno felizmente está diminuindo consideravelmente, na mesma medida da liberdade de imprensa e da velocidade e facilidade de informação. É possível, com um computador conectado à Internet, saber desde quantas pessoas estão na 4ª Avenida, neste momento, através de *webcam*, até o PIB da Polônia.

Toda essa descarga de informações, de um lado, traz segurança para que os investidores saiam de um país para outro com uma velocidade espantosa e, de outro, pode arruinar os países que dependem de financiamento externo para pagar suas contas. Isso é, não por acaso, mas pelo que explicamos até aqui, o que ocorre com o Brasil.

Mercado de Câmbio

Vamos entender esse conceito através do funcionamento do mercado de câmbio. Pela legislação brasileira, nenhuma empresa ou pessoa física pode ter dólares depositados em sua conta corrente. Por isso, quando uma empresa vende produtos ou serviços e recebe dólares, ela precisa vender essa moeda a um Banco, que, por sua vez, repassa para outra empresa que tenha a necessidade de pagar uma importação, por exemplo. Outros compradores de dólares são turistas que viajam e investidores que resgatam o dinheiro aplicado.

Além dos exportadores, temos os turistas em viagem ao Brasil (sejam bem-vindos, portanto) e investidores, como os que já apresentamos.

Os Bancos podem, eventualmente, ter a seguinte situação:

- compras de dólares: US$ 400.000.000,00;
- vendas de dólares: US$ 300.000.000,00;
- saldo: positivo em   US$ 100.000.000,00.

Nem nos Bancos pode haver esse saldo. Eles precisam, por isso, vender esse recurso para seus clientes ou para outros Bancos que estejam em situação oposta. Se as vendas e compras, em todo o mercado "empatam", então o dólar não tem oscilação no seu preço.

Essa é uma situação difícil de ocorrer. O comum é faltar ou sobrar dinheiro no mercado e, quando isso ocorre, o governo, através do Banco Central interfere na economia, comprando ou vendendo esses dólares.

Imagine que determinado Banco tenha alguns milhares de dólares em conta, e precise desesperadamente vendê-los. Ele oferecerá os dólares por um preço cada vez menor, para que aumentem as chances de venda.

O contrário ocorre quando, motivado por um boato, existe uma procura por dólares de uma hora para outra. Vamos imaginar que um importante político seja acusado de corrupção, causando desconfiança nos mercados e os investidores podem passar, de uma vez, a querer resgatar seus investimentos e mandar seus recursos para outro país. Isso vai provocar procura de uma hora para outra dos dólares e o preço sobe. Se não houver dólar disponível nos Bancos para cobrir essa demanda, o governo entra em ação, vendendo suas divisas para dar conta dos recursos aos investidores.

Esse emaranhado de negócios é realizado todos os dias por telefone! Os Bancos e as corretoras ficam conectados, comprando e vendendo esses dólares. Qual impacto disso nos preços dos produtos e na competitividade?

Um exemplo que deixa isso bem claro é o que ocorreu com a Argentina entre os anos de 1994 e 2004. Como opção para a política de câmbio, os argentinos definiram que o câmbio teria paridade fixa, ou seja, 1 dólar valeria 1 real, independentemente do que ocorre na economia. Caso faltassem dólares, os argentinos teriam de tomar recursos emprestados para custear e economia, repondo no caso de excedente de moeda.

O Brasil, por outro lado, adotou uma estratégia parecida, diferente porque desvalorizava paulatinamente a moeda, em taxas semelhantes à inflação. O mercado entendia que, de certa forma, o governo manipulava a taxa, uma vez que, caso a moeda não tivesse esse tipo de controle, o dólar dispararia.

O que ocorreu, nesses dez anos mencionados, é que, à medida que o dólar, no Brasil, era desvalorizado, os produtos ganhavam competitividade no que diz respeito aos preços.

Para ficar mais fácil o entendimento, imagine que a Volkswagen tenha uma fábrica na Argentina e outra no Brasil, produzindo o mesmo veículo. Vamos supor que o custo de produção seja o mesmo, US$ 10.000,00. Para exportar, é preciso dividir o preço em dólar pela moeda local. Veja, na tabela a seguir, com base nesse exemplo, a evolução dos preços de exportação com o passar dos anos:

	Argentina	Taxa do dólar	Brasil	Taxa do dólar
1994	10.000,00	1,00	11.848,34	0,8440
1995	10.000,00	1,00	10.293,36	0,9715
1996	10.000,00	1,00	9.620,93	1,0394
1997	10.000,00	1,00	8.996,85	1,1115
1998	10.000,00	1,00	8.278,83	1,2079
1999	10.000,00	1,00	5.592,22	1,7882
2000	10.000,00	1,00	5.114,04	1,9554
2001	10.000,00	1,00	4.311,09	2,3196

Fonte: Banco Central do Brasil. Taxas de câmbio do último dia útil de cada ano.

Fica fácil identificar pela tabela que a desvalorização do dólar é diretamente proporcional ao ganho de vantagem no que diz respeito especificamente ao preço do produto, e também fica mais fácil saber porque a Argentina teve de desvalorizar sua moeda, já que ficou insuportável administrar a economia, com a evasão de investimentos e a falta de perspectivas para a economia local. O desemprego na Argentina chegou a 35% de toda a mão-de-obra disponível, houve uma série de manifestações, protestos, resultados não de uma ou outra ação política ou econômica, mas da falta de planejamento econômico nesse período. A Argentina perdeu competitividade e investimentos.

Gráfico 1.16 Exemplo de Preço.

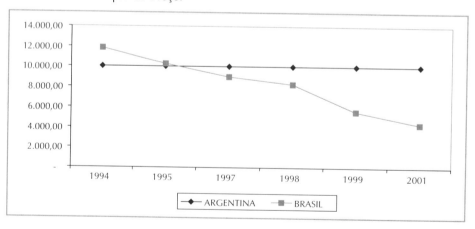

No caso do Brasil, é preciso olhar também por outro lado: as importações passaram a ficar cada vez mais caras, o que também acabou por ajudar no controle da balança comercial. A desvalorização acabou atraindo outras empresas que enxergaram nos brasileiros um bom mercado para ser explorado. Isso acabou por atrair investimentos diretos e especulativos. Citando o exemplo dos carros, vieram para o Brasil grandes montadoras, como Citroen, Peugeot, Honda, Audi, entre outras, e que, além das vendas para o mercado interno, acabou também por exportar o excedente de produção. É bom fazer a ressalva de que nem todos se deram bem como projetado, como o clássico caso da Mercedes e o modelo Classe A, que sucumbiu em 2004.

Outro aspecto que tem grande relevância no cenário mundial com relação à cotação da moeda diz respeito à negociação de *commodities* agrícolas. Explicamos anteriormente o que ocorre no mercado interno, ainda que os custos sejam todos em reais. Imagine que um país do Oriente Médio negocie carne com uma empresa brasileira. Supondo que a tonelada custe US$ 500,00 e o dólar, R$ 2,80, a empresa brasileira receberá R$ 1.400,00 por tonelada, certo? Imagine, então, que o dólar suba para R$ 3,10. Isso fará com que a empresa brasileira receba R$ 1.550,00. A empresa que está importando os produtos, imediatamente, vai querer negociar com a vendedora em preços menores. Vai querer que ela continue recebendo os mesmos R$ 1.400,00, ou seja, vai querer pagar US$ 451,61 por tonelada, uma queda de 9,68% nos preços. Aqui reside a discórdia, porque a vendedora não vai aceitar facilmente perder essa vantagem proporcionada pela desvalorização do câmbio.

As empresas que conseguiram fazer uma correta leitura dos caminhos da economia, quando o dólar estava custando barato, ganharam fortunas. Isso porque elas acabaram por importar máquinas e equipamentos, aumentaram e melhoraram sua produtividade, para, em seguida, exportar com o câmbio favorável.

As grandes oscilações da moeda também tiveram um aspecto de proteção do Brasil. Em 1999, por exemplo, a especulação contra a moeda era de tal forma agressiva que o Brasil não tinha os dólares suficientes para pagar todos os investidores que tinham recursos aqui e que queriam de volta. O Brasil tinha poucas chances para sobreviver sem decretar moratória ou tomar algum grande empréstimo. A saída foi desvalorizar a moeda. Veja o que sucede, passo a passo:

1. Analisando o Brasil, o investidor entende que a estratégia do governo era desvalorizar a moeda na mesma medida que a inflação, ou seja, aproximadamente 8% ao ano. Ele decide, então, fazer um in-

vestimento no valor de US$ 1.000.000,00, por um prazo de um ano, a uma taxa de 20% ao ano (em reais).

2. O investidor vende os dólares pela taxa de R$ 1,20, recebendo R$ 1.200.000,00.
3. A aplicação é feita. Os juros sobre o capital investido resultam em R$ 300.000,00 (25% de R$ 1.200.000,00). No resgate, ele terá R$ 1.500.000,00.
4. Agora, ele terá de mandar o dinheiro de volta para o país de origem. Ele deve, portanto, dividir o valor pela cotação do dólar. Ele estima que a taxa de dólar será de R$ 1,296, ou seja, 8% maior do que na compra, e, com isso, o valor, em dólares, será de US$ 1.157.400,00, ou seja, um ganho efetivo (sem o imposto de renda) de 15,74%.
5. No entanto, o governo decide fazer a desvalorização e a moeda sobe para R$ 2,17. O valor do resgate será de US$ 691.244,00, ou seja, uma perda efetiva de 30,88% em dólar.

Dessa forma, muitos investidores acabaram por manter os investimentos como uma maneira de diminuir o prejuízo. Efetivamente, à proporção que o governo desvaloriza a moeda, ele precisa de menos dólares para atender a esses investidores, com relação ao real.

Neste caminho estavam os Bancos: no mesmo raciocínio de que a desvalorização da moeda acompanhava a inflação, os Bancos faziam o que se chama de arbitragem, ou seja, tomavam empréstimos no mercado internacional, em dólar, e emprestavam no mercado interno em reais. O ganho era muito grande, como mostra o exemplo:

1. Um Banco toma empréstimo de US$ 1.000.000,00 e paga uma taxa de 6% ao ano, pelo prazo de um ano.
2. Esse valor é convertido em dólares pela taxa de R$ 1,20, ou seja, ele terá, aqui, R$ 1.200.000,00.
3. O Banco empresta esse recurso para seus clientes a uma taxa média de 40% ao ano, ou seja, no final do período ele terá, se todos pagarem, R$ 1.680.000,00.
4. Agora ele tem de pagar o empréstimo que fez, no exterior. Se a taxa de câmbio subir igual a inflação, subirá 8%, ou seja, R$ 1,2960.

Portanto, o Banco recebeu de seus clientes o equivalente a US$ 1.296.296,00.

5. O valor da dívida que o Banco deve pagar é de US$ 1.060.000,00. O lucro, portanto, é de US$ 236.296,00 ou de R$ 306.239,00, equivalentes a 23,62% do valor, sem os impostos.

Agora, imaginemos que o dólar dispara, para R$ 2,17, como foi o caso. A dívida sobe para R$ 2.300.200,00 (o resultado de US$ 1.060.000,00 x R$ 2,17). O prejuízo é de R$ 1.003.904,00! Esse é um resultado suficiente para "quebrar" qualquer Banco. À época dois pequenos Bancos afundaram: o Banco Marka e o Banco Fonte Cindan. Rumores de que o Banco Central iria mudar, de uma hora para outra, a sua forma de administrar o câmbio fizeram com que praticamente todos os Bancos liquidassem suas dívidas em dólar e reestruturassem sua dívida para o mercado interno. Isso foi providencial para que o Brasil mantivesse sua imagem de bom pagador. Como mostramos até agora, a imagem dos países transmite ou não credibilidade. Os investidores "acham" muitas coisas sobre um país, motivados pelos formadores de opinião, geralmente agências de notícias, relatórios de Bancos de investimentos e alguns indicadores econômicos. Os países que estão atentos a esses detalhes de fato conseguem passar credibilidade e confiança aos investidores e desse modo mantém uma maior regularidade na gestão de sua economia.

Bolsas de Valores

Por fim, podemos afirmar que um país é avaliado pelo seu bom desempenho nas bolsas de valores. O funcionamento das bolsas tem semelhanças em todo o mundo e não é difícil compreender o seu mecanismo.

Digamos que você tenha tido uma ótima idéia de um novo e inédito projeto. Vamos inventar um: você criou um sistema para pesquisar se uma pessoa física tem imóveis em seu nome. Isso é fundamental, por exemplo, quando um cliente abre conta em um Banco. Saber o patrimônio do cliente representa para o Banco menor risco ao emprestar dinheiro.

Montar esse negócio significa ter de investir dinheiro, que tanto o investidor pode ter guardado (e isso significa deixar de ganhar rendimentos de aplicação) como ele pode não possuir o dinheiro e ter de tomar um empréstimo, pagando juros por isso. Dessa forma, existe um custo que pode ser direto ou indireto e que necessariamente deve ser apropriado no preço do produto, deixando-o menos competitivo.

Vamos imaginar que um empreendedor tenha uma idéia inédita para desenvolver um negócio no Brasil. O negócio consiste em montar um banco de dados para fazer pesquisa nos cartórios de registros de imóveis de todo o Brasil, através de uma única consulta. Essa seria uma excelente solução para os Bancos, uma vez que eles se fiam no patrimônio pessoal das pessoas para conceder crédito. Caso o Banco não receba pelo empréstimo, ele vai liquidar os imóveis dos sócios (no caso de empresas), para quitar a dívida. Geralmente, os cadastros dos Bancos têm falhas, que só são percebidas quando problemas como esses ocorrem.

Por outro lado, os Bancos não fazem essa pesquisa nos cartórios porque custa caro. Em geral, as pesquisas são manuais e, por isso, os Bancos só pedem quando ocorre o problema, nunca em caráter preventivo.

Pois bem. O empreendedor percebeu que existe essa carência e resolveu montar uma rede para explorar esse segmento. Saiu Brasil adentro e tem a idéia de informatizar todos, criando um cadastro completo e atualizado. Agora, os Bancos podem pedir a informação quando o cliente abre a conta e não quando há problema. Uma solução que poderia ajudar os Bancos, que antes pagavam, digamos, R$ 100,00 (este preço é puramente fictício), por carta.

Para que esse projeto seja viabilizado, o investidor precisa de R$ 10.000.000,00. Como já citamos, ele pode arcar com capital próprio e talvez dizimar seu patrimônio ou tomar dinheiro emprestado. Em ambos os casos, ele teria um custo financeiro, ou do dinheiro que deixa de ganhar na aplicação, ou dos juros que deve pagar aos Bancos. Lembrando que, para conseguir o empréstimo, ele deve ter patrimônio suficiente para garantir esse valor. Comumente, os Bancos pedem de 120% a 150% do valor do empréstimo.

Há, contudo, uma terceira opção. O investidor, empreendedor, pode fazer um projeto e encaminhar para um Banco de Investimento, para análise. Todos os grandes Bancos têm um departamento chamado "Banco de Investimento", que, entre outras atribuições, faz a análise desse projeto. Caso ele considere bom, pode mandar esse projeto para a Comissão de Valores Mobiliários (CVM) e fazer o registro para o lançamento de ações. Na prática, é como se a empresa fosse dividida em pequenas partes e vendida para quem tivesse interesse em investir naquela empresa, e ter a participação proporcional nos lucros dessa empresa. Normalmente, o procedimento é este: o Banco de Investimento faz a avaliação, reúne-se muitas vezes com o empreendedor para checar se todos os números e, principalmente, o planejamento estão corretos e convoca os investidores, que são seus clientes, para oferecer-lhes o negócio.

Ainda nesse exemplo, vamos presumir que a empresa consiga fazer negócio com 200 Bancos, que farão, em média, cinco consultas por dia. Ela vai reduzir a despesa dos Bancos, que pagam R$ 100,00, para R$ 50,00. Assim, o fluxo projetado anual será o seguinte:

Descrição	Valor	
Receitas		
Número de Bancos	200	
Número de consultas por dia	5	
Número de dias úteis do ano	250	
Valor por consulta	R$ 50,00	
Faturamento anual	R$ 12.500.000,00	(o resultado da multiplicação dos valores anteriores)
Despesas		
Cartórios	R$ 6.250.000,00	(metade do faturamento bruto)
Despesas operacionais	R$ 4.000.000,00	
Resultado (lucro)	R$ 2.250.000,00	

Se dividirmos o investimento pelo lucro estimado, chegaremos a um resultado de 0,2250, ou 22,50% ao ano de retorno. Esse número deve ser comparado ao custo de oportunidade, ou seja, a retornos de outros investimentos que possam ser feitos, com riscos similares ou menores do que esse. A taxa de juros do Brasil, por exemplo, já foi de 40% ao ano, em janeiro de 1999 ou de 16% em junho de 2004. Assim, considerar um bom ou mau negócio vai depender do momento em que esse negócio for oferecido aos investidores.

A empresa poderá, então, com o auxílio do Banco (que não empresta o dinheiro, apenas auxilia na abertura do capital) e com a autorização da CVM, lançar ações de duas formas:

- Ordinárias Nominativas (ON);
- Preferenciais Nominativas (PN).

A principal diferença entre as ON e as PN é que as Ordinárias dão direito a voto e as Preferenciais dão direito à preferência na distribuição dos lucros. Na prática, quem tem ações ON manda na empresa, são os que efetivamente têm o direito de definir o destino da companhia. Assim, se eles quiserem que o lucro que a empresa tenha obtido no período não seja distribuído entre os sócios, eles podem, mas só dos que têm ações ON. Quem tem ações PN recebem a parte proporcional que têm na empresa, mesmo que a decisão seja essa. Daí o termo "preferência" na distribuição dos resultados.

Para deixar mais claro: a empresa que usamos como exemplo precisa captar R$ 10.000.000,00. Ela pode lançar papéis que valem, cada um R$ 1.000,00, ou seja, cada papel vale 0,01% do todo da empresa. Se a empresa realmente tiver lucro de 22,5% no ano, esse investidor vai receber R$ 225,00 nessa distribuição de resultados.

Todavia, pode ser que a empresa tenha prejuízo. Nesse caso, evidentemente não há distribuição de resultados. Então, qual a vantagem de comprar ações? O investidor poderá até ficar com medo ou desconfiado, achando que a empresa pode manipular os números para ter prejuízo. Por isso, para abrir o seu capital a outros investidores, a empresa deve contratar empresas de auditoria externa e promover a publicação de resultados em jornais. Geralmente, as empresas até convocam os investidores para explicar o que ocorreu para atingir osnúmeros, bem como as perspectivas para o futuro. São chamados também os Bancos parceiros dessas empresas. Se a empresa tiver prejuízo por três anos consecutivos, as ações PN se transformam em ON, ou seja, aqueles que só têm direito aos dividendos terão agora direito de dirigir a empresa.

Voltando ao exemplo mencionado anteriormente, é claro que o empreendedor vai querer ser o dono do negócio, o responsável pelo destino da empresa, certo? Afinal, foi ele o criador desse projeto. Nesse caso, ele tem de comprar a metade mais uma ação das que dão direito a voto, ou seja, das ações ON. Por isso, a legislação permite que para cada 1 ação com direito a voto, sejam lançadas 2 que não dêem direito a voto.

- 1/3 ações ON:	R$ 3.333.000,00
- 2/3 ações PN:	R$ 6.667.000,00

Portanto, se o investidor comprar 50% mais uma ação, no caso R$ 1.667.000,00, ele será o dono da empresa. Bem menos que os R$ 10.000.000,00 de que precisava antes. Agora, sim, se ele precisar de dinheiro dos Bancos para comprar as ações da empresa, o acesso ao crédito ficará bem mais fácil.

O passo seguinte, após o lançamento das ações, é vender para o investidor. Ele compra e o dinheiro fica em uma conta bloqueada até que todas as ações sejam efetivamente vendidas. Se ele não conseguir vender em um prazo determinado, o dinheiro volta para os investidores e o negócio é desfeito. Caso contrário, o dinheiro vai para o investidor que o utiliza no negócio. Ele não pode, portanto, receber parte do dinheiro orçado para o projeto.

Agora que o dinheiro está na mão do empreendedor e as ações com os investidores, as ações podem ser valorizadas ou desvalorizadas, de acordo com o mercado. Como? Apresentaremos a seguir o método técnico para saber o preço das ações.

Vamos pensar em uma empresa, para facilitar, a Petrobrás. Os responsáveis pelo planejamento dão conta que o resultado (lucro ou prejuízo) da empresa, para os próximos cinco anos, seja o seguinte:

- primeiro ano: lucro de R$ 10 milhões;
- segundo ano: lucro de R$ 12 milhões;
- terceiro ano: lucro de R$ 7 milhões;
- quarto ano: lucro de R$ 13 milhões;
- quinto ano: lucro de R$ 15 milhões.

Esse é o resultado alcançado após uma interminável sucessão de contas, projeções, que levam em consideração perspectivas de crescimento ou queda de consumo, oferta, avanço ou redução da concorrência, novos investimentos etc. Planejar para um período tão longo assim é muito complicado, pois as chances de erro são muito grandes.

Vamos acompanhar esses números no Gráfico 1.17 a seguir:

Gráfico 1.17 Projeção dos Resultados.

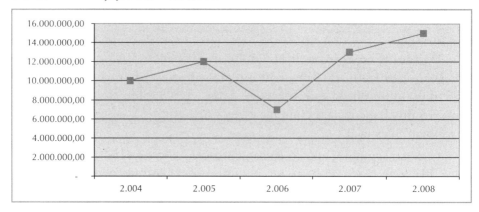

De acordo com esse resultado, podemos afirmar que a empresa tem condições de gerar resultados no valor nominal de 57 milhões, que é a soma do lucro projetado. Contudo, é sabido que os 15 milhões projetados para 2008 não valem para 2004. Existe, também a projeção de inflação nesse período, que faz com que o resultado seja efetivamente menor. Os economistas fazem, então, o que se chama de fluxo de caixa descontado, "tirando", desse lucro projetado, a inflação projetada nesse período.

Ano	Lucro nominal	Inflação prevista	Inflação acumulada	Impacto no lucro	Lucro sem inflação
2004	10.000.000,00	8%	8%	800.000,00	9.200.000,00
2005	12.000.000,00	7%	16,20%	1.944.000,00	10.056.000,00
2006	7.000.000,00	7%	24,82%	1.737.680,00	5.262.320,00
2007	13.000.000,00	5%	31,32%	4.070.976,00	8.929.024,00
2008	15.000.000,00	5%	38,13%	5.719.644,00	9.280.356,00
Lucro nominal	57.000.000,00			Lucro projetado	42.727.700,00

Gráfico 1.18 Projeção de Lucro.

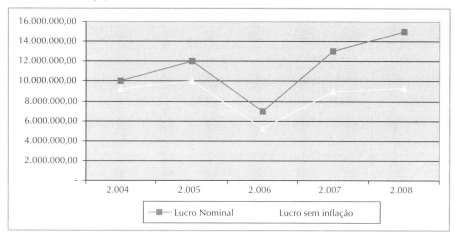

Essa projeção representa a saúde financeira da empresa. Quem desenvolve esse fluxo leva em conta todas as variáveis que já citamos. Esse valor projetado, descontado o efeito da inflação, é dividido pelo número de ações que a empresa tem disponível no mercado. O resultado dessa conta é o valor que a ação deve representar no mercado, naquele momento. Vamos imaginar que a empresa tenha 700.000 ações. O valor de mercado será de R$ 61,04. Para saber se uma determinada ação está "barata" ou "cara", é só comparar ao valor que ela está sendo comercializada.

Isso ocorre porque cada analista vai ter uma visão diferente, o que provoca diversidade na interpretação do valor da ação.

Mas não é só isso. Vamos supor que determinado analista tenha uma informação que os outros analistas não tenham: que a Petrobrás esteja em vias de divulgar que conseguiu encontrar petróleo em uma determinada bacia e que isso vai gerar resultados positivos a partir do ano seguinte. Assim, será necessário um volume maior de investimentos no outro ano, que diminuiria o resultado, retomado no ano seguinte. Mais ou menos o que está no quadro a seguir:

Ano	Lucro nominal	Inflação prevista	Inflação acumulada	Impacto no lucro	Lucro sem inflação
2004	10.000.000,00	8%	8%	800.000,00	9.200.000,00
2005	17.000.000,00	7%	16,20%	2.754.000,00	14.246.000,00
2006	3.000.000,00	7%	24,82%	744.720,00	2.255.280,00
2007	13.000.000,00	5%	31,32%	4.070.976,00	8.929.024,00
2008	21.000.000,00	5%	38,13%	8.007.501,60	12.992.498,40
Lucro nominal	64.000.000,00			Lucro projetado	47.622.802,40
				Valor da ação	68,03

Ou seja, comparado ao preço técnico antes da informação, o preço teve variação de 11,45%:

Gráfico 1.19 Comparação das Projeções.

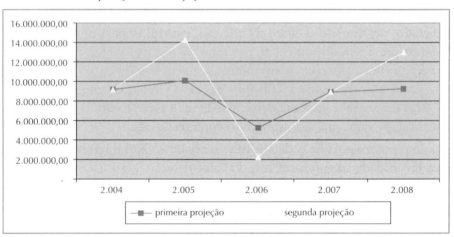

Agora existe um mercado favorável para se fazer a negociação. Um determinado investidor tem uma noção de valor e outro tem outra, diferente. Para se fazer a troca é que existe a bolsa de valores. É um local físico, que no Brasil fica em São Paulo, na Rua XV de Novembro, no centro da cidade. Os investidores não fazem a negociação diretamente. Eles precisam de um intermediário, que é a corretora de valores:

Figura 1.1

Nesse caso, o investidor A acha que o preço correto é R$ 61,04 e o investidor B acha que o preço correto é R$ 68,03.

A Bolsa tem uma série de informações para tornar mais clara a negociação entre as partes. Há um painel que dá quatro grandes informações, que balizam a troca de papéis:

a) nome do Ativo – no caso, da empresa que tem ações na bolsa;
b) valor da ação – portanto, o preço da ação é público (não dá para cada um fazer um preço diferente, ao mesmo tempo);
c) número de transações realizadas até aquele momento;
d) oscilação do preço da abertura da bolsa naquele dia até aquele momento.

Para operacionalizar, o investidor entra em contato por telefone com a corretora, que, por sua vez, liga para seu funcionário, que trabalha dentro do "pregão" (nome dado ao espaço onde são realizadas as transações). Este funcionário, que é o operador da corretora, procura outro interessado que, por sua vez, trabalha em outra corretora, que tem investidores como clientes. Digamos que o preço desse papel, nesse momento, seja de R$ 65,00. Portanto, o investidor A entende que o preço está alto, enquanto o B acha que está uma pechincha. Essa é a condição para que o negócio ocorra. Vamos imaginar que um investidor venda ações para o outro no preço de R$ 66,00. Assim, o preço subiu 1,54% e foi realizada uma operação. Isso aparecerá no painel, tão logo a operação seja registrada pelos operadores que ficam no "pregão". Eles preenchem um documento e entregam nas mesas que servem de apoio.

A troca – ações pelo dinheiro – ocorre três dias após a transação ter sido fechada nesse ambiente. No entanto, quem comprou, mesmo antes de pagar, pode vender o papel. Caso a operação se realize no mesmo dia, ela é denominada *day-trade*.

Podemos tirar uma série de conclusões sobre essas operações. Nota-se que a bolsa é um excelente instrumento para mensurar a credibilidade e o avanço do país em sua área produtiva. Por isso os países têm índices que medem o avanço médio das cotações das ações, como o *Dow Jones* e o *Nasdaq*. Ambos são indicadores da bolsa americana. O primeiro conta com as ações mais negociadas, e o segundo, específico das empresas de tecnologia. Em alguns momentos, ambos têm empresas iguais em sua composição, como, por exemplo, as ações da Microsoft. No Brasil o índice que mede a evolução é o Bovespa. É exatamente uma carteira fictícia, que representa a média das ações em pontos. Quando foi criada, em janeiro de 1970, o índice valia 100 pontos. No final de junho de 2004, o índice tinha 21.800 pontos.

Para se ter uma idéia de como o índice funciona, vamos presumir uma carteira montada por cinco empresas, acompanhando a oscilação de seus preços por dois dias, com todas informações fictícias:

	Dia 1	Dia 2	Valor negociado	Oscilação	% volume	Peso
Banco do Brasil	120,00	122,00	1.000.000,00	1,67%	7,1%	0,12%
Petrobrás	61,50	59,00	4.000.000,00	- 4,07%	28,4%	- 1,15%
Natura	1.000,00	1.050,00	7.000.000,00	5,00%	49,6%	2,48%
Telemar	26,40	19,00	100.000,00	- 28,03%	0,7%	- 0,20%
Bradesco	44,00	46,00	2.000.000,00	4,55%	14,2%	0,64%
		Total	14.100.000,00		100,0%	1,89%

No caso mencionado, podemos observar um grande volume de operações concentradas na Natura, com alta de 5%, e Petrobrás, com baixa de 4,07%. O peso é proporcional ao volume de negócios. Nesse dia, o índice teve uma oscilação positiva em 1,89%. Note-se que a grande baixa do dia, a Telemar, teve baixo impacto no índice, porque houve pouco volume de negócios nesse dia.

Não é apenas de forma técnica que os preços têm oscilação. A especulação é grande nesse mercado. Assim, mesmo sem informações profundas sobre a empresa, muitos investidores podem comprar ações de uma determinada empresa. Outro investidor compra desse primeiro, um terceiro desse segundo e, assim, sucessivamente, então as ações vão subindo sem uma explicação plausível. Isso faz com que exista uma espécie de inflação dos preços. O resultado disso pode ser uma brusca queda, quando as coisas entram nos eixos. Foi o que ocorreu nos Estados Unidos com a queda das ações das empresas de tecnologia. De uma hora para outra elas viraram a grande sensação do mercado, mesmo sem uma base técnica que sustentasse a projeção de lucros futuros. Quando os participantes desse mercado perceberam que o ritmo de crescimento dessas empresas era completamente diferente do planejado, todos passaram a vender seus papéis praticamente ao mesmo tempo, derrubando os preços e provocando o "estouro da bolha".

Conclusões

Através de uma análise mais profunda, é possível concluir que boa parte dos problemas do Brasil estão na dificuldade em atrair, de modo consistente, investimentos diretos e exportações com valor agregado. Demorou-se muito tempo para resolver problemas estruturais da parte econômica, como o controle dos gastos públicos e da inflação. Agora é o momento de tentar resolver problemas sociais e de distribuição de renda. Hoje a arrecadação é de 35% do PIB, mas fortemente concentrada na classe média, que é a que tem mais chance de servir de atrativos para a venda de mais e melhores produtos e serviços, mas ela custa a crescer, principalmente pela alta carga tributária.

As classes C, D e E estão comprando cada vez mais, porém o que decide, efetivamente, é apenas o preço, e não a qualidade dos produtos. Dessa forma, à medida que o Brasil avançar na distribuição de renda, naturalmente essa população passará a se interessar por produtos com maior valor agregado, uma conseqüência natural de nossa cultura.

O Brasil deve trabalhar cada vez mais e melhor sua imagem, ainda replicada com forte relação ao futebol, samba e mulheres. Essa fotografia é tirada pelos turistas que vêm ao Brasil, dos brasileiros que vão ao resto do mundo e pela nossa produção cultural, geralmente focada em aspectos que reforçam nosso lado pobre, e pelos jornalistas que, por inúmeras razões, mostram aspectos dentro da notícia que criam no mundo todo o estigma que dificulta o avanço do comércio brasileiro fora do eixo produto-preço.

Nossa esperança é a de, no futuro, conseguirmos romper essa barreira e promover produtos baseados em valor e que nossa imagem reflita com mais nitidez o que realmente somos: um povo honesto, criativo, que trabalha e produz com competência. Nesse momento conseguiremos crescer com consistência e segurança.

Montagem Técnica de Preços

Quando se imagina a divulgação de um preço, é evidente que qualquer empresa espera que o cliente entenda que o preço é justo pelo produto adquirido. Essa é a primeira premissa, que deve nortear a cabeça de qualquer empresário. Todavia, passar ao cliente a noção justa do benefício adquirido e dar à empresa lucro na transação é uma obrigação para a continuidade dos negócios da empresa. Parece óbvio, mas para dar ao produto ou serviço o valor para a transação é preciso analisar basicamente duas coisas: preço de mercado e preço técnico.

É fácil comparar o preço de mercado, mas não significa que o produto possa ser colocado no mercado apenas por esse parâmetro. Os 4 Ps de *marketing* devem ser verificados, uma vez que a lógica do mercado obedece a certas regras simples e os produtos têm de ter excelente qualidade para serem eleitos pelos compradores, que têm de ter acesso a eles (logística) e a marca tem de ser reconhecida e aceita pelos compradores. Essa última análise deve ser mais profunda e será objeto de análise mais adiante.

Dessa forma, o preço deve obedecer a um padrão técnico, ou seja, tem de dar à empresa sustentação ou lucro para que possa representar o esforço de comercialização. Ainda assim, deve estar dentro de uma "banda" esperada pelo mercado, ou seja, não deve ser menor ou maior que determinado valor esperado pelo cliente intermediário ou final. Em outras palavras, o produto não pode ser menor ou maior do que o mercado estima, porque encontrará barreiras para ser adquirido. Estranho falar em preço menor que o mercado, mas quem não estranharia comprar um produto por metade do preço do que usualmente ele encontraria no mercado. Um exemplo: quem compraria tranqüilo um carro novo, digamos um Vectra 2001 por R$ 15.000,00? O mínimo que alguém pensaria ao comprá-lo, é que ele poderia ser roubado. Estamos falando de um bem usado, mas alguém se arriscaria a comprar uma "legítima" Monblanc por R$ 30,00?

É fato que o preço é montado através de determinados padrões controlados tanto por quem compra como por quem vende. É arriscado afirmar que quem vende é que tem a obrigação de montar o preço de referência na cabeça do consumidor. Afinal, se ele inova no mercado e cria um produto e eventualmente uma necessidade, o preço por isso deve ser alto. Pense quando criaram todo tipo de tecnologia nova. O primeiro computador pessoal, o primeiro *notebook*, o primeiro *Palm*... O custo dessa nova tecnologia era naturalmente alto e o preço de venda, às vezes, exorbitante. Inicialmente vamos verificar a montagem do preço de um produto de acordo com parâmetros técnicos.

Parâmetros Técnicos

Em primeiro lugar, podemos afirmar que o preço de venda, da forma técnica, pode ser obtido pela conjugação de cinco fatores:

- custos fixos;
- custos variáveis;
- custo de oportunidade;
- impostos;
- demanda.

Vejamos, detalhadamente, cada um deles.

Custos fixos

Os custos fixos são aqueles que não variam de acordo com a demanda, ou seja, aqueles que se mantêm se a empresa vende uma ou um milhão de unidades. Exemplos:

- salários e encargos, exceto comissões;
- aluguel;
- material de expediente;
- depreciação;
- luz, água e telefone, exceto se usados para a produção.

Em outras palavras, caso a empresa dê aos funcionários férias coletivas em razão de desaquecimento em determinado mercado, ela continuará a arcar com todas as despesas mencionadas, embora não tenha receita com as vendas. Essas despesas (custo fixo) devem ser necessariamente rateadas pela previsão de demanda, para que cada unidade a ser vendida "pague" proporcionalmente o investimento. Por exemplo, uma determinada indústria que fabrica freios e tem uma estimativa de demanda de 15.000 peças mensais, com um custo fixo mensal de R$ 300.000,00, deverá cobrar, por peça vendida, R$ 20,00, ou seja, os 300 mil reais divididos pelas 15 mil peças. Por isso, a correta previsão nas vendas é fundamental para que se estabeleça o preço correto. Da mesma forma, quanto menor o custo fixo, menor será o impacto no preço, ou seja, menor será o preço e maiores as chances de se aumentarem as vendas, ou, mantido o preço, maior será o lucro.

Um esclarecimento adicional sobre a depreciação: um bem, como uma máquina ou equipamento, se deprecia com o decorrer do tempo. Há um princípio básico em contabilidade que prevê que esse bem deve ser avaliado, seu valor dividido em partes iguais e os recursos para a compra de outro bem como aquele (ou melhor) provisionados mensalmente. No mesmo exemplo mencionado, imaginemos que uma das máquinas dessa empresa de freios tenha um custo de R$ 500.000,00 e tenha uma vida útil de cinco anos ou 60 meses. A conta para a provisão é simples: 500 mil divididos por 60, que resulta em R$ 8.334,00 por mês, que está dentro dos R$ 300 mil já citados.

Custos Variáveis

Custos variáveis aqueles que variam de acordo com o nível de produção da empresa. Vamos imaginar que uma empresa venda ovos de chocolate para a Páscoa. Corresponde a um evento sazonal, que começa a ser preparado em meados de novembro/dezembro, para que próximo a abril/maio possamos nos deliciar e engordar bastante. Nos meses em que o fabricante não compra chocolate não paga frete nem utiliza a mão-de-obra. Ou seja, ele não tem essas despesas. Assim, podemos definir custos variáveis como aqueles que são diretamente ligados à produção, conseqüentemente, demanda. Uma empresa só compra matéria-prima, por exemplo, se tem certeza de suas vendas. Caso contrário, não iria se arriscar a comprar e ter o produto em estoque. Um desrespeito a essa regra representa uma evidente falha no processo de gestão da empresa.

Algumas lojas se arriscam a ter em estoque um produto que eventualmente pode nem ser vendido, como, por exemplo, as Casas Bahia, que, contrariando a lógica do mercado, compra com bastante antecedência os produtos dos fabricantes. A diferença da estratégia está no prazo de pagamento, geralmente longo para os fabricantes, o tempo suficiente para que aumente suas chances de venda, acompanhada de muita propaganda e, caso ainda assim não seja possível concluir o processo de venda, o preço do produto tende a abaixar até o preço de custo. Não será exatamente o preço pago pelas Casas Bahia pelo fabricante, mas incluídos aí os custos de transporte e custos fixos do distribuidor. Mesmo porque, se eles venderem pelo mesmo preço que pagaram, terão prejuízo, já que não terão conseguido amortizar seus custos fixos.

Dessa forma, o custo variável deve ser integralmente repassado ao consumidor, não existindo, assim, rateio a ser feito, diferente do custo fixo.

Um exemplo para acompanhar o dos custos fixos é aquela fábrica de autopeças. Digamos que as partes do produto (aço, borracha, fios etc.) usados no processo de produção tenham um custo total de R$ 10,00, nos diferentes fornecedores, esse será seu custo fixo.

Custo de Oportunidade

O custo de oportunidade talvez seja o mais difícil de compreender, porque envolve um conceito essencialmente econômico. Quando um empreendedor resolve abrir determinado negócio, ele tem pelo menos uma alternativa: aplicar dinheiro em um Banco e ter o rendimento pelo capital aplicado a uma taxa de juros certa e com risco relativamente baixo, uma vez que ele somente perderia o dinheiro aplicado em caso de quebra do Banco ou alguma outra eventualidade muito grave (como ocorrido em alguns países como o México em 1996 ou a Argentina em 2001 ou, ainda, com o Brasil em 1990, quando o então presidente Collor bloqueou os recursos aplicados em fundos de renda fixa, dando "calote" nos aplicadores brasileiros).

Quando se pensa em aplicar os recursos em alguma atividade produtiva, o mínimo que se espera é que o valor aplicado tenha um rendimento superior ao que se teria tendo a opção ou a oportunidade de se aplicar em algum ativo fixo com baixo risco.

Por exemplo, se abrir uma padaria vai custar R$ 200.000,00 em investimentos, incluindo-se o valor pago ao antigo dono, reformas, divulgação, contratação e treinamento dos funcionários, entre outras coisas. Calcula-se que a taxa de juros paga por um Banco forte é de 20% ao ano, o mínimo que se espera é que, ao final de um ano, o retorno pelo investimento na padaria seja de R$ 40.000,00, ou seja, o equivalente à oportunidade que ele tinha ao investir seus recursos em um Banco.

Essa previsão de lucro – essa meta a ser alcançada – deverá ser alocada nos preços dos produtos, de acordo com a previsão de demanda. Vem daí, novamente, a necessidade de se imaginar, com a maior precisão possível, quantas unidades serão vendidas para que se possa fazer o rateio da maneira correta. Para aproveitar o exemplo, em uma padaria são vendidos vários itens. Para cada um, deve haver uma previsão de quantas unidades serão vendidas e quanto cada produto deverá contribuir para que a empresa obtenha lucro.

Vamos dar novamente o exemplo de uma indústria de freios. Supondo que o empresário tenha feito um investimento de R$ 4.000.000,00 para a montagem do negócio: compra de máquinas, treinamento de funcionários, investimento em *marketing* etc., e que a taxa de juros de mercado seja de 16% ao ano. Para que ele possa montar o preço de venda, deverá saber também a previsão de demanda desses produtos. Vamos trabalhar com a mesma demanda já escrita no item "custos fixos", de 15.000 peças mensais. Os seguintes passos devem ser observados para efetuar o cálculo:

Investimento total: R$ 4.000.000,00

Demanda mensal: 15.000 ao mês ou 180.000 ao ano

Taxa de juros de mercado: 16% ao ano. Se aplicados sobre o investimento, resultariam em R$ 640.000,00 ao ano

Assim, cada peça deve contribuir com o equivalente à divisão do valor desejado pela demanda anual, ou seja, R$ 640.000,00 divididos por 180.000 que resulta em R$ 3,56 por unidade.

Parece pouco por unidade? Mas é o mínimo necessário para que o lucro seja igual ao custo de oportunidade. Esse será o valor que serve para dar a base para, a partir daí, comparar com o valor de mercado e saber o quanto o seu preço está longe desse valor de referência. Se estiver demasiadamente baixo, poderá aumentar o preço. Se estiver muito acima do valor de mercado, a empresa deverá rever seus custos, o valor a ser investido ou a demanda, para que possa manter-se competitiva.

Esse parâmetro, o do custo de oportunidade, pode ser também definido como o valor do lucro que a empresa espera obter para pagar seu investimento. Algumas empresas têm uma orientação global para que o retorno sobre o investimento seja pago em taxas fixas, sem vínculo com o que aparece como oportunidade nas taxas bancárias. Sobretudo em multinacionais, é comum tentarem alcançar o retorno sobre o investimento em três ou quatro anos, o que faz com que a taxa de retorno esperada seja de 33% (retorno em três anos) ou 25% ao ano (para o retorno em quatro anos). Se aplicarmos esse parâmetro no exemplo anteriormente mencionado, o lucro por unidade, mantida essa demanda, seria de R$ 7,33 para três anos e de R$ 5,56 em quatro anos.

É fácil notar o importante papel exercido pela demanda, uma vez que ela impacta diretamente em todos os custos. Por isso o *marketing* tem um peso fundamental no processo de desenvolvimento dos negócios da empresa, tendo em vista que pode passar um maior valor para o produto ou de conquista de mercado ou aumento de demanda. Quanto maior for o número de unidades vendidas, maior será o rateio entre os custos fixos e menor será o impacto do rateio da taxa de retorno. É evidente que para a maior parte dos produtos o preço não cairá se a demanda aumentar. Assim, o lucro será maior. No exemplo hipotético que criamos, vamos imaginar que a demanda efetiva, após um ano, seja de 20.000 unidades mensais, ou seja, de 240.000 anuais, com o lucro do primeiro caso, ou seja, de R$ 3,56 por unidade. Se isso fosse verificado, a empresa teria um lucro de R$ 854.400,00. Se dividirmos esse valor pelo investimento (os R$ 4 milhões), encontraremos 0,2136 ou 21,36% de retorno, bem maiores que os 16% inicialmente projetados, ou seja, quanto maior a demanda, maior o lucro.

Contudo, há uma limitação aqui: a da capacidade de produção ou de atendimento. Pode ocorrer de a empresa não ter condições de dar aos seus clientes o que eles esperam. Essa possibilidade é uma das piores cenas possíveis, por inúmeros motivos:

a) a empresa mostra falta de planejamento;
b) a empresa pode correr o risco de ter de comprar no mercado, de seus concorrentes, os produtos que prometeu para a venda a fim de cumprir suas obrigações comerciais;

c) a empresa compromete seriamente sua imagem, quando faltam produtos com relação à demanda dos consumidores finais;

d) os consumidores intermediários passarão a considerar outros fornecedores para o atendimento do consumidor final.

Ou seja, são inúmeros os problemas quando isso ocorre. Por outro lado, a previsão errada da demanda, estimando para cima os números é igualmente desastrosa. Quando se faz a estimativa, são dimensionados os recursos materiais e humanos para isso, ou seja, são contratados funcionários, que acabam sendo subutilizados, matéria-prima, que deverá ser efetivamente paga, com os impostos que são repassados ao consumidor final, como o ICMS, por exemplo, além de investimentos na aquisição de estrutura e finalmente, o retorno sobre o capital dos sócios, ou o lucro.

Um exemplo, dentro ainda da mesma linha: digamos que a previsão de demanda seja de 20.000 peças, mas que efetivamente sejam comercializadas 15.000 peças, o que ocorreria é mais ou menos o seguinte:

Previsão	Efetivado
Venda de 20.000 peças por mês.	Venda de 15.000 peças no mês.
Custo fixo: 300.000,00.	Custo fixo: 300.000,00.
Custo variável: R$ 200.000,00, correspondente a R$ 10,00 por peça multiplicado pela previsão de 20.000 unidades.	Custo variável: R$ 200.000,00, correspondente a R$ 10,00 por peça multiplicado pela previsão de 20.000 unidades.
Desembolso (custo fixo + custo variável): R$ 500.000,00.	Desembolso (custo fixo + custo variável): R$ 500.000,00.
Investimento total: R$ 4.000.000,00.	Investimento total: R$ 4.000.000,00.
Taxa de retorno sobre o investimento: 20% ao ano, correspondente a R$ 3,33 por peça, de acordo com a previsão de 20.000 unidades (R$ 4.000.000 x 20% divididos por 12 e divididos pela previsão de demanda).	Taxa de retorno sobre o investimento: 20% ao ano, correspondente a R$ 3,33 por peça, de acordo com a previsão de 20.000 unidades.
Preço de venda: R$ 28,00.	Preço de venda: R$ 28,00.
Faturamento previsto: R$ 560.000,00 (R$ 28,00 x 20.000).	Faturamento efetivado: R$ 420.000,00 (R$ 28,00 x 15.000).
Lucro bruto: R$ 60.000,00.	Prejuízo: R$ 80.000,00.

Por este exemplo é possível perceber que o empresário está sujeito a uma grande pressão, uma vez que, caso não alcance o volume de vendas previsto, o negócio pode sofrer sérios problemas. Por isso, é cada vez mais comum as empresas trabalharem com o regime de metas. De forma simplificada, podemos perceber, já nesse exercício, que a meta para a remuneração do capital investido, a ser alcançada pela empresa, é de 20.000 unidades de produção. Seria possível fazer essa conta de uma outra forma: ele poderia somar o custo total (custo fixo mais variável) e o lucro esperado e dividir pelo preço de venda, encontrando um ponto ideal para a venda de seus produtos, para que pudesse pagar os custos e ter o lucro esperado.

Em alguns casos, é possível negociar com o fornecedor um número intermediário menor de matéria-prima ou administrar sua utilização em outro período. Nesse caso, as peças poderiam ser utilizadas no mês seguinte, de modo que os pedidos para o fornecedor caiam também. Não é sempre que é possível. No caso de produtos perecíveis isso fica seriamente comprometido.

Contudo, uma análise mais atenta fará com que vejamos que a conta corrente dessa empresa teve problemas, uma vez que seu resultado no caixa foi um resultado negativo. Quais alternativas que a empresa tem, nesse caso?

1. Protelar o pagamento de despesas fixas.
2. Protelar o pagamento de despesas variáveis.
3. Tomar dinheiro emprestado com Bancos.
4. Tomar dinheiro emprestado com os sócios.

É evidente que as soluções 3 e 4 são menos traumáticas. Atrasar o pagamento dos custos fixos significa não pagar funcionários, aluguel, entre outras despesas. Não pagar fornecedores significa ter sérios problemas nas próximas compras.

Todavia, o pagamento de juros com Bancos custam caro aos cofres da empresa. Quanto maior os juros e menor for o porte da empresa, mais difícil será para manter a promessa de uma boa remuneração ao capital da empresa. Da mesma forma, quando os sócios (atuais ou novos) colocam dinheiro na empresa, eles também estão pensando no retorno do seu investimento e ponderando o custo de oportunidade. A empresa deverá retomar esse dinheiro aos sócios, que certamente pedirão, no mínimo, a remuneração de juros de mercado no momento da aplicação no Banco.

Consideremos, também, que esse valor solicitado pelo sócio será menor do que o que o Banco vai pedir pelo empréstimo. O produto que o Banco comercializa é justamente dinheiro, ou seja, ele tem o lucro na sua intermediação. Portanto, aquela taxa que a pessoa física ganha em uma aplicação é bem menor que aquela que ele toma emprestado do Banco quando precisa. A diferença é o lucro do Banco.

Isso pode parecer elementar, mas, o que fazer com os juros cobrados nesse momento? Eles serão integrados ao custo fixo ou diminuirão a parcela do lucro da empresa. Não há outras alternativas. Isso poderá ser extremamente perigoso em um mercado competitivo, pois, no primeiro caso o preço deverá sofrer reajuste para cima, a fim de cobrir o mau planejamento e, no segundo caso, o lucro será menor; portanto, um castigo para os investidores.

Impostos

O mercado brasileiro tributa, hoje, aproximadamente 35% do PIB. Isso é grave, na medida em que, praticamente, metade do que se ganha acaba se perdendo em impostos e mais um pouco em taxas.

Este trabalho não tem o objetivo de ensinar aos profissionais de marketing todos os atalhos da legislação, mas aclarar alguns pontos importantes na elaboração de suas estratégias e entender alguns aspectos na montagem de preços. Na verdade, para que seja realizada uma correta apropriação dos tributos, é preciso entender o raciocínio de como alguns tributos são cobrados. Não entraremos em detalhes sobre como cada imposto é calculado, pois o próprio tempo se encarregaria de deixar o conceito ultrapassado. Existem vários projetos de lei em tramitação que mudam constantemente a forma como esses impostos são cobrados. Trataremos, de uma forma conceitual, como embutir esses impostos no preço, a fim de que o faturamento consiga pagar todos os custos e obter lucro.

ICMS

O Imposto sobre Circulação de Mercadorias e Serviços (ICMS) é um dos impostos que são cobrados sobre o preço de venda ao consumidor final. É de competência estadual, e, portanto, cada estado determina o valor que considera correto. No Estado de São Paulo, por exemplo, a tributação é de 18%, mas existe uma lista de exceções, como alimentos, por exemplo, que têm o imposto de 7%, e combustíveis, gás, gasolina, luz, telefone, que têm uma carga maior, de 25%.

Como o ICMS é cobrado pelo preço de venda ao consumidor final, é melhor parar um pouco para analisarmos melhor. Digamos que você receba, em casa, uma conta de telefone de R$ 120,00. Estará em destaque, na conta, que o imposto a ser cobrado é de R$ 30,00, ou seja, 25%. Isso significa, portanto, que o consumo foi de R$ 120,00 menos R$ 30,00, ou seja, R$ 90,00, certo?

Então vamos aplicar 25% sobre os R$ 90,00. O resultado é R$ 22,50, bem menos que os R$ 30,00 que estão sendo cobrados. Isso revela que o ICMS foi cobrado sobre o próprio valor do imposto, ampliando a base para o cálculo. Então podemos definir que a alíquota cobrada não foi de 25%. Se dividirmos o valor cobrado pelo consumo, chegaremos ao índice de 0,33 ou seja 33%. Então, na prática, o valor que efetivamente é cobrado não é de 25%, mas de 33% sobre o valor do consumo.

Como podemos formar o preço, levando-se em conta que o ICMS está "embutido" no preço?

Primeiro, devemos considerar que o preço de venda ao consumidor final corresponde a 100% do preço e é composto por vários fatores. No caso mencionado, o preço é dividido assim:

Consumo: R$ 90,00

ICMS: R$ 30,00, que corresponde a 25% do preço de venda

Preço de venda: R$ 120,00, que corresponde a 100%

Logo, o consumo corresponde a 75% do preço de venda. Para calcular o consumo "embutindo" o valor do imposto, devemos dividir o valor do consumo por 0,75, portanto, o preço de venda será de R$ 120,00.

Como Embutir Encargos no Preço de Venda

Da mesma forma como o ICMS, outros tipos de encargos também podem ser embutidos no preço, de maneira que o consumidor pague efetivamente todos os encargos e custos, e que o vendedor tenha preservado o retorno do seu investimento.

Vamos supor, por exemplo, que determinada empresa tenha inadimplência média de 3% e que pague 4% de comissão de vendas aos seus funcionários. Essa mesma empresa também deve recolher 18% de ICMS.

Esses três itens são pagos pelo consumidor final e são diretamente ligados ao preço de venda. Dessa forma, devem ser previstos na formação de preços. Vejamos o exemplo a seguir:

Custo fixo total: R$ 300.000,00
Custo variável por unidade: R$ 70,00
Investimento total: R$ 5.000.000,00
Taxa de retorno sobre o investimento: 25% ao ano
Demanda estimada: 5.000 unidades por mês

Então, teremos o custo básico formado da seguinte forma:
Custo fixo por unidade: R$ 60,00
Custo variável por unidade: R$ 70,00
Lucro projetado: R$ 83,33
Valor-base para cálculo: R$ 213,33

Agora, vamos "embutir" o que deve ser pago para os vendedores, a reserva para inadimplência e o que deve ser recolhido a favor do estado:

O que é	Valor	Quanto corresponde ao preço final
Custo total	213,33	75%
ICMS	51,20	18%
Previsão para inadimplência	8,53	3%
Comissão de vendas	11,38	4%
Preço de venda	284,44	100%

Quais contas fizemos?

1. Primeiro, subtrair os 100% dos gastos que já sabemos o percentual, ou seja, 100 menos 18 de ICMS, 3 da provisão para inadimplência e 4 da comissão de vendas. O resultado é 75, ou seja, 75%.
2. Dividimos o custo total por 0,75. O resultado será o preço de venda.
3. Calculamos, com base no preço de venda, 18% de ICMS, 4% de inadimplência e 3% de comissão de vendas.

4. Para ter certeza de que as contas estão certas, some os valores para chegar ao preço de venda, que deve ser o mesmo que o apurado no item 1.

Essas contas servem para chegarmos a qualquer histórico que deva ser embutido no preço, como, por exemplo, o CPMF, que também é cobrado sobre o preço final.

Demanda – Função e Cálculo

Foi possível identificar, nos exemplos anteriores, que a demanda é um dos itens mais importantes para a determinação do preço. Não saber quanto vender é o mesmo que ter os olhos vendados. A demanda serve, primeiro, para dimensionar a produção, porque compramos para vender. Comprar mais do que se vai vender significa ter uma despesa maior do que se deseja com fornecedores. Afinal, o fluxo de dinheiro deve obedecer ao padrão ideal, que é primeiro comprar, vender, receber, e, por último, pagar. Isso é o ideal. Assim, os fornecedores seriam pagos com o dinheiro do cliente e os sócios não teriam de comprometer capital próprio ou de Bancos para honrar o seu compromisso.

Por outro lado, faltar produto, então, é uma das piores coisas que pode ocorrer com um empresário. Nada pior que ter um cliente ávido pelo seu produto e, por erro no planejamento, você não ter esse produto para entregar. Além da perda da venda, uma péssima imagem poderá se repercutir, também, na propagação dessa experiência para outros consumidores.

Além disso, é através da demanda que se faz o rateio das despesas fixas e do lucro projetado. Quando se dimensiona uma empresa, com seus custos que se repetem, desde luz, água, telefone, passando por salários e aluguel, a forma para se obter o quanto representa de custo cada unidade vendida é fazer a divisão entre esses custos e o número de unidades vendidas para fazer a alocação do valor em cada produto no estabelecimento do preço.

É certo que os preços devem ter, na cabeça do consumidor, uma referência clara. Não é certo mudar os preços sempre ou mesmo manter preços sazonais. Nenhum consumidor vai gostar de uma empresa que muda seus preços a todo o momento. Contudo, a demanda não é sempre estável. Em praticamente todos os segmentos existem oscilações sazonais e seus motivos são os mais variados:

- artigos para a casa, sobretudo móveis e eletrodomésticos são vendidos mais no final do ano e menos no começo do ano;
- perfumes são vendidos mais próximo ao dia dos namorados, dia das mães e Natal, não necessariamente nesta ordem;
- alimentos têm venda estável em São Paulo durante quase todo o ano, caindo no período de férias escolares, e subindo nas cidades turísticas, sobretudo do litoral.

Esses movimentos são perfeitamente naturais, pois caminham de acordo com o consumidor. Todavia, prever seus hábitos e costumes significa ter uma forte vantagem competitiva, que se reflete nos preços.

Como estabelecer o ponto de demanda?

Em primeiro lugar, é preciso determinar exatamente em qual mercado a empresa quer atuar. As primeiras perguntas a se fazer:

- Para quem quero vender?
- Já existe produto semelhante?
- Qual é a demanda atual desse produto?
- Qual o custo adicional a ser considerado, levando-se em conta a distribuição?
- A marca dos meus concorrentes é mais forte do que a minha?
- Meus concorrentes oferecem mais valor do que eu?

Com base nas respostas é que podemos considerar uma correta estratégia de determinação de preços, pois é preciso saber não apenas o aspecto quantificado, mas também a qualidade das respostas. Por isso, primeiro é preciso definir o público, para estudar o seu comportamento diante do produto e saber sua opinião a respeito, bem como sua sensibilidade sobre o preço. Em seguida, verificar se existem concorrentes e qual é o preço que eles praticam.

Rateio ABC

O Custo Baseado em Atividade, em linhas gerais, é o rateio de despesas de cada produto proporcional às despesas globais da empresa ou os custos fixos. Um exemplo básico seria o de duas pessoas que vão a um restaurante:

um pede um filé simples e o outro, camarão, salada, bebidas etc. Quando a conta vem, eles preferem dividir a conta em dois.

Existe uma clamorosa injustiça! Aquele que pediu o prato mais simples deveria pagar menos! O Custo Baseado em Atividade tenta corrigir essa distorção. Vamos dar um exemplo.

Determinada fábrica tem três produtos em sua linha. Para facilitar o entendimento, deixaremos de lado a incidência dos impostos.

Produto 1:

Custo variável: R$ 100,00

Preço de venda: R$ 140,00

Este produto é transformado na unidade fabril dessa empresa.

Demanda prevista: 2.000 unidades

Produto 2:

Custo variável: R$ 500,00

Preço de venda: R$ 650,00

Demanda prevista: 1.000 unidades

Esse produto é adquirido no mercado interno já pronto. Essa empresa apenas coloca sua marca e revende.

Produto 3:

Custo: R$ 200,00

Preço de venda: R$ 280,00

Demanda prevista: 2.000 unidades

Esta empresa possui os custos fixos, conforme segue:

Folha de pagamento:
- Gerente Geral: R$ 9.000,00
- Departamento Comercial: R$ 6.000,00
- Contas a Pagar: R$ 6.000,00
- Contas a Receber: R$ 6.000,00
- Vendedores: R$ 15.000,00
- Operários: R$ 20.000,00

- Gerente Industrial: R$ 5.000,00
- Estagiários: R$ 3.000,00

Total da folha de pagamento: R$ 68.000,00

Despesas operacionais:
- Aluguel: R$ 12.000,00 por galpão (2 galpões)
- Processos de distribuição: R$ 3.000,00
- Material de expediente: R$ 1.000,00
- Luz utilizada na produção - R$ 3.000,00
- Luz/Água/Telefone: R$ 2.000,00

Total das despesas operacionais: R$ 33.000,00

Seguros:
- Produto 1: R$ 30.000,00
- Produto 2: R$ 40.000,00
- Produto 3: R$ 20.000,00

Total: R$ 90.000,00

Total dos custos fixos: R$ 191.000,00

Ela funciona em dois galpões, divididos de acordo com o seguinte critério: o primeiro galpão é dividido em três: 1/3 funcionando os departamentos operacionais, de vendas etc.; 1/3 na linha de montagem do produto 1; e 1/3 no estoque de produtos acabados do produto 1.

O outro galpão, também dividido em três, tem 1/3 para depósito de cada um dos produtos, divididos da seguinte forma:

1/3 matérias primas do produto 1;

dos 2/3, restantes, metade para produto 2 e a outra metade para o produto 3;

Se fizermos o resumo da atividade como antes, chegaremos ao seguinte resumo:

Faturamento	R$ 1.490.000,00
Custos Variáveis	R$ 1.100.000,00
Custos Fixos	R$ 191.000,00
Lucro Operacional	R$ 390.000,00

Os preços estão corretos? De acordo com os números, sim. A empresa tem lucro e parece que tudo está certo. No entanto, as despesas poderiam ser divididas proporcionalmente a cada produto. Se ratearmos as despesas a cada produto, teríamos o seguinte quadro:

Despesa	Produto 1	Produto 2	Produto 3
Gerente Geral	3.000,00	3.000,00	3.000,00
Departamento Comercial	2.000,00	2.000,00	2.000,00
Contas a Pagar	2.000,00	2.000,00	2.000,00
Contas a Receber	2.000,00	2.000,00	2.000,00
Vendedores	5.000,00	5.000,00	5.000,00
Operários	20.000,00	0,00	0,00
Gerente Industrial	5.000,00	0,00	0,00
Estagiários	1.000,00	1.000,00	1.000,00
Aluguel	13.333,00	5.333,00	5.334,00
Processos de Distribuição	1.000,00	1.000,00	1.000,00
Material de Expediente	334,00	333,00	333,00
Luz utilizada na produção	3.000,00	0,00	0,00
Luz/Água/Fone	667,00	666,00	667,00
Seguros	30.000,00	40.000,00	20.000,00
Total	88.334,00	60.332,00	42.334,00

O lucro operacional que a empresa teve foi de R$ 390.000,00. Se dividirmos de modo igual, cada produto contribuiria com R$ 130.000,00. Dessa forma, vamos definir que eles contribuíram de maneira proporcional à sua demanda. O lucro gerado por cada um foi:

	Faturamento	Custo Fixo	Custo Variável	Lucro Bruto
Produto 1	280.000,00	88.334,00	200.000,00	(8.334,00)
Produto 2	650.000,00	60.332,00	500.000,00	89.668,00
Produto 3	560.000,00	42.334,00	400.000,00	117.666,00
Total	1.490.000,00	191.000,00	1.100.000,00	199.000,00

Gráfico 1.20 Comparação entre os Produtos.

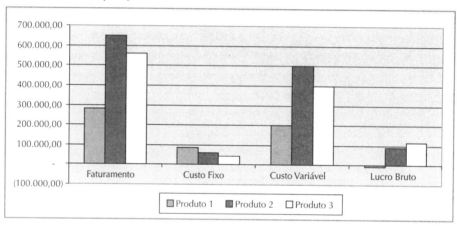

Existe, portanto, um problema estratégico no momento da decisão do preço. O produto 1, na verdade, dá prejuízo à empresa, enquanto os outros, sobretudo o produto 3, dá uma excelente margem de contribuição. Podemos, dessa forma, estabelecer uma estratégia focada na capacidade de os produtos ganharem mercado, proporcional ao ganho que representam para a empresa. Vamos analisar o seguinte:

- O produto 1 tem 46% do custo fixo, mas representa 4% de prejuízo.
- O produto 2 tem 32% do custo fixo e representa 45% do lucro.
- O produto 3 tem 22% do curso fixo e representa 59% do lucro.

Nesse caso, o que a empresa deve fazer é efetivamente aumentar o preço do produto 1, mantendo inalterados os preços dos demais produtos, uma vez que representam bons resultados para a empresa. Vamos determinar que o produto 1 tenha, no mínimo, um rendimento de 33% do lucro obtido atualmente, ou seja, lucro de R$ 67.000,00. Assim, vamos dividir os R$ 67.000,00 pela demanda, que é de 2.000/mês. Chegamos ao resultado de R$ 33,50. Somando ao lucro atual que esse produto tem, de R$ 40,00, o preço de venda desse produto deve ser de R$ 173,50.

É evidente que isso só pode ser possível em condições em que se permita fazer esse reajuste de preço sem perder mercado. Sabemos que isso fica muito difícil de ser feito, tanto pelo aumento da competitividade das empresas como pela dificuldade em fazer com que os consumidores paguem mais pelo produto. Por isso, estratégias como essa são mais eficazes se a empresa simplesmente retirar esse produto do mercado. Isso otimizaria o custo fixo, mas, por outro lado, muitas pessoas perderiam seus empregos.

É claro que esse é um exemplo didático. Esses preços estão, na verdade, subordinados aos preços dos concorrentes. Por vezes eles podem estar muito diferentes dos seus justamente em razão do *mix* de produtos que seu concorrente dispõe. Não podemos nos esquecer de que o motivador, a principal força que faz o consumidor comprar determinada marca ou produto, é a conjugação de marca *versus* qualidade *versus* preço. Cada consumidor atribui, de acordo com critérios que só ele pode tentar definir, o peso para cada produto.

Markup

O *markup* é uma expressão geralmente usada para determinar a margem total que se deve aplicar sobre o custo de aquisição de um produto ou o custo variável. Veja no exemplo a seguir:

Custo variável: R$ 25,00

Custo fixo total da empresa: R$ 300.000,00

Demanda mensal: 4.000 unidades

Investimento: R$ 3.000.000,00

Taxa de retorno sobre o investimento: 25% ao ano

Provisão para inadimplência: 3%

Comissão dos vendedores: 2%

ICMS: 18%

Vamos determinar o preço de venda, com base nos conceitos já apresentados até agora:

Custo variável: R$ 25,00

Custo fixo por unidade: R$ 75,00 (R$ 300.000,00 dividido por 2.000)

Lucro por unidade: R$ 15,63 (R$ 3.000.000,00 x 25% dividido por 12, dividido pela demanda)

Valor-base para cálculo: R$ 115,63

Agora vamos embutir os encargos:

Histórico	Valor
Valor-base	R$ 115,63
ICMS (18%)	R$ 27,03
Inadimplência (3%)	R$ 4,51
Comissão dos vendedores (2%)	R$ 3,00
Preço de venda	R$ 150,17

Para facilitar o cálculo, é mais fácil somar os encargos que são proporcionais ao preço de venda (18 + 3 + 2) e subtrair 100. O resultado, nesse caso, será R$ 0,77. Se dividirmos o preço-base, chegaremos no preço de venda.

Então, para calcular o *markup*, é preciso dividir o preço de venda pelo preço de compra. Chegaremos ao multiplicador 6,006815584. Esse é o *markup*.

Caso alguma das variáveis presentes nesse cálculo mudem, o *markup* será alterado também.

Impacto das Oscilações do Dólar

Quando se pensa no comércio internacional, as empresas precisam criar mecanismos para que os preços não tenham grandes oscilações. Vamos dar um exemplo na importação e outro na exportação.

Importação:

A tributação é um dos muitos mecanismos utilizados pelos governos para proteger a moeda de seus países. Os países precisam do saldo de balança comercial para gerar riqueza (exportações menos importações) e, sempre que podem, protegem a indústria nacional tarifando a venda de produtos de outros países para cá. Sem dúvida, essa postura é paradoxal ao discurso de que é preciso que "caiam as barreiras" para que as empresas possam vender para qualquer país.

Vamos presumir uma empresa que venda carros para o Brasil. Se você fosse direto à loja para comprá-lo, nos EUA, seria vendido, por digamos, US$ 20.000,00. No entanto, você precisa esclarecer que se trata de produto para exportar para o Brasil. A concessionária, por sua vez, deverá colocar esse carro em uma carreta, que irá para o porto mais próximo, alugar um *container*, e isso envolve custos, que serão repassados ao comprador. Essa negociação de custos pode envolver outras variáveis, desde entrega do produto no porto de origem até a mercadoria dentro da fábrica do comprador, em outro país. Existe, inclusive, uma nomenclatura usada em todo o mercado internacional, denominada Incoterm. A entrega do produto no porto de origem, por exemplo, chama-se Free on Board (FOB), ou seja, todos os custos pagos até o porto de origem.

Vamos pensar, nesse exemplo, que os custos sejam de US$ 1.000,00. A mercadoria passa a ter um preço FOB de US$ 21.000,00.

Agora a mercadoria foi embarcada e o comprador deverá pagar:

- frete do navio; e
- seguro de transporte do produto.

Em alguns casos o *container* também é alugado, o que acaba por agregar mais despesas ao comprador. Vamos imaginar que o frete tenha custado

US$ 1.000,00 e o seguro, mais US$ 500,00. Nesse caso, o carro já estará custando US$ 22.500,00.

Agora, para efetuar o "desembaraço" do produto importado, será necessário efetuar o pagamento dos impostos. São três os impostos na importação:

a) Imposto de Importação (II) – tributo federal, regulado de acordo com a Secretaria da Fazenda;
b) Imposto de Circulação de Mercadorias e Serviços (ICMS) – imposto estadual, regulado de acordo com a secretaria de cada estado;
c) Imposto sobre Produtos Industrializados (IPI) – imposto federal, também regulado de acordo com a Secretaria da Fazenda.

É importante destacar que as alíquotas de imposto obedecem a uma política que procura igualar os preços dos produtos importados aos produzidos no Brasil. Um exemplo a destacar, no início do Plano Real, é o Imposto de Importação sobre os carros importados, que naquela oportunidade era de 100% e foi reduzido para 20%, como uma forma de pressionar as indústrias automobilísticas a produzirem carros melhores, com preços mais baixos. Caso contrário, o consumidor tinha a oportunidade de adquirir carros importados.

Vamos supor, no exemplo do carro, que as alíquotas sejam de:

- Imposto de Importação: 60%
- ICMS: 18%
- IPI: 35%

O valor do carro era de US$ 22.500,00. Esse valor será tomado como base para o cálculo do Imposto de Importação, de 60%, que resulta em US$ 13.500,00.

O cálculo do ICMS tem como base a somatória do custo do carro (US$ 22.500,00 mais o II no valor de US$ 13.500,00), que totaliza US$ 36.000,00. Sobre esse valor será aplicada a alíquota, que totaliza US$ 6.480,00.

O cálculo do IPI também terá como base a soma dos dois impostos. Assim, a base será o resultado de US$ 36.000,00 mais os US$ 6.480,00 do

ICMS e, dessa forma, a base será US$ 42.480,00. Sobre esse valor aplica-se a alíquota do imposto e encontramos US$ 14.868,00.

Resultado: O custo do carro será de US$ 22.500,00 e a soma dos impostos será de US$ 34.848,00. A soma dos dois será: US$ 57.348,00.

E não acaba por aí! Existem as despesas no desembaraço. As principais referem-se a:

a) Adicional de Frete para Renovação da Marinha Mercante (AFRMM) – imposto de 50% sobre o frete pago em favor da Marinha Mercante;
b) capatazia – serviço dos estivadores, a equipe que faz a descarga do navio;
c) armazenagem – o aluguel do espaço para onde vai a mercadoria após a saída do navio e antes da fiscalização;
d) Adicional de Tarifas Portuárias (ATP) – é um imposto para o porto, equivalente a 50% da soma de capatazia e armazenagem;
e) despachante aduaneiro – profissional especializado nos trâmites burocráticos entre o porto e o fiscal;
f) Sindicato dos Despachantes Aduaneiros (SDA) – taxa cobrada a favor do sindicato dos despachantes. A cobrança é facultativa, mas apenas para empresas que fazem importações constantes;
g) *demurrage* – aluguel do *container*.

No caso do exemplo mencionado, poderíamos acrescer o frete da mercadoria para a cidade onde o carro vai ser registrado, além do seguro de transporte do veículo. Para matérias-primas, o raciocínio é o mesmo.

Além de todas essas despesas, é bom deixar bem claro que o que se encontra é o custo do produto e os impostos pagos no desembaraço não são revertidos a crédito da empresa.

Exportação:

Ao contrário da importação, nas vendas para o mercado externo o governo abre mão de grande parte dos impostos e cria política interna para queos estados acompanhem nesse favor fiscal às empresas. Dessa forma, o preço do produto cai em razão dos descontos nos impostos. Vamos a um exemplo:

Preço do produto para venda ao consumidor final, no Brasil: R$ 5.000,00

ICMS: 18%

Cofins + PIS/Pasep: 3,65%

Taxa do dólar: R$ 2,40

Despesas na exportação: capatazia, armazenagem, *demurrage* e despachante aduaneiro.

Vamos imaginar que essa mercadoria teria US$ 300,00 de despesas na exportação.

Primeiro: vamos deduzir os impostos:

ICMS de 18%: R$ 900,00 (é só aplicar a alíquota sobre o preço de venda, lembra?)

Cofins + PIS/Pasep: 3,65% – R$ 182,50 (igual ao ICMS)

Valor sem os impostos: R$ 3.917,50

Agora, precisamos **dividir** pela taxa de câmbio. Resultado: o preço de venda será de US$ 1.567,00 mais o das despesas na exportação, o que corresponde a US$ 1.867,00.

Mecanismos de Proteção ao Preço

Os profissionais de *marketing* têm um grande receio de que os preços oscilem significativamente, pois isso causa problemas no relacionamento com o consumidor. Acostumado a um preço "x", fica complicado mudar o preço para cima (queda de demanda) ou para baixo (queda de confiança).

No caso de produtos importados, a dificuldade é de se manter o preço estável, uma vez que a variável econômica dificulta a precificação do produto. Vamos supor que um determinado importador tenha acertado uma compra de matéria-prima em outubro de 1998. A taxa de câmbio naquele mês era, na média, de R$ 1,20. Se a conta vencesse em fevereiro de 1999, imaginava o comprador, o dólar estaria, no máximo, custando R$ 1,30. Em janeiro, a moeda disparou, e custava R$ 1,95 em março. Se a empresa montou o seu preço com base na previsão, certamente teve grandes problemas financeiros.

Algumas saídas são usadas nesse caso:

1. Uso de operação financeira *Hedge* **sem caixa** – um Banco "compra" o risco da operação através da troca de indexador (dólar para real). A conta a ser paga fica em uma conta onde, de um lado fica o Banco, pagando variação cambial e deo outro lado, a empresa, pagando uma taxa de juros determinada nessa operação. O valor da "aposta" não é depositado, mas serve de parâmetro para essa aposta. Aquele que perder, paga. No caso mencionado, o Banco é quem paga o valor. Se a previsão inicial tivesse surtido efeito, a empresa paga.
2. *Hedge* **com caixa** – um Banco faz uma aplicação financeira com um determinado contrato, pagando taxa de juros pré ou pós-fixada. Em seguida, é feito um adendo ao contrato, mudando o indexador da aplicação para variação cambial mais uma taxa de juros. Assim, a conta a pagar e a receber ficam na mesma moeda.
3. Em alguns casos, sobretudo na venda da relação *Business to Business*, as empresas fazem **contrato em variação cambial**.
4. Outra operação comum é a de compra de dólar no **Mercado Futuro**. Um Banco fixa uma taxa para o dia do vencimento da obrigação da empresa importadora e, com base nesse contrato, os importadores montam o preço do produto.
5. **Mercado de opções** – é um dos métodos mais complexos para proteção dos preços, a opção funciona exatamente como uma aposta. Se quiser vender sua mercadoria por um preço determinado, a empresa oferece o que se chama "opção de venda" e se compromete, ao comprador, a vender o produto por um preço determinado. Se no dia do vencimento, o preço do produto, no mercado à vista, estiver acima daquele valor, o comprador da opção compra o produto pelo preço baseado em contrato. Se estiver abaixo, o comprador despreza o contrato, comprando pelo menor preço. Para ficar mais fácil o entendimento:
    a) O desejo da empresa exportadora é vender a tonelada de açúcar por R$ 500,00, no prazo de 4 meses. O preço, hoje, é de R$ 420,00.

b) A exportadora lança opções de venda e paga R$ 5,00 para que o produto seja comprado por R$ 500,00. Esses preços são por tonelada.

c) Quem compra esse papel tem, agora, a obrigação de comprar a tonelada de açúcar por R$ 500,00 dali a 4 meses.

d) No dia do vencimento, podem suceder três fatos:

- d.1) o preço da tonelada pode custar R$ 400,00 – nesse caso, a exportadora vai vender por R$ 500,00, para o comprador da opção;
- d.2) o preço pode custar R$ 500,00 – novamente o direito será exercido;
- d.3) o preço pode custar R$ 600,00 – nesse caso, não vale a pena para a exportadora exercer o seu direito. Ela vai vender no mercado à vista, ganhando mais do que o valor usado para proteção.

Vendas Financiadas

Um grande número de empresas de varejo, especialmente eletrodomésticos, móveis e automóveis utiliza-se de financiamentos para vender seus produtos. Pela nossa própria cultura, as pessoas têm esse costume, ao invés de fazer poupança, para comprar mais rápido. Conceitualmente, o financiamento é uma antecipação de receitas. Muitas empresas ganham mais dinheiro justamente no financiamento do que na operação comercial. Vale a pena?

Dois exemplos no mesmo segmento são suficientes para deixar qualquer um confuso. O Mappin e as Casas Bahia, duas empresas tradicionais, utilizaram a mesma estratégia. Uma quebrou espetacularmente. Outra, aparentemente, é uma ilha de prosperidade. Embora os números das Casas Bahia não sejam divulgados ao mercado, estima-se que trabalhem com baixas taxas de inadimplência e com ótima saúde financeira.

Vamos imaginar que uma empresa desse segmento tenha a seguinte situação, na venda de uma geladeira:

Custo variável: R$ 700,00
Custo fixo: R$ 100.000,00

Investimento: R$ 1.000.000,00

Taxa de retorno sobre o investimento: 30% ao ano

ICMS: 18%

Comissão de vendas: 5%

Demanda: 600 geladeiras

Preço de venda: R$ 1.179,65 (com isso, cada geladeira rende para a empresa o valor de R$ 41,67)

Veja como ficam os números da empresa:

Faturamento	R$ 707.792,21
Custo variável	R$ 420.000,00
Custo fixo	R$ 100.000,00
Comissão de vendas	R$ 35.389,61
ICMS	R$ 127.402,60
Lucro	R$ 25.000,00

Agora, essa empresa quer vender as mesmas geladeiras com financiamento de 12 meses. Para isso, primeiro a empresa tem de captar dinheiro emprestado, para, com esses recursos, emprestar aos seus clientes. É preciso incluir, agora, a provisão para inadimplência e embutir os juros na operação. Vamos supor 3%.

Digamos que esta empresa consiga tomar empréstimo a uma taxa de 25% ao ano, repassando aos clientes por uma taxa de 2,9% ao mês, ou seja, 40,92%. A despesa financeira será imputada ao custo variável, custo fixo, comissão e impostos. Agora, o preço passa a ser de R$ 1.227,48. Financiando pela Tabela *Price*, a prestação é de R$ 119,13.

Assim, o mesmo fluxo de caixa mencionado fica da seguinte forma:

Faturamento	R$ 857.704,26
Custo fixo	R$ 100.000,00
Custo variável	R$ 420.000,00
ICMS	R$ 132.567,84
Provisão para inadimplência	R$ 22.094,59
Lucro operacional	R$ 25.000,00
Receita financeira	R$ 53.178,61
Lucro total	R$ 78.178,61

Ou seja, neste caso específico, entre as muitas vantagens que podemos observar:

a) o lucro subiu 212,71%;

b) a receita financeira foi 112,71%, portanto maior do que o lucro operacional. A empresa pode, até, abrir mão do lucro operacional, ou parte dele, para deixar o preço mais acessível no financiamento;

c) caso a inadimplência não alcance o percentual reservado para esse fim, vai engrossar o lucro.

Preço ao Contrário e Ponto de Equilíbrio

Vimos pelos exemplos anteriores que, da receita recebida pela empresa, parte são despesas diretamente relacionadas ao preço, como ICMS, Comissão, Provisão etc., parte é o custo variável e parte é a despesa que deve pagar os custos fixos e o lucro. No exemplo anterior, vamos analisar o preço montado do preço de venda, até chegar no seu custo. E, então, tomar o preço da geladeira vendida à vista, ou seja, um preço de venda ao consumidor final por R$ 1.179,65.

Os encargos que são atribuídos a ele são comissão de vendas (5%) e ICMS (18%).

Então:

Preço de venda: R$ 1.179,65

ICMS: 18% – R$ 212,34

Comissão de vendas: R$ 58,98

Preço-base: R$ 908,33

Agora, vamos descontar o custo variável, que é o que pagamos pela aquisição da matéria-prima. Nesse caso, R$ 700,00.

Sobram R$ 208,34. Com esse dinheiro temos de pagar os custos fixos e o lucro. Para esse exercício, definimos que o retorno sobre o investimento seria uma taxa de 30% de retorno sobre o investimento. Agora, vamos imaginar o seguinte: quantas geladeiras a empresa tem de vender para custear ao menos o custo fixo? Para isso, vamos dividir o custo fixo total, os R$ 100.000,00, pela margem de contribuição de cada geladeira, ou seja, R$ 208,34. O resultado será 480 geladeiras. Se isso ocorrer, veja como fica o resumo financeiro dessa empresa:

Faturamento	R$ 566.232,00
Custo fixo	R$ 100.000,00
Custo variável	R$ 336.000,00
ICMS	R$ 101.921,76
Comissão de vendas	R$ 28.310,24
Resultado	R$ 0,00

Podemos afirmar que, com esse resultado, a empresa atingiu o seu ponto de equilíbrio, ou seja, não teve lucro na operação, mas também não teve prejuízo. Se analisarmos do ponto de vista econômico, seria prudente incluir aqui um lucro igual ao custo de oportunidade, uma vez que, como está, é fato que a empresa deixou de ganhar dinheiro.

Desse raciocínio podemos aludir outro, o de que, quanto maior a demanda, maior será o lucro, desde que seja mantida uma estrutura que dê suporte às vendas. No papel, essa loja pode vender 1.000.000 geladeiras por mês, mas, será que ela realmente consegue fazer isso? Evidente que não. Qualquer empresa tem de se limitar à sua capacidade de atender à demanda daquilo que está vendendo. Se esta loja em questão vender mais do que 1.000 geladeiras, é fácil imaginar o tumulto de clientes dentro da loja, gente esperando horas para ter o seu crédito aprovado, todos saindo reclamando e muitos recusando-se a entrar para não ter de ficar irritado.

Quando a empresa chega no ponto máximo de sua capacidade produtiva, é preciso que se façam ajustes na estrutura e, com isso, o custo fixo e o valor do investimento aumentam. Isso vai alterar os preços.

Determinação de Metas

De acordo com os aspectos técnicos, vamos analisar agora de que forma há o critério para estabelecimento de metas de vendas.

Vamos imaginar uma concessionária de carros, que vende três tipos de carro:

a) um carro pequeno, que tem custo variável de R$ 12.000,00 e preço de mercado de R$ 13.000,00;

b) um carro médio, custo variável de R$ 23.000,00 e preço de venda de R$ 25.000,00;

c) um carro de luxo, que tem custo variável de R$ 45.000,00 e preço de venda de R$ 50.000,00.

É evidente que, do ponto de vista da rentabilidade, é melhor concentrar-se nas vendas do carro de luxo, mas a demanda maior é de modo inversamente proporcional aos preços, ou seja, quanto maior o preço, menor a demanda.

Os custos fixos dessa empresa são de R$ 1.000.000,00 por mês. E o valor do investimento, R$ 10.000.000,00, que devem ser pagos por uma taxa de retorno de 20% ao ano, ou seja, R$ 170.000,00 por mês.

Então, no total, por mês a empresa deve receber, de custos fixos mais lucro, o valor de R$ 1.170.000,00, arrecadados por esses três carros.

Analisando os dados de mercado, podemos identificar que, das compras realizadas, 45% são de carros pequenos, 35% de carros médios e 20% de carros grandes. Assim:

a) no carro pequeno, cada carro gerará R$ 1.000,00 de receita;

b) no carro médio, R$ 2.000,00;

c) no carro grande, R$ 5.000,00.

Para fazermos um planejamento de vendas proporcional à demanda, iremos dividir a arrecadação necessária de acordo com a demanda de mercado. Logo:

a) os carros pequenos devem gerar R$ 526.500,00, ou seja, 45% do total. Se dividirmos esse valor pela margem de cada um, R$ 1.000,00, chegaremos a 527 carros;

b) os carros médios devem gerar R$ 409.500,00, 35% do total. Dividindo pela margem de contribuição, R$ 2.000,00, chegamos a 205 carros;

c) os carros grandes devem gerar R$ 234.000,00, 20% do total. Dividindo pela margem de contribuição, R$ 5.000,00, teremos de vender 47 carros.

Pronto! Agora os vendedores já sabem quantos carros têm de vender para pagar as obrigações do mês. Os demais valores que são agregados ao carro são todos proporcionais ao preço de venda e, por isso, ficam de fora dessa conta.

Veja o resumo a seguir da parte financeira da empresa e note que o lucro será um pouco maior do que o esperado, já que as contas mencionadas foram arredondadas para cima, pela impossibilidade de se vender meio carro.

	Faturamento	Custo Variável	Lucro
Carro pequeno	6.851.000,00	6.324.000,00	527.000,00
Carro médio	5.125.000,00	4.715.000,00	410.000,00
Carro grande	2.350.000,00	2.115.000,00	235.000,00
Total	14.326.000,00	13.154.000,00	1.172.000,00

Observe que, mesmo com a margem do carro grande muito maior do que a dos menores, o lucro obtido foi o menor, em razão da demanda.

Essa é, na prática, a demonstração da fórmula matemática para se definir retorno, como o de rotação do estoque *versus* margem.

Capítulo 2
Gestão Competitiva

Edson Marques Procópio

Pós-graduado em Finanças, Graduado em Engenharia Civil (PUC-Campinas) Professor de Desenvolvimento de Negócios e Competitividade no Banco do Brasil, Gerente de Agência Empresarial do Banco do Brasil, professor da disciplina Gestão Competitiva nos cursos de Pós-Graduação em Marketing da FAAP.

Dedicatória

Dedico este trabalho a Deus, "arquiteto" de um "projeto" muito especial para mim, que é a minha própria vida. A meus pais e a toda a minha família, responsáveis pelas "fundações" e pelos "alicerces" de minha personalidade. A meus professores, amigos e empresas clientes, que viabilizaram os "pilares" e as "vigas", estruturas fundamentais desse conteúdo. A meus alunos, que com seus retornos sinceros, seus questionamentos desconcertantes e seus comentários em sala de aula vêm viabilizando o "teto" e o "acabamento" nessa "construção" de conhecimento, uma obra coletiva, participativa e integrada.

Comprando a Passagem (Ou Não...)

Quase sempre que inicio a leitura de um livro sinto-me como aquele passageiro que, sem saber exatamente para onde o trem está indo, é levado a comprar a passagem e ingressar, sem a opção de não embarcar e sem sequer saber quais paisagens ou estações o esperam no caminho. Alguns dos que tentam fazê-lo em rápidas resenhas na "orelha" ou na contra-capa pecam, ainda, por abrir mão de um sumário mais sincero e objetivo sobre o conteúdo em troca de comentários duvidosos que buscam estimular a compra do exemplar por promessas nem sempre fáceis de serem cumpridas, do tipo: "Ao final deste livro o leitor estará apto a desenvolver, com desenvoltura e segurança, todas as ferramentas de gestão utilizadas pela Administração Moderna e blá blá blá...".

Tentaremos não cometer esse erro. Pelo espaço reservado para o presente conteúdo, não poderemos separar um terreno muito amplo para nosso "vôo panorâmico", mas nos esforçaremos para, objetivamente, resumir o que pretendemos que prevaleça em nossa discussão.

Muito se tem discutido e estudado sobre gestão e muitos dos que estudam e praticam os conceitos e as ferramentas de gestão mostram-se, não raramente, ansiosos, céticos e até pessimistas quanto aos resultados, concluindo – precipitadamente – que apesar de todos os esforços, estudos e ferramentas desenvolvidos, a gestão encontra-se cada vez mais complexa e ineficaz. Como muitas das hipóteses que abordaremos neste estudo, podemos adiantar que, nesse caso, estamos diante de uma afirmação que traz, implicitamente, razões para concordância e para discordância. É possível concordar que o grau de complexidade na gestão vem se elevando ao longo do tempo, resultado de um nível de expectativa crescente quanto aos resultados, da necessidade de uma interação cada vez mais ampla com os agentes envolvidos (sociedade, governos, clientes, empregados e *stakeholders* de uma maneira geral), que tornam a gestão um exercício mais crítico do que o gerenciamento autocrático e unidirecional vivenciado em tempos passados, no qual o poder de decisão situava-se concentrado em quem detinha o capital ou o título e das profundas alterações no ambiente concorrencial. Também é possível discordar quanto à descrença na evolução da gestão, uma vez que – apesar dos muitos exemplos de fracasso – o ambiente corporativo acumula um número significativamente maior de exemplos sobre a contribuição que a evolução dos processos de gestão vêm trazendo, ao longo do tempo, para os projetos, as empresas e para a sociedade.

O que pretendemos com este texto é iniciar um processo de reflexão, que é parte de uma discussão mais ampla, a ser complementada pelas outras disciplinas voltadas à Estratégia, em que, mais do que ferramentas de gestão, tenhamos a oportunidade de abordar posturas e comportamentos, dogmas, vícios e cacoetes, que influenciam as práticas de gestão e que, mais do que as ferramentas utilizadas, os seus resultados. Diferentemente de alguns outros estudos, nossa proposta não é tecer críticas direcionadas nem identificar "culpados", mas reconhecer particularidades presentes nos participantes de um processo de gestão, como seres humanos que são, e, ao mesmo tempo, abrir a oportunidade para uma reflexão mais científica a respeito, através da qual poderemos alterar ou não nossa postura diante dos desafios na elaboração e condução de projetos, já que estes estão presentes em todos os momentos de nossa vida, pessoal ou profissional.

Durante os últimos anos, estudando e acompanhando inúmeras empresas e seus estilos de gestão, tenho reforçado a percepção de que os bons ou maus resultados dependem mais dos valores, princípios e posturas adotadas por seus atores do que pela sofisticação das ferramentas adotadas. Uma analogia que sempre utilizo é que "gerir" é um processo muito parecido com a arte de se "fazer um bolo". As ferramentas precisam ser adequadas (você não arriscaria fazer um bolo de chocolate utilizando uma máquina de costura ou um aspirador de pó), mas o mais importante é representado pelos ingredientes que se utiliza e pela capacidade de manuseá-los de maneira apropriada. Assim, um bolo feito com os ingredientes adequados e com o manuseio esperado – ainda que se utilizando uma tigela e uma colher de pau – tende a ficar mais saboroso do que aquele que foi feito com ingredientes menos interessantes e com um manuseio pouco inspirado, ainda que se tenha utilizado uma batedeira e um forno de última geração.

Aproveitando, ainda, a analogia do "bolo", vale reforçar nossa convicção de que, tal qual no ato de fazer um bolo, a gestão depende, em seu aperfeiçoamento, de algumas condições pré-existentes:

- a paixão com que se desenvolve a atividade;
- a predisposição em se tentar, tantas vezes quanto necessário, até que o melhor "ponto" seja alcançado;
- a obsessão por buscar os melhores "ingredientes" possíveis, fator fundamental para um resultado satisfatório.

Agora, para manter nossas convicções quanto à dualidade de todas as coisas, vale ressaltar, pelo menos duas diferenças entre o ato de se fazer um bolo e o a prática da gestão:

- É possível fazer um bolo sozinho, porém gerir representa, cada vez mais, um exercício coletivo.
- Um bolo maravilhoso, no qual se utiliza sempre os mesmos ingredientes e os mesmos passos, pode fazer sucesso de maneira perene, resguardando inclusive um "charme" pela tradição que carrega, enquanto o processo de gestão deve ser dinâmico e renovável, sim-

plesmente porque os sabores desejados, assim como os "degustadores" sofrem constantes mutações.

Saindo de nossa "Cozinha & Você" e voltando para nosso tema principal, o fato é que muitos dos trabalhos que abordam a gestão empresarial o fazem com o intuito de o dotarem de uma aura de sofisticação, reduzindo as chances de uma abordagem mais simples e objetiva, como se Estratégia fosse uma ciência desenvolvida por "alienígenas" com que, em um ato de benevolência, presentearam alguns poucos "iluminados" no planeta Terra. Veremos, em nossa discussão, que muito do que se pratica nas melhores empresas (e ainda voltaremos a falar sobre o que se entende por "melhores empresas") representa princípios muito similares àqueles que utilizamos em nossa vida pessoal, o que, por um lado, terá o poder de nos identificar mais com as premissas do Planejamento e da Implementação Estratégica, tornando o seu entendimento mais fácil, mas, por outro lado, nos fará mais cúmplices desse processo, uma vez que nós mesmos praticamos muito daquilo que as empresas têm praticado no universo corporativo contemporâneo. E estamos falando de virtudes e de defeitos!

O que buscamos durante todo o processo de estudo e discussão do tema é desenvolver uma "ponte" consistente e duradoura entre os profissionais responsáveis pela "elaboração" da Estratégia e aqueles responsáveis por sua "implementação", já que a participação de todos eles é fundamental no sucesso do projeto. Para isso, é importante que falemos a mesma língua (veja o próximo tópico), já que a Estratégia é uma opera composta e executada por uma orquestra e não um canto "solo" e "a capela". Se você está achando que minha intenção é "crucificar" a alta gestão e "canonizar" os grupos táticos e operacionais, esqueça e nem "compre a passagem". Ao contrário, minha maior ambição é conseguir mostrar que todos os atores são responsáveis por essa "*chinese wall*" que existe entre os "elaboradores" e os "implementadores" dos projetos. Do mesmo modo ocorre em muitas famílias, talvez não falte muita coisa para tornar a vida e os resultados melhores. Talvez o que falte é um pouco mais de diálogo, de compreensão mútua e de consciência de que, tal qual ocorre em uma orquestra, um "triângulo" e um "violino" têm a mesma importância no resultado final.

Portanto, para que você possa decidir se "compra ou não a passagem" para nossa "viagem", seguem os principais tópicos que abordarei nesta parte do livro:

- Falando a mesma língua. Pensando sob a mesma ótica.
- Dogmas da gestão
- O ambiente corporativo
- O ambiente concorrencial
- Projetos: uma concorrência de idéias
- Diagnóstico: a fonte mais rica de vantagem competitiva
- Cadeia de valores e elos: viveremos sem eles?
- Você faz. Por que as empresas não podem fazer?

Pronto. Estas são as "estações" e serão muitas as "paisagens" que percorreremos. A mim, responsável por esta "composição" (ou trem, para os não iniciados na linguagem ferroviária), cabe insistir que vale a pena embarcar. Portanto, agora que você já tem uma idéia mais clara quanto ao que se pretende oferecer durante a nossa "viagem", cabe decidir se compra ou não a passagem.

Se comprar, garanto que você não será o mesmo passageiro ao seu final. Certamente nem olhará para algumas estações. Fatalmente perderá algumas paisagens. Sem dúvida, perceberá muitos detalhes que até então não havia percebido. E, talvez, no final da jornada, você passe a olhar para seu trabalho, para a empresa onde trabalha – e porque não ousar – para o mundo em que vive, de uma forma (pelo menos um pouco) diferente.

Boa viagem!!

Falando a Mesma Língua

Durante os últimos anos tenho convivido, de modo muito intenso, com o universo corporativo. Quer seja pelos estudos e leituras realizadas, quer seja pelo trabalho de campo, viabilizado por minha função como gestor de negócios com grandes e médias empresas, tive a oportunidade de conhecer e acompanhar o desenvolvimento estratégico de inúmeras empresas, e sinto-me confortável, com base nessas experiências, para fazer algumas afirmações a respeito do ambiente onde tais estratégias se desenvolvem:

- Existe uma verdadeira "*chinese wall*" entre as áreas e os profissionais que elaboram o planejamento e as que o executam, como se fossem dois times diferentes. Mais do que isso, percebe-se uma mentalidade completamente distinta, presente em cada uma delas. Geralmente, os elaboradores da estratégia entendem que o planejamento deva ser realizado de maneira restrita, sem participação da base corporativa, que deve ter, como única função, a responsabilidade de implementá-la dentro dos padrões esperados. Alegam, para isso, a necessidade de que o planejamento resguarde, em parte, aspectos de confidencialidade (no intuito de inibir as práticas de imitação pelos concorrentes) e a importância de se manter cada área concentrada em suas principais atividades, preservando-se assim a concentração nos objetivos propostos. Por outro lado, as áreas voltadas à implementação do planejamento não se sentem parte do processo, externando um certo ceticismo quanto às ações e aos objetivos propostos, chegando – algumas vezes – a "torcer para o jacaré", ou seja, torcer para que tais ações não atinjam os resultados esperados.

Gostaríamos de fazer alguns comentários sobre a frase "torcer para o jacaré". Pode parecer que estamos fugindo de nosso tema principal para devanear, mas temos certeza de que isso ajudará a reforçar esse sentimento de que, nas empresas, repete-se o mesmo fenômeno que ocorre em outras situações de nosso cotidiano, provocado pela natureza do ser humano. E, mais uma vez, reforçamos que o caminho mais adequado não é culpar ninguém por isso, mas, sim, reconhecer que se trata de uma realidade e buscar alternativas na gestão para minimizar suas conseqüências. Voltando ao nosso amigo "jacaré". Há uns doze anos participo, anualmente, de pescarias em rios pitorescos: Paraguai-Mirim, Ayolas, Sepituba, São Lourenço; enfim, são pescarias maravilhosas pelo exercício da pesca em si, pelas percepções que nos permitem em relação ao convívio social requerido e pelas maravilhosas paisagens que se descortinam em áreas como o Pantanal mato-grossense, por exemplo (e antes que algum leitor julgue que sou um "assassino da natureza", vale ressaltar que praticamos a pesca esportiva, seguindo todas as regras estabelecidas para o esporte). Essas pescarias utilizam-se de grandes "chalanas", dotadas de ar-condicionado, salão, quartos, cozinha, terraço, banheiros etc., nas quais passamos uma semana, sem colocar os pés em terra firme.

Não é difícil imaginar que uma pescaria dessas só pode ser desenvolvida por um grupo muito unido, formado por grandes amigos, já que qualquer conflito maior pode ser de difícil contorno em uma embarcação com espaços bastante reduzidos, localizada na mais absoluta solidão, em algum rio no meio do Pantanal. Pois bem, todos os dias, ainda de madrugada, diversos barcos menores (botes) – que até então estavam acoplados à "chalana" – deixam a embarcação principal e partem para a pescaria, levando dois pescadores e um "pirangueiro" (piloto do barco). De maneira geral, esses barcos rumam para pontos comuns, já que na noite anterior os "pirangueiros" fazem suas reuniões, trocando informações sobre os melhores pontos para a pescaria naquele momento, considerando as localizações dos cardumes, o nível de água do rio, a presença de corredeiras etc. Assim, algum tempo após partir, diversos botes acabam por ancorar em um ponto onde se entenda que há boas perspectivas de peixe. Note-se que são botes pertencentes à mesma embarcação, que por sua vez reúne grandes amigos – quase irmãos – que realizam aquelas pescarias praticamente todos os anos, juntos e que, no final da pescaria, independentemente da quantidade de peixes que se tenha pescado, cada participante levará para casa a mesma quantidade de peixes que os demais participantes. Pois bem, a partir daí o que se vivencia é uma verdadeira demonstração das características presentes na natureza humana. Tentando dissimular de todas as maneiras, um bote "torce contra" o outro, a fim de levar a maior quantidade de peixes possível para a "chalana" e ser, portanto, o "primeiro bote" da pescaria. Se um bote não levou "chumbadas" por esquecimento ou por displicência, é muito comum se presenciar a resistência do outro "bote-irmão" para fornecer tais apetrechos, fundamentais para a pesca naquele local e, sem o que, o exercício ficaria totalmente comprometido, dadas as peculiaridades do rio. E, não raramente, quando algum dos pescadores fisga um peixe nobre é comum que, em suas ações para trazê-lo ao bote, ele ganhe outro adversário, que é o jacaré. Nesses momentos – e quem tem ido ao Pantanal, completamente dominado por esses répteis, sabe que não estou exagerando –, o pescador tem de batalhar para que o peixe não escape de seu anzol (e qualquer descuido – como bambear a linha, por exemplo, fará com que o exemplar desapareça nas profundezas do rio, levando inclusive sua "tralha") e tentar evitar que o jacaré agarre o seu peixe e o destrua antes que ele possa chegar às proximidades do bote. Já presenciei momentos em que o pescador (nesse caso era eu) concentra-se no peixe (dependendo o tamanho e a espertiza do exemplar) e o "pirangueiro" concentra-se no jacaré, aplicando-lhe pancadas com o remo do bote, para evitar que ele ataque o peixe fisgado. Meu caro leitor, os pescadores que se encontram nos "botes-irmãos", próximos ao bote que trava a "batalha" pelo peixe, chegam a parar de pescar, fixam-se naquele exercício e, descaradamente, "torcem para o jacaré". Acompanham os movimentos até o final, torcendo para que o grande réptil consiga abocanhar o exemplar e levá-lo para longe do pescador. Nunca perguntei a ninguém sobre a origem da frase "torcer para o jacaré", mais acredito que ela tenha uma grande relação com esses freqüentes momentos vivenciados na imensidão do Pantanal.

De qualquer forma, o que fica claro no relato acima é que, mesmo em ambientes onde predomina o clima de amizade e de cumplicidade, é possível vivenciarmos situações em que o trabalho em equipe cede espaço para sensações egoístas e individualistas. Ora, se isso ocorre em um ambiente tão festivo e amigável, o que podemos dizer sobre o que pode ocorrer no ambiente empresarial, em que nem sempre o clima apresenta tamanha cumplicidade?

O que se faz necessário, nos processos de gestão, é aceitar que tais atitudes façam parte de um escopo muito mais amplo do que a própria empresa, já que envolve aspectos relacionados à própria sociedade e às especificidades culturais presentes, e agir para que tais práticas sejam minimizadas no ambiente corporativo. Permitir uma segregação entre as áreas que elaboram o planejamento e as que o executam não parece ser uma boa medida para elevar a cumplicidade no projeto, como um todo. Somente a maior participação do corpo funcional em todas as etapas do projeto não garantem a redução das resistências em sua implementação. Sem dúvida, já é um bom começo.

- Um outro aspecto bastante perceptível no contato com as empresas é o seu nível de insubordinação. É incrível, mas esse é um aspecto que – ao invés de trilhar um caminho de melhoria, tendo em vista as preocupações das empresas com um maior nível de informações, a redução de níveis hierárquicos e a busca de se explicar melhor as razões para a implementação das ações propostas (*endomarketing*) – vem se elevando no ambiente corporativo, como se cada funcionário fosse o "proprietário de seu espaço" e tivesse o direito de fazer aquilo que passa por sua cabeça. Esse é um dos aspectos mais críticos da gestão. Refletindo intensamente a respeito, arriscaríamos algumas razões para que esse movimento esteja ocorrendo dessa forma:
  - o ambiente corporativo, editorial e de treinamento vem desenvolvendo um forte movimento na formação de líderes. Isso é muito bom, por um lado, porque qualifica os trabalhadores, habilitando-os para o exercício de suas atividades em um uni-

verso cada vez mais exigente. Por outro lado, no entanto, estimula uma situação em que as empresas passam a ter um grande número de "propensos líderes", mas um pequeno número de "propensos subordinados". Como se, para ser um líder eficaz, não fosse necessário ser um subordinado eficaz. Até mesmo um CEO precisa se subordinar aos valores e princípios de sua corporação e à estratégia global da mesma. Sempre digo que ainda escreverei um livro intitulado "Como ser um subordinado de sucesso!". Acredito que, como resultado de vendas, será um verdadeiro fracasso. Abrirá caminho para que comecemos a pensar em como nos subordinar ao planejamento, sem desenvolver ações de acordo com nossa exclusiva visão do que é certo ou do que é errado. Sempre ressalto: a todos deve ser dada a prerrogativa de sugerir e de contribuir; a ninguém deve ser dado o direito de se insubordinar;

- as empresas nem sempre têm um planejamento amplo, claro e eficaz. Operam, geralmente, no dia-a-dia, reagindo aos movimentos de curto prazo. Assim, como seus funcionários não recebem informações objetivas e claras sobre como agir, sentem-se à vontade para atuar de acordo com suas convicções;

- muitos gestores externam uma preferência por profissionais ousados, que se arriscam a buscar soluções criativas em seu trabalho. Não ressaltam, porém, que tais soluções devam ser avaliadas com base em um escopo mais amplo, que permita refletir, inclusive, sobre a compatibilidade das ações com o projeto mais amplo da empresa e com seus princípios e valores. Daí surgem aquelas ações de impacto, que trazem números expressivos no curto prazo (e não raramente resultam em prêmios e promoções) e que se mostram altamente nocivas à estratégia da empresa, no médio e longo prazos.

Sobre essa questão vale a pena contar mais uma passagem, que certamente ilustra o nível de insubordinação presente, muitas vezes, no ambiente corporativo. Diariamente utilizo o metrô para chegar ao meu trabalho. E, nas escadas rolantes, tenho a oportunidade de presenciar grandes *insights* sobre o ambiente corporativo. Em uma dessas manhãs encontrava-me atrás de um par de garotos. Refiro-me assim porque acredito que ambos não tinham mais do que dezoito anos. A garota já estava trabalhando há algumas semanas em uma empresa que, pude presumir, constituía-se em um *contact center*. E o garoto iria começar na mesma empresa naquele dia. A garota, como "veterana" na empresa, estava "iniciando" o garoto, tecendo comentários sobre o ambiente e os desafios presentes. Em um certo momento, a garota proferiu a seguinte frase:

— O *script* para fazermos os contatos é "mó porcaria". Eu preparei um novo *script* para mim, muito melhor e vou te passar. Assim, você também pode utilizá-lo.

Eu tive de me conter para não interceptar os dois e passar um verdadeiro "pito" naquela garota. Meu Deus, ela estava há algumas semanas na empresa e já havia jogado no lixo um material de abordagem possivelmente preparado por uma área especializada naquele tipo de ação e fruto de esforços e investimentos elevados e havia adotado o seu próprio *script*, além do que já iria transferir o seu *know-how* para outro funcionário! Decidi por não fazer nada a respeito quando respirei profundamente e pensei que, possivelmente, em meu ambiente de trabalho, no qual sou o principal gestor, algumas pessoas deveriam estar agindo exatamente da mesma forma.

O que eu quero deixar bem claro é que não condeno nem sou contra a presença da criatividade e da iniciativa no ambiente corporativo. Se afirmasse algo parecido teria de paralisar esse texto por aqui, pois estaria contrariando tudo o que defenderei adiante. Entendo que o capital intelectual deva representar um processo organizado e sistematizado, no qual as pessoas tenham o direito e sejam estimuladas a externar suas idéias, opiniões, percepções, sugestões e críticas e, que, após o tratamento desses dados, estabeleça-se as "idéias corporativas" resultantes, que a partir daí precisam ser "compradas" por todos. De maneira simplificada, em um ambiente corporativo saudável todos têm o direito de discutir e tentar persuadir a corporação sobre suas convicções, mas ninguém tem o direito de praticá-las, se elas colidirem com as convicções corporativas. **Assim, não temo afirmar que a criatividade sistematizada representa "inteligência corporativa" e a criatividade não sistematizada representa "anarquia corporativa".**

Como exemplos de "insubordinação corporativa", que trazem prejuízos para os projetos, podemos citar:

- aquilo que chamamos de *over-budget*, ou seja, áreas intermediárias do planejamento que inserem um *plus* nas metas estabelecidas para o projeto. E quanto maior o número de instâncias intermediárias, maior o impacto negativo final. Existem casos em que a meta corporativa estabelecia a necessidade de venda de 100.000 unidades/mês e a meta final na ponta comercial exigia 220.000 unidades/mês, resultado das diversas interferências no processo de estabelecimento de metas. Se a nova meta pudesse ser alcançada sem comprometimento do projeto, teríamos uma realidade paradisíaca, mas, invariavelmente, tais interferências trazem conseqüências desastrosas em relação às práticas comerciais, como "queima de margens", inadimplência não projetada, práticas antiéticas, redirecionamento de público-alvo e desfiguração do produto, entre outros;
- alterações não autorizadas de projetos modulares, ou seja, projetos que são implementados em etapas. Os implementadores alteram diversas particularidades presentes na etapa já implementada, no intervalo entre essa e a próxima etapa, comprometendo a próxima etapa pela incompatibilidade entre o que deveria ter sido feito e o que foi efetivamente feito;
- ausência de padronização no atendimento, principalmente em empresas com grande capilaridade presente nas áreas de atendimento ao cliente, corrompendo a imagem corporativa e ampliando as perdas decorrentes de práticas não autorizadas ou incompatíveis com o projeto.

Espero que tenha ficado muito claro que a não-subordinação adequada às premissas estabelecidas para a implementação de qualquer projeto tendem a trazer mais prejuízos do que benefícios. E não estamos afirmando que a insubordinação seja conseqüência de más intenções. Ao contrário, percebe-se que tais atitudes são repletas de boas intenções e da vontade de se fazer o melhor, mas que, nem por isso, inibem os riscos de perdas consideráveis na qualidade final dos projetos. Aqui, mais do que em qualquer situação, apenas "boa intenção" não basta.

- Por fim, gostaríamos de destacar o nível de desintegração presente, ainda, em muitas empresas, em que as áreas intervenientes atuam como inúmeras S/As dentro de uma única empresa. Isso decorre também de fatores psicossociais, mas devem ser relevados e tratados nas práticas da gestão, pois interferem decisivamente na qualidade dos projetos. Tal qual aquela pescaria comentada anteriormente, os "botes" corporativos navegam de acordo com seus próprios interesses e focam exclusivamente os seus próprios "peixes", torcendo não raramente para o jacaré, quando se trata de botes alheios. Eu já vi gestores de uma empresa de grupo empresarial vibrando com os resultados negativos de outra empresa do mesmo grupo. Lastimável, mas possível. Esse tipo de atitude decorre de razões que extrapolam o ambiente corporativo. O ser humano tem, como natureza, a tendência a viver em "tribos" e, a partir daí, a se interessar prioritariamente pelos aspectos que tragam benefícios imediatos para sua "tribo", sem se importar muito com as demais "tribos". Cabe às práticas de gestão estabelecer caminhos para que tais atitudes se reduzam a um nível que não comprometa a qualidade da elaboração e implementação dos projetos. Visitei uma empresa em que quatro diretorias compartilhavam um mesmo andar e, pasmem, havia um *toalete* para cada diretoria. Meu Deus, eles não queriam correr o risco de se encontrar, nem no toalete. Por isso, quando entro em uma empresa e vejo que em cada área existe uma garrafa de café tenho a nítida sensação de que ali se tem desdenhado consideravelmente a importância da integração como fonte de vantagem competitiva e de qualidade de gestão dos projetos.

Por essas razões apontadas, entre outras, entendo que ainda prevalece no ambiente corporativo um clima de "torre de Babel", onde diversas "linguagens" são praticadas, gerando uma concorrência interna altamente nociva para os resultados de qualquer projeto. E você deve estar pensando: "Certo, muito fácil levantar problemas, sem trazer as soluções". Concordo. Sinto-me, também, obrigado a afirmar que não existem soluções mágicas para essas situações. Tudo tem de partir, necessariamente, de uma aproximação de valores e percepções e de uma prática permanente e obsessiva de ações que possam reduzir essas distâncias. Algumas ferramentas já vem sendo implementadas por empresas de ponta, no intuito de reduzir os conflitos internos, entre elas:

- prêmios e remuneração variável vinculados à performance global da corporação e não às performances individuais de áreas e empresas específicas. De maneira geral, tais benefícios representam o resultado da ponderação de vários componentes: performance individual, performance das áreas, performance das empresas e performance da corporação, em que esse último costuma representar o maior peso;
- divulgação do orçamento corporativo a todos os funcionários, de tal forma que todos os implementadores tenham a real percepção dos objetivos propostos e identifiquem com maior clareza as práticas de *over-budget*;
- estímulo aos projetos multifuncionais, nos quais ao invés de se utilizar a visão compartimentalizadora, em que o projeto é distribuído para que cada área estabeleça o seu plano tático, utiliza-se a visão integradora, na qual o próprio projeto é desenvolvido em conjunto, com a participação de todas as áreas intervenientes. Empresas como GE e Johnson & Johnson vêm realizando experiências nesse sentido, com resultados promissores;
- viabilização de canais de comunicação entre a alta gestão e todos os funcionários da corporação, a partir dos quais se pode participar do processo de elaboração dos projetos – incluindo o Planejamento Estratégico – e ao mesmo tempo identificar práticas que prejudicam e até comprometem as ações estabelecidas.

Discutimos, neste tópico, aspectos exclusivamente endógenos (internos aos projetos) que podem trazer maiores ou menores conseqüências em seus resultados. Se extrapolarmos essa avaliação ao ambiente mais amplo que envolve um projeto (acionistas, credores, órgãos reguladores, sociedade etc.), concluiremos que o grau de complexidade quanto às diferentes visões que se sobrepõem aos projetos se eleva consideravelmente. Essa constatação não deve ser um fator para que desistamos de analisar criteriosamente esses aspectos em nosso planejamento, voltando àquela velha prática de reagir, no dia-a-dia, aos "problemas" que certamente estarão presentes e que, se quisermos, justificarão boa parte do nosso trabalho, mas deve, sim, ser um fator para que reconheçamos a necessidade de uma avaliação mais profunda das especificidades presentes em nossos projetos e, através de um diagnóstico bem elaborado, possamos identificar e propor ações que potencializem os seus resultados, superadas ou minimizadas as fraquezas e/ou ameaças presentes.

Dogmas da Gestão

Neste tópico discutiremos sobre os dogmas e cacoetes que muitas vezes influenciam nossa maneira de gerir. Uma vez mais, não temos de tentar nos defender, como se fôssemos culpados por sermos pegos em armadilhas que não são preparadas por ninguém, especificamente, mas que vão surgindo a partir de percepções, conclusões precipitadas nem sempre embasadas, mas que se disseminam de maneira acentuada e rápida a partir do convívio social em que, graças a Deus, estamos inseridos.

Como sou nascido no interior de São Paulo (a "grande" Votuporanga) lembro-me de que, na infância, tremia de medo quando acabava de comer e, sem perceber, me via defronte a um espelho. Se após o almoço recebesse o reflexo do sol no espelho de um carro, então, entrava em pânico. Por quê? Porque para muitos – inclusive para mim – olhar para o espelho ou receber um reflexo após comer representava um alto risco de que todo o seu rosto se desfigurasse, retorcendo-se e deixando-o com uma feição deformada. Havia até um termo próprio, para assustar ainda mais: "estuporar"! Não é de dar medo? Além desse medo, convivia com outras preocupações, tais como não comer e tomar banho em seguida ou não comer manga e tomar leite. Enfim, inúmeras preocupações que me afligiam, principalmente quando percebia que, sem querer, havia cometido algum desses deslizes. Aí, eram horas de desespero até que acabava me esquecendo e o medo se dissipava.

Com o tempo e depois de muitos "medos" dissipados, fui percebendo que a realidade não era tão parecida com aquelas histórias. Confesso que até hoje, quando estou na casa de meus pais, almoço muito (aquela comidinha caseira) e sigo para tomar uma ducha gostosa, percebo que meus pais ficam rondando o banheiro, como que vigiando para fazer alguma coisa caso ouçam um barulho de queda lá dentro.

O fato é que, não só em Votuporanga, mas em qualquer lugar, estamos sempre sujeitos a internalizar medos e percepções que nem sempre correspondem à realidade, mas que interferem de modo bastante importante em nossas vidas. E, no ambiente corporativo, não poderia ser diferente, afinal o ambiente corporativo é apenas mais um pedaço de nosso ambiente social. Discutir e refletir sobre esses possíveis "dogmas" e "cacoetes" pode ser altamente eficaz em nossa busca de se ter uma visão mais clara da realidade, o que pode contribuir para que desenvolvamos nossos projetos com menor influência de estórias de "estupores" ou "congestões" inexistentes.

Assim, tomaremos a liberdade de, a seguir, identificar uma série de percepções que pairam no ambiente corporativo, tecendo alguns comentários dignos de reflexão:

- **A empresa onde trabalho está matando todo mundo, espremendo o quanto pode e jogando fora quando percebe que não valemos mais nada. Seus acionistas só pensam em ganhar o máximo de dinheiro, ainda que isso custe as nossas vidas.**

  Eis uma afirmação repleta de autocompaixão, mas que carece de um pouco mais de discussão, pelo menos quanto à sua real motivação. Não temos a intenção de "canonizar" nenhum CEO ou conceder o Prêmio Nobel da Paz às empresas do mundo inteiro, mas acreditamos que exista um certo exagero e até mesmo uma grande injustiça nessa percepção. Para que possamos refletir um pouco a respeito (o resto deixamos para que você faça sozinho), gostaríamos de induzi-lo a responder algumas questões:

  - Afinal, quem é o maior responsável por se exigir, atualmente, produtos e serviços cada vez mais sofisticados e a preços cada vez menores?
  - Quando, em outros períodos da História da Humanidade, o mundo apresentou um processo de distribuição de renda tão eficaz quanto o período que sucedeu o surgimento das empresas e corporações em nosso cotidiano?
  - São os benefícios disponibilizados pelas empresas ou o nível de expectativa de seus funcionários a maior causa da insatisfação predominante no ambiente corporativo?
  - Você colocaria toda a sua fortuna, caso a tivesse, na aventura de um projeto corporativo, sujeitando-se ao atual ambiente concorrencial?

  Poderíamos colocar muitas outras questões, mas como não temos todo o espaço do mundo, vamos ficando por aqui. Agora que acreditamos que você tenha pensado pelo menos por alguns segundos nas questões formuladas, vamos formatar algumas respostas, dentro de uma visão razoavelmente racional e sem as emoções acaloradas que costumam cercar esse tema.

  Com relação à primeira pergunta formulada, se você respondeu que nós, consumidores, somos os principais vilões desse processo, concordo.

Ora, não podemos negar que vimos sendo altamente cruéis com o mercado, exigindo um nível de sofisticação a preços cada vez mais baixos, a ponto de "matar" muitas empresas que não conseguem nos satisfazer. Claro que não somos os únicos responsáveis por esse estado de coisas. Certamente somos os principais. Recentemente me percebi ao telefone, aos berros com um atendente de *call center* de uma grande empresa que vende, também, pela Internet, porque havia comprado uma TV que deveria ter chegado dois dias antes e ainda não havia chegado. Já tinha, naquele momento, três aparelhos de TV em casa, mas o fato de que a empresa não havia cumprido o prometido estava me levando às raias da loucura. E o rapaz do outro lado da linha, desesperado, tentava me convencer de que problemas com o estoque (a promoção tinha feito com que as vendas superassem todas as expectativas) tinha provocado o atraso. Chegou a me oferecer uma TV maior, um pouco mais cara. Eu não queria outra TV. Eu queria o "fígado" dele. Não preciso dizer que, no meio de nossa conversa, tive alguns segundos de lucidez, percebi o absurdo que estava fazendo, pedi desculpas ao rapaz e disse-lhe que esperaria o tempo necessário para receber o aparelho. Confesso que tive a sensação de que o meu interlocutor achou que eu estava "possuído" por algum espírito maligno e que naquele momento havia me livrado dele. O aparelho de TV chegou dois dias depois e estou certo de que não valeu a pena lançar tanta adrenalina em meu sangue por um motivo tão vil quanto aquele.

Mas esse é apenas um entre muitos exemplos. Nosso nível de exigência vem em um crescente quase irracional e, como a natureza é perfeita, cobra-nos tamanha impaciência quando passamos para o outro lado do balcão e precisamos "entregar" aquilo que exigimos como consumidores. E as empresas? Acreditamos que elas constituem-se em verdadeiras "reféns" desse processo, sentindo-se às vezes perdidas perante tamanha crueldade. Se fossem seres vivos, diria que as empresas dormiriam mal, teriam intensos pesadelos durante toda a noite e acordariam desesperadas, todos os dias, pensando em como conseguiriam estar vivas ao final daquele dia, diante do nível de hostilidade com que conviveriam, oriundo de ações de consumidores, legisladores, cobradores de impostos, concorrentes, enfim, diante de todas as adversidades presentes e que muitas vezes parecem entoar, em uníssono, um aviso dizendo que o melhor caminho seria "passar o ponto".

Com relação à segunda questão colocada, vale ressaltar que vivo no mesmo mundo em que você vive e, portanto, nem de longe, tentarei convencê-lo de que estamos no paraíso. É cristalina a visão de que nosso universo está repleto de problemas, incluindo a caótica distribuição de renda, na qual a distância entre os mais ricos e os mais pobres é maior do que entre a Terra e outros planetas de nossa galáxia. Gostaríamos de propor uma reflexão comparativa, até para tirarmos nossas próprias conclusões sobre se estamos evoluindo ou regredindo. Quando o acesso ao consumo, o grau de cidadania e a distribuição de renda, em nível mundial, foram mais bem-sucedidos do que hoje? Confesso a você que não detenho dados estatísticos a respeito, mas retomando meus estudos no segundo grau e no cursinho, não consigo visualizar um momento em nossa história em que se presenciasse um acesso à renda e ao consumo e à capacidade de mobilidade social compatível com a que presenciamos hoje. Lembro-me de ter lido, vagamente, sobre situações em que uma minoria de privilegiados vivia cercada por muros altos e a plebe comia e bebia aquilo que lhe era dado, quase como esmola. Lembro-me, ainda, de momentos em que artesões eram obrigados a fabricar suas peças e, em seguida, andar por muitos quilômetros para alcançar algum daqueles espaços de "escambo", torcendo para que alguém lhe desse comida em troca de uma peça de vestuário ou de um móvel. Após pensar muito a respeito, constatei que as empresas foram muito importantes no início e na continuidade de um processo de inserção social, em que simples operários, dependendo de sua capacidade e de sua dedicação, puderam, muitas vezes, se tornar executivos e até donos de seus próprios negócios ou empresas. Foi a partir da produção em escala empresarial que muitos cidadãos tiveram acesso à educação mais adequada, a produtos mais sofisticados a preços razoáveis e à saúde de melhor qualidade. E são essas mesmas empresas que "malhamos" a partir de nossos "cacoetes".

A terceira questão foi formulada para que pensemos um pouco sobre o que está ocorrendo no universo corporativo: de um lado, empresas preocupadas em buscar benefícios que possam estimular seus empregados, para obter uma maior retenção de talentos e um maior aproveitamento do capital intelectual por eles representado e, ao mesmo tempo, empregados que parecem estar cada vez mais insatisfeitos e angustiados em suas relações com os empregadores. Aqui, vale a pena nos aprofundarmos um pouco mais nas razões que podem estar contribuindo para essa distância de visão: as empresas entendendo que estão cedendo cada vez mais e os empregados entendendo que estão recebendo cada vez menos. Uma primeira reflexão relevante refere-se aos dois principais determinantes do nível de satisfação do ser humano: a expectativa e a realidade percebida.

Essa reflexão é muito importante, pois nem sempre paramos para pensar sobre os motivos de nossas angústias – muitas vezes indevidamente identificadas como *stress* –, o que, de maneira simplificada, nos leva a acreditar – ainda que inconscientemente – que as empresas são as grandes "vilãs" nessa estória. Na verdade, estamos vivendo um período em que, comparativamente, o nível de benefícios e a qualidade do ambiente de trabalho na maioria dos segmentos e das empresas vêm mostrando uma melhoria substancial, fato que não depende de estatística para ser demonstrado. Basta imaginarmos como eram as condições de trabalho há cinqüenta, cem anos, e como elas são hoje. No entanto, essas melhorias certamente não estão acompanhando o ritmo das expectativas dos empregados. E como expectativas e realidade percebida são fatores que influenciam, com o mesmo peso, o nível de satisfação do ser humano, as atuais circunstâncias tendem a gerar uma frustração importante e, em muitos casos, injustificada, em relação à qual as empresas passam a figurar como maiores "culpadas". Com relação às expectativas presentes, podemos citar alguns fatores que influenciam-nas intensamente:

- A maior qualificação dos empregados, estimulada e muitas vezes patrocinada pelas próprias empresas, levando-os – não raramente – a se sentirem subutilizados e mal recompensados. Ou seja, a empresa busca com que os empregados "sobrem" em suas atividades atuais, enquanto os empregados entendem que o novo patamar de qualificação os habilita ao próximo passo, ainda que com eventuais lacunas a serem preenchidas.

- A disseminação dos comportamentos de liderança, em que grande parte dos empregados se frustram por não terem quem liderar, principalmente em um momento em que a horizontalização das relações funcionais e a redução dos níveis hierárquicos das estruturas organizacionais restringem ainda mais os cargos com amplitude de comando. Essas percepções devem-se, também, a uma leitura inadequada sobre o que representa ser um líder ou praticar a liderança. De maneira geral, o entendimento é de que a liderança concentra-se nas ações que se exerce na coordenação de equipes, desprezando-se as outras – e não menos importantes – formas de liderança, tais como articulação, poder de persuasão, capacidade de se obter consenso, gerenciamento de conflitos etc.

- A atual tendência em se valorizar um melhor aproveitamento do tempo, priorizando atividades que representem o ócio e o lazer, assim como a maior disponibilidade de opções para tal, além de uma perceptível melhoria de acesso a esses itens. O que eu queremos dizer com isso? No passado, as pessoas iam pela manhã para seus empregos, trabalhavam durante todo o dia e quando voltavam, à noite, jantavam e ficavam, praticamente, esperando o momento em que iriam se deitar para, no dia seguinte, reiniciar suas jornadas de trabalho. Quando muito, conversavam sobre o que ocorrera durante o dia e, em muitos casos, as jornadas de trabalho se constituíam nos momentos em que a vida fugia da rotina, senão pelas atividades desenvolvidas, pelo menos pelos contatos sociais possíveis. E hoje? Hoje nosso cotidiano é permeado por um sem-número de possibilidades (academias, viagens, festas, teatros mais próximos, cinema, TV, vídeo, livros etc.), além de uma maior capacidade de usufruí-los. Ah, você acha que estou exagerando na dose novamente? Então, reflita com sinceridade e responda: o número de pessoas que fazia viagens freqüentes dentro do país ou para o exterior se elevou consideravelmente ou se reduziu? Não é uma verdade que, no passado, um evento como uma festa de aniversário ou de casamento era aguardada ansiosamente pelos convidados (sendo, inclusive, motivo de fofocas e comentários antes e após o evento) e, atualmente, esses e outros eventos são em número tão elevado que, muitas vezes, fica difícil comparecer a todos? E o acesso a peças teatrais e a grandes novidades do mundo do entretenimento (como danceterias, eventos esportivos etc.) tem se mostrado crescente (particularmente nas cidades menores) ou decrescente ao longo dos anos? Se desenvolvermos uma reflexão honesta e realista, perceberemos, certamente, que o nível de ofertas e de acesso ao lazer e ao "ócio produtivo" cresceu consideravelmente nas últimas décadas e, sem dúvida, a maioria dos empregados passa a julgar – ainda que inconscientemente – de que o período compulsório em que passa nas empresas onde trabalha reduz consideravelmente as oportunidades de "aproveitar melhor a vida". É como se cada hora trabalhada representasse uma hora a menos de "curtição". E, paradoxalmente, as mesmas empresas que são talhadas de "vilãs" nessa estória constituem-se no principal agente de mudança de comportamento, de preços – e, portanto, de acesso – e de opções, oferecidas para os momentos de inatividade laboral.

- Os efeitos das práticas de *marketing*, excedendo-se nos esforços para o estímulo ao consumo e para a indução dos consumidores a buscarem, avidamente, obter e usufruir tudo aquilo que um mercado cada vez mais dinâmico e ofertado disponibiliza. A ampliação do acesso ao consumo a grupos até então alijados desse processo também faz com que, em muitos casos, o consumidor "quase" consiga adquirir produtos, ficando muito próximo da realização de seu desejo, o que, geralmente, amplia a decepção. Um objeto de desejo inatingível ou se torna algo platônico – o que ocorre em poucos casos – ou é esquecido por uma defesa instintiva de nosso ser. Agora, quando se chega perto de possuir algo que se deseja e não se consegue, a frustração das expectativas costuma ser muito mais intensa. E, no final, as empresas – como principais geradoras da renda que permite o consumo – acabam responsabilizadas pelas decepções vivenciadas.

- O grau de mobilidade social que o mundo corporativo ajudou a construir, permitindo que pessoas pertencentes a classes sociais inferiores ascendessem rapidamente à pirâmide social, também trouxe para a maioria das pessoas uma expectativa muito elevada quanto à escalada profissional no curto prazo. Antigamente, um empregado iniciava sua carreira em uma empresa como operador de máquinas e, não raramente, aposentava como "operador de máquinas sênior". Atualmente, empossamos alguém em um novo cargo, resultado de promoção e reconhecimento e ouvimos, na avaliação seguinte, três ou quatro meses depois, que esse mesmo funcionário está se sentindo angustiado, pois se sente "estagnado" e mal aproveitado dentro da empresa. Presencio situações da espécie todos os dias, mas uma me chamou a atenção em especial. Estava em um grande hipermercado de São Paulo, em um domingo de manhã, em um ambiente maravilhoso, amplo, com ar-condicionado, pé-direito elevado, música ambiente, enfim, um ambiente tão gostoso que me levara a fazer compras em um domingo de manhã. Ao passar pelo caixa com minhas compras fui obrigado a presenciar um diálogo entre dois dos empregados daquela empresa. O caixa que registrava minhas compras reclamava à sua colega ao lado que certamente o principal acionista daquela grande rede deveria estar na praia naquele momento, enquanto eles estavam lá, em pleno domingo, trabalhando... Não preciso dizer que não agüentei e me intrometi na conversa. Perguntei ao garoto há quanto tempo estava naquele emprego (quatro meses) e o que sentira quando fora comunicado que a vaga era dele (disse-me, já um pouco constrangido, que explodira de felicidade). Então eu lhe supliquei que não deixasse que suas percepções seguissem aquele caminho que estavam seguindo. Que eu – que teria todas as condições para não estar ali – estava porque adorava aquela loja e que poderia, inclusive, me sentir culpado por fazê-lo sofrer tanto, já que a loja estava aberta, também por minha causa. E de que aquele comportamento não contribuiria em nada para o seu nível de qualidade de vida, nem para suas chances de ascensão naquela empresa. Ele, então, pediu-me desculpas – isso seria totalmente desnecessário – e, um pouco envergonhado, afirmou que realmente estava sendo injusto e que pensaria muito no assunto. Deixei aquele hipermercado sentindo-me muito bem, por entender que, talvez no próximo domingo pela manhã, pelo menos um dos seus funcionários teria a chance de trabalhar com maior satisfação, convencido do privilégio de se trabalhar naquele ambiente e na importância que a sua atividade tinha para a estratégia de todo um conglomerado.

O fato é que seria muito produtivo se cada um de nós refletisse sobre as verdadeiras razões que hoje nos afligem e buscássemos estabelecer os responsáveis diretos por isso. No passado, quando as empresas mantinham gestões autoritárias e em que as pessoas mal tinham o direito de se manifestar, parecia que o *stress* era menos intenso. Talvez, nas empresas, estejamos presenciando a repetição do que sucede nas famílias, em que um processo de maior abertura, em que todos os seus membros podem interferir de maneira mais direta e participativa, acabou exacerbando o nível de conflitos e, em muitas vezes, elevando o nível de insatisfação de seus componentes. É claro que, como um processo de mudanças radicais e rápidas, dificilmente deixará de trazer desequilíbrios e conflitos, mas seria muito útil avaliarmos de modo mais profundo o que está ocorrendo, principalmente em relação às expectativas e à realidade percebida, pois ao final desse processo reflexivo, talvez percebamos que esse tão comentado *stress* e as angústias de nosso cotidiano corporativo são resultantes, não só daquilo que nos têm sido oferecidos pelas empresas para as quais trabalhamos, mas também – e, às vezes, predominantemente – pelas expectativas exacerbadas que alimentamos.

E a quarta e última questão levantada neste tópico (resumida por "viajamos" tanto que ele ficou distante: se você investiria sua fortuna em um empreendimento corporativo, correndo todos os riscos do atual momento concorrencial...) foi para reforçarmos a compreensão de que as empresas são constituídas, de maneira geral, por empreendedores que arriscam muito de seus recursos (tempo, dinheiro, energia etc.) em um projeto que acabará por favorecer muitas outras pessoas e a própria sociedade. Portanto, deve ser também uma prerrogativa desses "sonhadores" realizar os ajustes necessários em seu empreendimento e retirar os dividendos necessários à recomposição de seus investimentos a aos lucros almejados. Se o dinheiro estivesse em uma caderneta de poupança ou em um fundo de investimentos, auferindo remuneração (que em nosso país não raramente excede aos ganhos no mercado produtivo), ninguém se importaria caso o investidor resolvesse redirecionar parte desses recursos para outros investimentos ou até mesmo gastar parte dele em algum desejo de consumo. Agora, se o dinheiro foi investido em uma atividade produtiva, envolvendo riscos muito maiores, o investidor passa, muitas vezes, a se ver pressionado pela sociedade, pelos empregados, pelo Poder Judiciário e pelos políticos, entre outros, a redirecionar suas ações, em uma postura que inibe os investimentos em projetos realmente vantajosos para a sociedade e seus membros. Não defendemos que por investirem seus recursos em uma empresa os investidores tenham o direito de fazer o que quiserem. É claro que a sociedade e seus agentes precisam fiscalizar e exigir que esse empreendimento tenha, entre seus objetivos, atuar de maneira ética, produtiva e socialmente responsável. O que criticamos aqui são as atitudes populistas que presenciamos amiúde, em que pessoas que não colocaram nenhum centavo no empreendimento passam a atuar como se dele fossem donos. Assim, um empresário chega a uma pequena cidade, instala uma fábrica, investe muito dinheiro, contrata centenas de empregados e cria um novo ciclo econômico para o local. É aclamado pela população e bajulado pelos políticos locais. Na primeira crise que enfrenta e necessita realizar ajustes, que podem envolver venda de ativos e demissão de empregados, esse mesmo empresário se torna o inimigo número um da localidade, sofrendo toda a sorte de pressões para que não aja, ainda que a inação possa levar, no futuro, à inviabilidade total do projeto. Ou seja, esquece-se tudo o que de bom aquele empreendimento trouxe para a localidade e concentra-se na pressão para que os ajustes não sejam realizados. Com toda a sinceridade, você já viu esse filme? E, se viu, com a mesma sinceridade, você acha que essa reação é coerente e racional?

> **"A busca competitiva, que muitas vezes exige automação de processos e otimização de recursos (incluindo a mão-de-obra), é um dos principais fatores da redução do emprego em todo o mundo".**

É muito comum (e até compreensível) que em todas as vezes que ouvimos discursos de que a empresa tem de se empenhar para ser mais competitiva, entendamos, nas entrelinhas, que teremos, em um futuro muito próximo, novas demissões.

Quando analisamos essa questão em um ambiente estreito, talvez tenhamos motivos para confirmar essa percepção. Quando deixamos de olhar a árvore, para olhar o bosque, percebemos que essa afirmação carece de argumentos. O mundo vem sofrendo, sim, diversos movimentos políticos, econômicos e sociais, que, de certa forma, causam um certo desequilíbrio, pois é assim que as coisas evoluem. Afinal, caminhar é um exemplo clássico de corpo em desequilíbrio. Não fosse por momentos sucessivos de desequilíbrio e o corpo ficaria estático, sem sair do lugar. As conseqüências da globalização (que, ao contrário do que muitos defendem, não é um fenômeno recente, pois já ocorria desde os tempos das invasões bélicas ou das caravelas que vagavam pelos oceanos buscando ampliação das parcerias comerciais) têm sido – em saldo – positivas para muitos países e negativas para muitos outros. Não há estudo que demonstre que a busca competitiva seja uma das causas do desequilíbrio entre oferta e demanda por empregos. Antes de fixarmos essa idéia, seria bom que refletíssemos sobre alguns aspectos:

- Nos últimos cinqüenta anos o mundo, e particularmente o Brasil, vivenciou acontecimentos geopolítico-econômico-sociais sem precedentes na História da Humanidade, entre outros: intenso crescimento populacional estimulado pela melhoria das expectativas de vida e pela ausência de movimentos bélicos de alcance global (a última grande guerra foi declarada superada em 1945); êxodo rural; movimentos imigratórios; intensificação da presença da mulher no mercado de trabalho; maior inserção de pessoas no mercado, resultado da melhoria de qualificação e do maior acesso à educação etc. Esses movimentos levaram a uma ampliação crítica da população economicamente ativa que, sem aspectos atenuantes, poderia ter chegado às raias da ruptura social.

- Diversos estudos demonstram que iniciativas e invenções viabilizadas dentro do processo de busca competitiva (o computador e o automóvel, por exemplo) provocaram visões catastróficas sobre a empregabilidade a partir de então, mas ao invés de se mostrarem vilões do emprego, acabaram por criar muito mais empregos, inclusive em indústrias complementares (no caso do computador, a Internet, a indústria de componentes, assistência técnica, treinamento, *softwares* etc.; no caso de automóveis, os segmentos de reposição, mecânica, seguradoras, financiamento etc.).

- Faça uma rápida reflexão. Pense em três países em que, em sua opinião, a busca e o foco na competitividade constituem-se em prioridade. Agora pense em três países que tratam essa questão como não prioritária e que apresentam um ritmo competitivo aquém da média mundial. Pensou? Agora, com toda a sinceridade, pense e responda em quais países o nível de empregabilidade e de renda é maior? Acho que não precisamos cotejar as respostas, não é?

- Os "tigres asiáticos" entenderam a intensificação do processo de globalização como uma oportunidade e não como uma ameaça. Buscaram estabelecer estratégias de elevação da competitividade e foco e algumas dessas oportunidades que surgiram nas últimas décadas resultaram em melhorias substanciais em sua capacidade de crescimento econômico e geração de renda. Enquanto isso, muitos outros países não conseguiram aproveitar, no mesmo grau, as oportunidades que surgiam e acabaram sofrendo mais com todos os movimentos vivenciados neste último meio século.

De qualquer forma, a empregabilidade – que não anda nenhuma maravilha – decorre de uma série de fatores (entre os quais, continuamos defendendo, não se encontra a busca competitiva) pode estar sofrendo mais do que um problema pontual de oferta e demanda, sofrendo de uma alteração considerável em sua estrutura. Talvez não estejamos acompanhando um processo de falta de empregos, mas sim um processo de mudança do emprego. E, tal qual as profundas alterações que vivenciamos na localização do emprego, que migrou da "montante" do produto (atividades anteriores e durante a fabricação do produto) para a "jusante" do produto (treinamento, vendas, pós-venda, assistência técnica, consultoria, treinamento etc.), provocando o deslocamento da mão-de-obra e a exclusão daqueles que não se encontravam qualificados para esse movimento, possivelmente estejamos acompanhando um processo onde as relações entre empregadores e empregados venham a se concentrar na relação entre clientes e fornecedores, desonerando e flexibilizando as relações profissionais. Portanto, a percepção de que a busca pela competitividade vem reduzindo os empregos, em um âmbito mais amplo, não se justifica, e precisamos avaliar se vale a pena esperar que os empregos voltem, pois talvez, no formato em que o conhecíamos décadas atrás, eles não voltem jamais.

> ➤ **"A competição e a busca competitiva faz o mercado menos ético e mais agressivo".**

Na verdade, quando nos aprofundamos nos estudos sobre competitividade, entendemos que quando os movimentos competitivos são bem-sucedidos a agressividade e as ações não éticas tendem a se reduzir. Uma das principais premissas defendidas por Michael Porter é que, para ser competitiva, a empresa necessita buscar uma posição exclusiva, em um ambiente favorável. Ora, se todas as empresas conseguissem ser exclusivas em pelo menos um dos atributos de seus produtos e contribuíssem para estimular um ambiente concorrencial favorável, fica claro que a agressividade do mercado tenderia a se reduzir.

Ao mesmo tempo, Jordan Lewis defende que, para se atingir um nível de competitividade adequado, as empresas necessitam manter uma relação de confiança e cumplicidade com seus clientes e fornecedores, no intuito de desonerar suas operações (contratos, pedidos, logística etc.) e tornar os "elos" entre eles mais duradouros e produtivos. Assim, podemos até mesmo deduzir que muita da agressividade presente no mercado se deve à falta de uma visão mais adequada quanto à estratégia para se atingir um nível esperado de competitividade, o que faz com que as empresas entrem em um círculo vicioso, no qual as estratégias acabam se concentrando em atacar o concorrente direto e aceitar a "guerra de preços".

➢ "O cliente tem sempre razão".

Cuidado! Muita calma nessa hora! Sempre digo aos meus ouvintes que essa frase me arrepia e me preocupa. Eu não seria insano a ponto de desdizer tudo o que já foi dito sobre a importância que o cliente tem em qualquer projeto. Ele é e sempre será a variável mais crítica e mais importante nessa equação. O que me preocupa é que muitas empresas e muitos profissionais de *Marketing* e Vendas tornam-se reféns das expectativas de seus clientes. Muitas vezes entram em um "leilão sem-fim", em que apenas os clientes levam vantagem e todos os competidores se vêem altamente vulnerabilizados.

Quando alguém me pergunta sobre o que deve fazer se o segmento onde está inserido atua predominantemente dessa forma, e caso a sua empresa não "jogue o jogo" estará fatalmente fora dele, eu respondo: você realmente está com problemas! Talvez você não deva sair do jogo porque muitas vezes você nem teria como entrar em outro, com os ativos de que dispõe. Certamente, você deve buscar, obsessivamente, agregar às suas operações vantagens competitivas que permitam sinalizar que você tem algo diferenciado e valioso e que, por isso, vale a pena para seu cliente pagar um preço-prêmio. Você também pode trabalhar exaustivamente sua cadeia de valores e os elos possíveis no sistema de valores para reduzir seus custos, a ponto de anular os prejuízos que a "guerra de preços" pode trazer. Você pode, ainda, acompanhar atentamente os movimentos do mercado para analisar se não se trata de uma estratégia momentânea, de algum competidor buscando se posicionar no mercado e que tende a se reduzir na medida em que ele ganhe clientes e busque, em um curto espaço de tempo, recuperar as margens. Agora, se você, após um trabalho exaustivo, concluir que se encontra em um mercado altamente "prostituído", no qual a estratégia de baixar preços é uma prática perene e irresponsável, em que você – por mais que se esforce – não consegue baixar custos no nível necessário à preservação das margens e em que você não consiga agregar diferenciais valiosos para seus clientes, saia do jogo. Não é um jogo para você. Repense seu público-alvo (segmentação estratégica), reavalie seus ativos e sua capacidade de utilizá-los para a inserção em um outro segmento, menos hostil, avalie as possibilidades de desinvestimento. Enfim, desenvolva um diagnóstico sincero e profundo e busque a alternativa mais adequada ao seu futuro. Não permaneça no jogo, pois decididamente ele não é para você!

E voltando ao nosso valioso e querido cliente, Kotler em seu livro "*Marketing* de A a Z" distingue os clientes em quatro grupos: o CML (cliente mais lucrativo), o CMC (cliente mais cultivável), o CMV (cliente mais vulnerável) e o CMP (cliente mais problemático).

Para cada grupo existe uma estratégia mais adequada, porém uma coisa é certa, aceitá-los e não fazer nada para alterar essas relações (principalmente no caso dos CMPs) pode custar muito caro para a estratégia do projeto, do médio e longo prazos. É claro que não se pretende estimular a perda de clientes, pois em um mercado concorrencial como o atual isso é lamentável, mas se no final de todo o processo negocial e diagnóstico a empresa concluir que parte dos clientes vão continuar "sangrando", a estratégia, tanto do ponto de vista financeiro como do ponto de vista de foco, melhor deixá-los ir e que encontrem alguma empresa em condições de atendê-los com lucratividade ou que "sangrem" a concorrência.

> "Se eu pensar muito eu não faço..."

Essa frase foi proferida por um empresário que havia investido R$ 400 mil em um empreendimento no Itaim Bibi. Conversava com ele pois o empreendimento estava longe de seu *break-even* e da própria capacidade de se manter em pé. Durante o diálogo solicitei o projeto que respaldara os investimentos e não me surpreendi quando ele disse-me que não possuía projeto nem sequer orçamentos dos investimentos realizados. Foi fazendo e pronto! Mais do que isso, percebi também que ele não gostava muito de compartilhar suas idéias sobre o negócio, nem de ouvir sugestões. Vi nele mais um típico "cabeça-dura" que entende que fazer tudo sozinho é mais vantajoso e planejar é coisa de acadêmico. Afastei-me do caso. No mês seguinte passei por lá novamente e a placa "Passa-se o ponto" já estava lá, como era de se esperar.

É muito comum encontrarmos empresas e empreendedores que ainda investem expressivas quantias em novas ações, sem cuidar de um planejamento adequado para tal. Está cientificamente comprovado que quando não sistematizamos uma decisão, nossa mente nos leva por armadilhas, tais como nos levar a caminhos julgados mais fáceis a partir de experiências anteriores e ocultar ou subdimensionar ameaças presentes para que não nos desestimulemos em relação à decisão tomada. Dessa forma, primeiro decidimos viajar e, em seguida, buscamos os argumentos para confirmar que a idéia é boa. O ideal seria que, a partir de um desejo de viajarmos, desenvolvêssemos um diagnóstico para conhecer as vantagens e desvantagens presentes e, a partir daí, decidíssemos se a idéia é boa ou não.

> "É o olho do dono que engorda o gado..."

"Santa pretensão"! No ambiente corporativo no qual convivemos hoje e que tende a se perenizar, o gado está muitas vezes espalhado por pastos longínquos, sob o acompanhamento remoto e, muitas vezes – inclusive – em fazendas que não nos pertencem. Portanto, a despeito de valorizarmos a dedicação e a boa vontade que a frase encerra, temos de insistir que os projetos atuais necessitam de um planejamento claro e objetivo, primando pela flexibilidade em sua implementação e com ações altamente integradas, nas quais todos os implementadores tenham a exata noção do papel que lhes cabe em sua execução. Mais do que isso, o projeto necessita contar com líderes que possam manter o rumo (e um mesmo rumo), caso contrário a estratégia tende a se descaracterizar e se enveredar pelo meio-termo estratégico, situação em que a empresa ou o projeto se desvia do foco original e cede às pressões ou às oportunidades, privilegiando o curto prazo em detrimento do médio e longo prazos.

Em Votuporanga comparamos o meio-termo estratégico a um animal hipotético, que poderia se chamar "cavaca", mistura de cavalo com vaca, que não puxa carroça nem dá leite. Em Harvard, defende-se que o meio-termo corresponde à mediocridade estratégica, uma vez que a empresa tende a não ser competitiva nem em um ambiente, nem em outro. Atualmente, o meio-termo é perdoado, algumas vezes, tendo em vista que a maioria das empresas ainda não se encontra devidamente focada. Alguns movimentos nas indústrias farmacêutica, financeira, de seguros e de papel e celulose, por exemplo, já mostram um movimento muito forte pelo refinamento estratégico. Portanto, a inferência dos movimentos atuais nos leva a acreditar que em um futuro não tão longínquo o meio-termo estratégico será um pecado punido com a pena capital.

O Ambiente Corporativo

Neste tópico, gostaríamos de tecer alguns comentários sobre os comportamentos predominantes no ambiente corporativo. Novamente vale reforçar que a intenção não é "caçar as bruxas", nem encontrar culpados. Aqui, destacaremos apenas algumas práticas presentes nas empresas, como forma de avaliarmos a distância que ainda há entre a situação existente e a situação ideal, na condução dos projetos e da estratégia. Se você identificar a sua empresa entre esses fatores, saiba que ela não está sozinha. E mais do que isso, muitas empresas já se encontram em franco esforço para avançar. No entanto, muitas ainda encontram-se adormecidas e esse é o maior risco. Afinal, em um movimento evolutivo quem fica parado já está, fisicamente, andando para trás.

> Miopia Corporativa

De maneira geral, as empresas são altamente focadas no curto prazo e de certo modo desprezam o médio e longo prazos. Os esforços no curto prazo são extremamente importantes, pois um ano se faz com meses, um mês se faz com dias, um dia se faz com horas e assim por diante, mas o problema – não tão raro – é que os projetos "descolam" as ações de curto prazo das ações planejadas para o médio e longo prazos. É como se, em uma viagem, você dedicasse foco para observar as paisagens à sua frente e todo o cuidado necessário para desviar dos buracos da pista, mas acabasse em um destino completamente diferente do inicialmente definido. Você até poderia dizer que fez uma viagem aprazível e sem grandes desgastes dos pneus, ou seja, um trajeto relativamente eficaz, mas o percurso, como meio para atingimento de um fim, o destino, teria sido um desastre.

> Ausência de integração

Já abordamos o tema, mas vale reforçar que é uma situação presente, ainda hoje, em grande parte das empresas. Apreciamos muito a relação entre um projeto ou uma empresa e o corpo humano. No passado, quando uma empresa operava bem dizíamos que ela funcionava como um relógio, portanto uma máquina. Hoje substituiríamos o relógio pelo corpo humano.

Veja que exemplo de estratégia bem definida e implementada: o coração não se mete a filtrar o sangue; os pulmões sabem do seu papel e não ousa bombear sangue; o fígado desenvolve o seu papel metabolizador e não luta para processar as informações; o cérebro coordena todos os processos, delegando as funções e sem querer filtrar, bombear, oxigenar ou metabolizar por conta própria. Não é fantástico? Agora, se o corpo sofre um grande corte (ameaça) todos os órgãos entram em *stress* e trabalham juntos e integrados para minimizar a ameaça. O cérebro envia as informações de tal maneira que levemos o corte à boca (pelas características coaguladoras de nossa saliva) e as funções vitais sofrem alterações em seu ritmo para minimizar a evasão de sangue (às vezes provocando, inclusive, o desmaio), enfim todo o organismo se volta, naquele momento para aquela ameaça. E tão logo a ameaça cesse, tudo volta ao normal e todos os órgãos voltam a executar as atividades para as quais existem. Quando surge uma oportunidade (alimento, por exemplo), todos os órgãos trabalham para induzir a pessoa a ingeri-lo e, em seguida, tudo é feito para que sua absorção seja a melhor possível. E já lemos, inclusive, que, quando em um acidente ou por razões de má formação, algum órgão se compromete, presencia-se no organismo os esforços para que outros órgãos passe a substituir a carência do órgão avariado. Como os ouvidos (audição) e as mãos (tato) por ocasião do comprometimento da visão ou até mesmo algumas áreas cerebrais responsáveis pela comunicação. Não é lindo? Pois é, a própria natureza nos dá um exemplo riquíssimo de como uma integração adequada pode ser importante para a sobrevivência. Já na maioria das empresas...

> **Deficiência no *endomarketing***

Vender internamente, eis um grande desafio para os projetos. As dificuldades de integração e de linguagem (conforme abordamos no tópico "Falando a mesma língua") dificultam sobremaneira a compra do projeto pelos implementadores. Não há dúvida de que a melhor alternativa para minimizar essa deficiência é o desenvolvimento de projetos participativos, no qual todas as áreas intervenientes participem, desde a fase de elaboração. Tudo tem seu preço e nesse caso a discussão na elaboração tende a ser mais trabalhosa, já que contará com pontos de vista muito diferentes. No entanto, com esse tipo de postura, as empresas obtêm projetos mais equilibrados, que já nascem com ótimas perspectivas de aceitação pelos implementadores que, de alguma forma, participaram de sua elaboração. É muito mais fácil encontrar defeitos nos "filhos alheios" do que nos "próprios filhos".

> **Confronto entre *Marketing* e Vendas**

Duas áreas que deveriam trabalhar em total sinergia, mas que freqüentemente se digladiam na condução dos projetos. Em geral, a área de vendas justifica suas frustrações a partir de planos de *Marketing* mal formulados e a área de *Marketing* justifica suas decepções a partir de uma má implementação por parte da área de Vendas. Michael Porter nos dá um indicativo interessante quando aborda a Cadeia de Valores: juntar as duas áreas sob a mesma coordenação. Cada qual com suas funções (que não são idênticas, mas sim complementares) e uma mesma direção. A tendência é que a medida eleve o grau de sinergia e minimize os conflitos. Algumas empresas vêm desenvolvendo a unificação, com bons resultados em relação a custos/benefícios.

> **Meio-termo nas estratégias**

Porter, em seus estudos sobre Vantagem Competitiva, defende que as empresas que obtêm melhores retornos sobre seus investimentos, no curto, médio e longo prazos, são aquelas que focam Estratégias Genéricas específicas, ou seja, aquelas que preferem ser excelentes em um foco escolhido e não razoáveis em um foco disperso. Percebe-se que, nesse caso, o diagnóstico é ainda maior importante, pois se a empresa decide refinar seu foco terá maior dificuldade em abrir suas operações na busca de outras oportunidades, o que poderia caracterizar o posicionamento no meio-termo. As Estratégias Genéricas indicadas por Porter são:

- Liderança em Custos
- Liderança em Diferenciação
- Liderança em Enfoque (custos ou diferenciação)

Para ser líder em custos é necessário que se busque posicionamento competitivo exclusivo (na compra de insumos e/ou na tecnologia operacional e/ou na forma de financiamento etc.) de tal forma a se conseguir o melhor custo e, conseqüente, o melhor preço para o público-alvo, mantendo-se a qualidade compatível com as oferecidas pelos competidores. Nesse caso, a obsessão da estratégia deve ser buscar vantagens competitivas que permitam reduzir cada vez mais os custos sem comprometer as margens ou a qualidade do produto. Qualquer diferenciação agregada ao produto e que represente custo incremental ao projeto pode caracterizar o direcionamento para o meio-termo ("cavaca"), comprometendo a liderança em custos e a parcela de mercado. Uma estratégia para diferenciar um produto que é líder em custos só seria aceitável em uma das seguintes situações:

- Não agregasse custos incrementais.
- Agregasse custos incrementais, mais provocasse uma mudança de expectativa por parte dos compradores, exigindo que todos os competidores incluíssem esse atributo ao produto. Ou seja, nesse caso estaríamos presenciando a mudança do próprio produto.

No caso da liderança em diferenciação, o projeto deve buscar a agregação de diferenciais valiosos que o tornem "exclusivos" para o seu público-alvo. Nesse caso, o que se busca, além de tornar o produto único no mercado e, portanto, reduzir a hostilidade da concorrência, é permitir o estabelecimento de um preço-prêmio (*premium-price*) a ser pago pelo comprador, em virtude da diferenciação oferecida. Na estratégia de liderança em diferenciação a obsessão é identificar aquilo que pode ser valioso na cadeia de valores dos compradores diretos ou dos compradores finais (marca e/ou logística e/ou assistência técnica e/ou características intrínsecas do produto etc.) de modo a reduzir o custo ou a elevar a diferenciação na cadeia de valores do comprador, o que permitiria a incorporação de preço-prêmio. Vale reforçar que em uma estratégia de diferenciação a busca da redução de custos também deve ser uma prática, que não deve comprometer, no entanto, o nível de diferenciação desejável ao produto, sob risco de comprometê-lo e remeter a estratégia ao meio-termo. Assim, certamente o Restaurante Fazano não optaria em utilizar toalhas e guardanapos de qualidade inferior, nem oferecer vinhos de segunda classe, apenas para reduzir um pouco os seus custos e poder reduzir um pouco os preços das refeições em seu cardápio. No entanto, deveria estar pensando, sempre, em como reduzir os custos de sua operação (utilização de energia elétrica, otimização do uso da mão-de-obra, escolha adequada da mídia para suas ações de promoção etc.), pois, certamente, são atitudes que não comprometeriam a sua operação e poderiam representar melhorias substanciais nas margens.

Na estratégia de enfoque o que se deve buscar é ser o líder (em diferenciação ou em custos) para um nicho específico de mercado. Essa estratégia é comumente adotada por investidores que dispõem de competência compatível com projetos maiores, mas sem a capacidade de investimentos dos *players*, embora muitos desses *players* já estejam adotando o enfoque, buscando explorar os submercados, o que passa a ser uma considerável ameaça aos competidores originais. No caso, os esforços se concentram em identificar "nichos" de mercado que não venham sendo bem atendidos pelas estratégias presentes e que tenham a predisposição e a capacidade de gerar resultados satisfatórios no produto. Sempre comento a iniciativa que uma amiga do interior teve, ao se formar em Fonoaudiologia. Ao invés de alugar uma sala, colocar a placa na porta e sair correndo atrás da formalização de convênios, ela identificou um público-alvo mal atendido em suas necessidades. Como ela havia feito seu estágio em clínicas que prestavam serviços às diversas empresas industriais da região, na realização periódica de exames de audiometria aos seus empregados (para avaliar eventuais comprometimentos que os ruídos operacionais pudessem estar causando em sua capacidade auditiva), minha amiga percebeu que esses empregados necessitavam se deslocar da região periférica da cidade para o centro, demandando um considerável tempo, em que o mesmo permanecia inativo. Muitas vezes, ainda, os empregados ligavam para as empresas após os exames e informavam que já estavam próximo do final do expediente e que se fossem voltar chegariam praticamente na hora de deixarem a fábrica. E iam dali para suas respectivas casas. Formada e devidamente habilitada, essa amiga refinou o diagnóstico, realizou contatos com as empresas, sondou as oportunidades e partiu para o seu projeto. Adquiriu um veículo utilitário, montou um laboratório de audiometria em seu interior e passou a realizar os exames dentro das empresas, em dias e períodos previamente agendados. A partir daí os empregados se afastavam por alguns minutos para realizar os exames. Não preciso dizer que a estratégia foi um sucesso, não é? Atualmente, ela conta com cinco veículos/laboratórios e já é uma empresária bem-sucedida. Para sempre? Acredito que não. Ela já me disse que começa a contar com competidores, ávidos por compartilhar o sucesso de suas idéias. Agora, ela terá de repensar permanentemente sua estratégia, pois, como afirma o próprio Porter, as vantagens competitivas não são eternas e precisam ser revisitadas e revitalizadas permanentemente.

O mais importante é que o projeto não caia nas armadilhas do curto prazo em que, para se fugir de ameaças ou se aproveitar oportunidades momentâneas, permite-se desvios inadequados na estratégia, levando-a para o meio-termo. Então, existe uma linha sutil entre a flexibilidade saudável e prevista em uma estratégia e o encaminhamento para o meio-termo. Como saber quando estamos sendo flexíveis e quando estamos nos encaminhando para o meio-termo? O melhor caminho é conhecer adequadamente o planejamento, seus objetivos prioritários e seus *tradeoffs* para que se busque identificar se os desvios tomados podem ou não comprometer o projeto. Agora você deve estar me xingando por ser mais um daqueles autores que expõem termos muitas vezes desconhecidos (*tradeoffs*, por exemplo) e não dizem o que é, deixando o leitor a ver navios, não é? Calma, eu não sou um cara tão mal. Os *tradeoffs* representam decisões conflitantes, tomadas no intuito de se manter um "norte" para o projeto, inibindo a possibilidade de desvios que possam comprometer características fundamentais do projeto. São "concessões" que se fazem, dentro do planejamento, para se manter o foco estratégico, ainda que isso represente, algumas vezes, abrir mão de oportunidades presentes. Ah, você quer um exemplo? Vamos lá. Imagine que você seja um Banco de montadora (automóveis) e em seu projeto estabeleça que o público-alvo, ou seja, o grupo de financiados será exclusivamente composto pelos compradores de automóveis fabricados pela montadora. Possivelmente essa decisão, ou seja, esse *tradeoff* tenha sido estabelecida para que se otimize a utilização dos recursos para estimular as vendas comerciais, para que se evite financiar vendas de montadoras concorrentes e para que se utilize o *know-how* específico para esse tipo de financiamento. Em determinado momento, as vendas do setor automobilístico estão desaquecidas. O Banco está fazendo poucos negócios e as metas estão se distanciando dos volumes realizados. Então surge a oportunidade de abir linhas de financiamento para os compradores de uma grande rede de varejo. O diretor comercial insiste para que se desloque o *funding* existente para realizar aquele excelente negócio. Os *officers* pressionam o diretor comercial para que defenda o projeto internamente, já que ele representaria a aproximação dos volumes às metas estabelecidas, além de representar ótimas comissões sobre as receitas auferidas. Eis um momento que se a empresa cede à oportunidade e desrespeita o *tradeoff* estabelecido no projeto, ela poderá incorrer em grandes prejuízos no médio e longo prazos. Será que a área de risco do Banco conhece adequadamente esse público-alvo, composto por consumidores diferentes daqueles que compram os veículos da montadora? Os aspectos de execução de dívidas e retomada dos bens na hipótese de inadimplência é similar à sua operação regular? E se, repentinamente, o mercado automobilístico entra em franca retomada, quem financiaria os compradores da montadora, se o *funding* estivesse comprometido com outras operações, no varejo? Ao aceitar a proposta, a empresa deve estar ciente de que estará descaracterizando de modo contundente o projeto original. É uma atitude proibitiva? Não. Muitas oportunidades fizeram com que as empresas desviassem tanto sua rota a ponto de se tornarem novas empresas.

O estrategista Gary Hammel afirma que consumidores mudam, produtos mudam, expectativas mudam e, portanto, as empresas devem estar atentas a esses movimentos, pois se tiverem de mudar radicalmente suas operações que o façam em nome de sua própria sobrevivência. A Nokya, principal empresa da Finlândia, produzia papel e celulose quando iniciou seus investimentos corporativos, algo muito diferente de suas operações atuais. Portanto, não se quer defender aqui que um projeto ou uma estratégia não devam ser revisitados na presença de uma ameaça ou de uma oportunidade importante. Ao contrário, o que defendemos é que, em situações da espécie, o planejamento seja revisitado e que ele busque identificar qual o nível de comprometimento que a ação pode trazer e, também, se ela é compatível com os objetivos maiores do planejamento. Ou seja, *tradeoffs* não se constituem em "leis imutáveis", mas em decisões que exigem maior profundidade de análise para serem descartadas.

> ### Conflito entre *share* e "rentabilidade"

Existe um consenso no universo corporativo de que a "liderança" esteja atrelada, exclusivamente, à parcela de mercado mantida pela empresa. Eis um consenso muito perigoso! Ter a maior parcela de mercado é algo interessante, até porque traz consigo uma série de vantagens que, se bem aproveitadas, podem se tornar boas vantagens competitivas (escala, poder de barganha, redução de custos unitários em campanhas publicitárias etc.). O problema começa a surgir quando a parcela de mercado (ou *market-share*) se torna uma obsessão, por si só, e passa a comprometer a rentabilidade do projeto. No longo prazo, essa situação costuma ser fatal para as empresas. O *share* deve ser uma conseqüência por uma estratégia bem elaborada e implementada e pela criação de valor aos consumidores. Quando passa a ser preservado com ações que comprometem a rentabilidade (guerra permanente de preços, elevação da inadimplência, agregação de diferenciais sem cobrança de preço-prêmio etc.) podem levar o projeto a uma postura "assistencialista", em que a empresa deixa de se ver como um empreendimento que precisa recuperar os investimentos realizados e auferir a rentabilidade esperada para assistir e satisfazer a gana de seus compradores, a todo o custo. A reação à ameaça ou à efetiva perda de *market-share* deve ser motivo para uma avaliação minuciosa do mercado, do ambiente concorrencial, das expectativas dos consumidores, das forças e fraquezas presentes, enfim, de um diagnóstico criterioso, buscando identificar ações que possam preservar a parcela de mercado e as margens. A reação não deve ser impulsiva e agressiva, como acompanhamos muitas vezes, em que uma empresa tradicional e lucrativa abre mão de sua estratégia para atacar um aventureiro que entrou no mercado e não duraria muito tempo com suas táticas "camicases". Também não pode ser um momento para "apostar" que aquela empresa concorrente, que está praticando preços inferiores ou agregando diferenciais sem cobrar preço-prêmio, vai "quebrar" no momento seguinte. É, sim, o momento de acender as luzes "laranjas" e intensificar o processo de diagnóstico e de revisão do planejamento. Em seu livro autobiográfico, Jack Welch, executivo da GE alerta que na maioria das vezes em que competidores demonstravam capacidade de roubar parcelas de mercado da GE as avaliações realizadas mostravam que a estratégia era possível e decorria de melhorias que a própria GE não havia incorporado às suas operações. De qualquer forma, empresas que não obtêm êxito na busca de ajustes que possam permitir a recuperação do *share* e que insistem em ações que comprometam a rentabilidade da operação para recuperá-lo ou mantê-lo não costumam ter boas estórias para contar, no médio e longo prazos.

Em seu plano denominado "180", em que o brasileiro Carlos Ghoshn buscou revitalizar a estratégia da Nissan, montadora japonesa com participação acionária da Renault, percebe-se que a prioridade das ações estratégicas voltaram-se para a rentabilidade e não para o *share*. O plano "180" previa a elevação de vendas em um milhão de veículos/ano, margem de 8% sobre as vendas e "zero" de endividamento. Os objetivos relativos à rentabilidade e ao endividamento foram atingidos antes da superação das metas de vendas. A Nissan, que durante a crise era a montadora que mais oferecia "descontos" nas vendas de seus veículos, abriu mão dessa postura, focando os seus investimentos em novos produtos que pudessem exigir "preço-prêmio" de seus consumidores. Enquanto demitia empregados em processos de otimização da capacidade operacional, Ghoshn contratava profissionais para a área de Pesquisa e Desenvolvimento. Os resultados demonstram que os acertos superaram os equívocos na implementação do projeto e a Nissan voltou ao jogo.

> "Síndrome do fotógrafo"

Presente em parte dos funcionários da empresa, tanto aqueles responsáveis pela elaboração quanto – e principalmente – aqueles responsáveis pela implementação dos projetos. Denominamos a síndrome com esse nome porque, tal qual o fotógrafo, essas pessoas só vêem "negativo". É, exatamente isso, o mundo representa para elas um conjunto de fraquezas e ameaças, em que o caos é algo eminente. Em virtude do advento da máquina fotográfica digital, que vem invadindo o mercado em um ritmo alucinante, talvez tenhamos de alterar o nome da síndrome em breve, já que os mais jovens não saberão o que é um "negativo" como produto fotográfico. Estou pensando em utilizar um desses programas televisivos, em que a tragédia é o tema, para rebatizá-la. Deixando o nome da síndrome de lado, a postura de uma parte dos funcionários envolvidos nos projetos é de claro foco nos aspectos negativos do mercado e do próprio projeto. Essa postura faz com que, em muitos casos, não se percebam oportunidades presentes e não se utilize forças visíveis para se destacar as qualidades do produto comercializado. No fundo, esses funcionários sofrem com a "auto-estima" e entendem que os concorrentes são sempre melhores do que a sua empresa. Eles têm grande dificuldade em identificar as vantagens que os seus produtos apresentam e em todo o espaço aberto para sugestões levam reclamações quanto aos seus produtos e propõem que se agregue diferenciais que outros concorrentes oferecem (muitas vezes diferenciais que os clientes indicam que têm, mas que nem foram confirmados por um trabalho mais minucioso de investigação). Em relação aos aspectos de integração corporativa, então, a coisa é bastante complicada. Os funcionários que sofrem dessa síndrome entendem que as demais áreas da empresa só trazem problemas e que se elas não existissem o mundo seria muito melhor. Acreditam, também, que a única área que trabalha exaustivamente é a sua e, dentro dessa área, quem mais se dedica e se esforça, é claro, são eles próprios. No horário de almoço, enquanto se alimentam, lamentam com o colega toda a sorte de desgraças porque passam e traçam horizontes nebulosos para o futuro de suas empresas.

> "Síndrome de 'Alice'"

Tal qual a "Síndrome do Fotógrafo" essa acomete muitos empregados, concentrando-se nas áreas de elaboração de produtos e, cá entre nós, de *Marketing*. Assim como "Alice", essas pessoas se vêem muitas vezes no "País das Maravilhas", onde tudo o que existe é oportunidade e, quando algum produto não dá certo, é porque as demais áreas não tiveram a capacidade de operacionalizá-lo e comercializá-lo de maneira adequada. Os acometidos por essa "síndrome" têm a tendência a realizar projeções de fluxo de caixa em que não existem "novos entrantes", nem "produtos substitutos", nem declínio da demanda. É como se o paraíso fosse aqui. Nas discussões de planejamento, eles não estão tão atentos ao "diagnóstico" e para eles o *brainstorming* é um suplício. O que eles querem é que chegue logo a etapa das propostas, pois eles já trouxeram diversas para agregação ao projeto e julgam que a capacidade criativa deles será suficiente para neutralizar qualquer ameaça da concorrência ou qualquer fraqueza presente no projeto.

Voltando à nossa premissa básica ao desenvolver esse conteúdo, não queremos identificar quem sofre dessas "síndromes" para interná-los ou alijá-los do processo, como "doentes corporativos", até porque se formos sinceros perceberemos que, em um grau menor ou em um grau maior, enquadramo-nos em um desses grupos. O mais importante é saber que essas posturas fazem parte do ambiente corporativo e decorrem de uma série de fatores, tais como perfis individuais, históricos profissionais, áreas em que atuam, influências da liderança, empresas onde trabalharam anteriormente etc. Veja que um funcionário de uma pequena empresa que pouco tempo antes trabalhou em uma empresa líder de mercado tende a trazer consigo uma visão otimista sobre projetos, já que em sua experiência anterior o nível de dificuldades para implementá-lo era muito pequeno e as chances de êxito costumavam ser enormes. Agora, imagine que nessa mesma empresa venha a trabalhar alguém cujo último emprego tenha sido o de responsável por contas a pagar em uma empresa pré-falimentar que acabou por sucumbir às ameaças de mercado. Ou essa pessoa tem uma capacidade de renovação fora do comum ou tende (e isso é compreensível) a parecer-se mais com aquela hienazinha que fica o tempo todo dizendo "oh céus, oh dor...". O essencial é que reconheçamos que essas posturas fazem parte do ambiente corporativo, procuremos conhecer suficientemente as características de nossos funcionários e saibamos, inclusive, "temperar" adequadamente a participação nas etapas de elaboração e implementação de nossos projetos, de modo a obter posições equilibradas e consensuais em nosso planejamento.

> "Síndrome do 'Siga o Líder'"

Essa "síndrome" não distingue área de atuação dentro das empresas. Geralmente, ela decorre de outras "anomalias", tais como ceticismo quanto à importância do planejamento, dificuldade em valorizar o diagnóstico como etapa importante da estratégia, ausência de conhecimento de que cada empresa possui o seu próprio "DNA" e, portanto, nem sempre o que é bom para um concorrente é bom para a sua empresa etc. O principal sintoma da presença dessa "síndrome" é a utilização permanente do *benchmarking* como estratégia de atuação. Passa-se o tempo todo olhando o que o "líder" ou outros competidores estão fazendo e implementa-se essas práticas nas operações da empresa, buscando "clonar" as ações bem-sucedidas no ambiente concorrencial. Não queremos desvalorizar o *benchmarking* como excelente ferramenta de investigação competitiva. Queremos, sim, reforçar que as ações de *benchmarking* devem ser utilizadas como **insumo** em um processo diagnóstico e estratégico mais amplo e não como estratégia em si. Ora, se concordo com Porter, quando ele defende que o caminho para a agregação de vantagem competitiva é buscar uma posição exclusiva no mercado, não poderia concordar com a utilização do *benchmarking* como estratégia.

Durante os últimos dez anos pude conviver com inúmeras empresas, a ponto de afirmar, sem medo de errar, que cada uma delas possuem "DNAs" diferentes. E aqui, mais uma vez, vemos uma grande similaridade entre empresas e pessoas. Até gêmeos univitelinos possuem cadeias de DNA diferentes. Não raramente, esses mesmos gêmeos apresentam diferenças fundamentais, como, por exemplo, nas aptidões intelectuais, em que um se mostra mais competente em disciplinas exatas, enquanto o outro se mostra mais à vontade com disciplinas humanas. Eu entendo que as empresas que utilizam o *benchmarking* como estratégia o fazem por dois principais motivos: é mais fácil, pois copiar exige menos esforço do que avaliar e, se for o caso, aperfeiçoar sua cadeia de valores, e é menos arriscado, pois, se fracassarem, poderão afirmar que a ação foi proposta porque alguém já vinha obtendo bons resultados com ela.

Dessa forma, reforço minha convicção de que o caminho mais eficiente para se alcançar um planejamento eficaz é trazer todas as informações que compõem o cenário para o projeto (legislação, tecnologia, ambiente concorrencial direto, concorrentes indiretos como, por exemplo, produtos substitutos, expectativas sociais e dos consumidores, posicionamento na cadeia produtiva, tendências de renda do público-alvo, ambiente demográfico etc.) e tratá-las, em um ambiente participativo e equilibrado, a partir do que – de posse de um diagnóstico abrangente e ponderado – pode-se inferir as melhores ações estratégicas a serem propostas. Falaremos mais a respeito, quando abordarmos o diagnóstico nos projetos.

O Ambiente Concorrencial

Para participarmos de maneira mais produtiva da gestão competitiva de projetos, que inclui sua elaboração e sua implementação, é de fundamental importância que nos contextualizemos sobre o ambiente concorrencial, que representa a arena onde todos os projetos corporativos se desenvolvem.

Um primeiro aspecto que abordaremos trata a visão que muitos de nós temos a respeito da concorrência. É muito comum que, ainda que inconscientemente, imaginemos que a concorrência é algo de que não fazemos parte, que nasce muitas vezes da gana dos empresários em ganhar cada vez mais e que, em razão disso, nos coloca no "olho do furacão", obrigando-nos a todos os esforços para desenvolver a nossa sobrevivência e, quiçá, nosso crescimento pessoal e profissional. Não é uma percepção rara nem condenável. Afinal, como seres humanos que somos, preferimos não fazer parte de realidades que não nos são amigáveis e que, muitas vezes, nos fazem sofrer.

Vale a pena retomar uma questão levantada anteriormente, sobre quem é que exige produtos cada vez mais sofisticados, entregues em prazos cada vez mais curtos, a preços cada vez mais acessíveis?

A resposta a essa pergunta já demonstra como todos nós somos extremamente responsáveis pelo ambiente concorrencial contemporâneo. E, para que não julguemos que somos "vilões" nessa estória, vale notar que a concorrência é o motor propulsor da evolução. São os desequilíbrios provocados pelo ambiente concorrencial os maiores responsáveis, ao longo da história, em exigir e viabilizar os movimentos evolutivos em todas as áreas que permeiam a humanidade.

Em um passado mais distante, a busca competitiva era uma conseqüência do acirramento do ambiente concorrencial. O homem só se dispôs, por exemplo, a criar armas de caça quando a comida escasseou e sua obtenção exigia maior criatividade e esforço. Os períodos que antecederam os grandes conflitos entre povos se mostraram, também, ricos em invenções e na introdução de inúmeros produtos para ampliar o poder de cada um dos lados envolvidos.

O que vem ocorrendo no último século, no entanto, é uma intensificação do movimento concorrencial, assim como a elevação de seu grau de complexidade, não porque os competidores passaram a gostar mais da "emoção" provocada por esse acirramento, mas porque uma série de fatores em relação aos quais nós (nós mesmos!) somos os principais atores, vêm alterando significativamente o grau de complexidade presente.

De qualquer maneira – e mais uma vez nos apoiando na dualidade de todas as coisas – não se pode dizer que o acirramento exacerbado do ambiente concorrencial represente, tão-somente, ameaças para as nossas vidas e a vida das empresas. As alterações ocorridas no ambiente trouxeram, também, muitas oportunidades e o tempo vem mostrando quais são os projetos e as empresas que estão conseguindo se aproveitar das oportunidades e quais os que vêm sucumbindo diante das ameaças. As empresas de "terceirização" de mão-de-obra, por exemplo, constituem-se em exemplo de aproveitamento de oportunidades.

Com relação às razões que podem ter influenciado de modo mais intenso o ambiente concorrencial no último século podemos destacar:

- a evolução dos processos de transformação, agregando valor às matérias-primas, fez com que boa parte da riqueza migrasse dos "donos das jazidas" para os donos do *know-how*. Como conhecimento não é um ativo que se retenha com tanta facilidade quanto uma "jazida", que pode ser protegida por cercas, seguranças e títulos de propriedade, a capacidade de que novos contendores acessem o ambiente concorrencial, na busca de oportunidades, se ampliou consideravelmente;

- a intensificação do processo de globalização gerou desequilíbrios no mercado global, como ocorreria com diversos tubos contendo líquido, no momento em que fossem liberados os vasos comunicantes entre eles. Nesse caso, muitos mercados locais representados por países agregaram muito mais vantagens do que desvantagens, enquanto outros não têm sido tão felizes no curso do processo. Além disso, a globalização reduziu substancialmente as práticas protecionistas, abrindo o ambiente concorrencial local para um ambiente concorrencial global, o que puniu severamente as ineficiências existentes e exigiu ações rápidas e contundentes para a equiparação do nível competitivo. Um exemplo clássico no Brasil pré e pós-abertura de mercado é o setor têxtil, no qual a abertura de mercado liquidou com muitas empresas e as que se mantiveram deram um salto qualitativo fantástico no que diz respeito à competitividade, concorrendo em iguais condições com empresas do mundo todo;

- na busca de apresentar produtos cada vez melhores, as empresas acabam por concorrer consigo próprias. Veja o caso de um aparelho de TV, que no passado tinha uma vida útil de um a dois anos e hoje tem vida útil até oito vezes maior. Isso faz com que as empresas sejam forçadas a ampliar a penetração no mercado, cujo caminho, muitas vezes, passa pela necessidade de redução de preços, exigindo ações constantes de elevação de competitividade para sua sobrevivência. No caso da TV, por exemplo, fica muito fácil visualizar esse processo quando comparamos o preço de um aparelho de TV há vinte anos e hoje, e quando avaliamos as camadas sociais que tinham um aparelho de TV em casa, nas duas épocas analisadas;

- as crises globais da primeira metade do século tiveram também seus dois lados. Apesar de trazerem mortes e tragédias, abriram um grande leque de oportunidades mercadológicas, seja na viabilização de produtos que pudessem agregar vantagem bélica às partes envolvidas no conflito, seja nas ações de reconstrução que as sucederam. Na segunda metade do século XX, apesar da tensão provocada pela Guerra Fria, os conflitos globais arrefeceram, eliminando as oportunidades mercadológicas a eles relacionados;

- falando em Guerra Fria, presente na segunda metade do século XX, o alinhamento político dos países coadjuvantes, tais como Brasil e Cuba, entre outros, permitiram um fluxo de capitais que nem sempre tinham relação direta com a competitividade dos mercados, mas eram decisivamente influenciados pela escolha ideológica. Assim, muitos países mantinham um fluxo importante de capital sem uma correlação de produtos competitivos, bastando para isso manterem-se alinhados com a ideologia política escolhida;

- a evolução tecnológica ocorrida no último meio-século não apresenta precedentes na História da Humanidade. Já tive contato com alguns textos que defendem – e até fazem comparações – que em outros momentos de nossa história também presenciamos evoluções notáveis. Concordo que a evolução de hoje está totalmente apoiada na evolução de ontem. Quando comparamos o mundo no final do século XX com o mundo no início do mesmo século fica difícil discordar de que foi um século especial no que diz respeito ao processo evolutivo, particularmente em relação à tecnologia. Essa evolução intensa e rápida trouxe aspectos importantes para a análise do ambiente concorrencial:

- a facilidade de comunicação, por meio da qual o mercado consumidor passou a ter extrema facilidade em comparar produtos e avaliar atributos, qualidade e preços a eles vinculados;
- a redução expressiva dos custos de P&D (Produção e Desenvolvimento), reduzindo sobremaneira os investimentos necessários para um novo entrante. Basta refletirmos que, em muitos casos, um novo entrante em um mercado que viabilize um *set* com microcomputador, *fax* e telefone pode fazer estragos em parcelas de mercado de uma grande multinacional;
- a maior possibilidade de acompanhamento remoto dos mercados, permitindo aos investidores um fluxo de capital rápido e eficiente, saindo de mercados e de projetos menos eficientes e migrando para mercados e projetos mais eficientes. A redução da necessidade de ativos intensivos em muitos segmentos e a valorização da inteligência na composição dos produtos facilitaram ainda mais esse processo, já que abrir mão de ativos fixos em prol da otimização de ativos intelectuais, por exemplo, tornou-se uma atitude muitas vezes viável sob o ponto de vista de custo/benefício;
- o movimento de desestatização de empresas, predominante em países cujos governos optaram por desonerar-se de atividades que pudessem ser desenvolvidas pelo mercado privado, repassando-lhe inclusive a obrigatoriedade dos investimentos necessários e permitindo um maior foco das ações públicas nas atividades primárias de governo, como segurança, educação, saúde, guarda da moeda e gestão de projetos de infra-estrutura, entre outros;
- por fim, vale ainda citar a influência das novas práticas de gestão e de *marketing*, que persuadiram as empresas quanto à importância de que, no momento de concentração de competidores e, portan-

to, de redução de contendores, a busca de competitividade não sofresse interrupção e, ao contrário do que ocorria no passado, se intensificasse, no intuito de aproveitar o ambiente mais favorável para erguer "barreiras de entrada" que inibissem o estímulo a novos entrantes. Se no passado as empresas se aproveitavam dos momentos de arrefecimento da concorrência para recompor suas margens a partir da elevação de preços aos consumidores (aproveitando-se do maior poder de barganha e da velha lei da oferta e da procura), no presente – acreditando que o consumidor seja o ativo mais valioso do projeto –, as empresas aproveitam os momentos favoráveis para atingir posições ainda mais competitivas – se possível sem impactar os preços para os consumidores – de modo a estarem ainda mais fortes nos momentos em que tiverem que enfrentar os competidores presentes e aqueles que pudessem ter interesse em entrar no mercado. Essa mudança de postura pode ser mais bem ilustrada se imaginarmos que aqueles guerreiros que voltavam para casa, após ganharem a guerra, estivessem no dia seguinte em uma academia, treinando todos os tipos de lutas, alimentando-se de maneira adequada para a manutenção da boa forma e instruindo-se sobre novas práticas bélicas e viabilizando novas armas de combate, ao invés de se entregarem às boas bebidas e às mulheres que os esperavam, ganhando muitos quilos e perdendo a agilidade, panorama que só se alteraria nas proximidades de um novo conflito. Eu sei que você talvez prefira a imagem dos guerreiros tomando vinho e contando suas estórias de guerra, mas sinto informar que não é essa a mentalidade que predomina atualmente no ambiente concorrencial.

A abordagem do ambiente concorrencial tem como principal premissa em nosso conteúdo permitir que pensemos um pouco a respeito e percebamos que o que ocorre na arena mercadológica não é culpa ou responsabilidade de ninguém em específico – nem, particularmente das empresas em que trabalhamos –, mas a conseqüência de um processo decorrente de diversos fatores, tecnológicos, políticos, econômicos e sociais, geralmente impulsionados por nós mesmos, em busca da evolução e do acesso massificado aos produtos que desejamos. É como se vivenciássemos aquela célebre frase de um famoso livro infantil: "Tu te tornas responsável por aquilo que cativas.".

Gestão de Projetos

Desde que iniciamos nossa discussão estamos tratando de "gerir projetos". O que seriam projetos? Tenho lido as mais diversas definições, mas de uma forma um pouco diferente, definiria "projeto" como a representação mais fiel do movimento. Os projetos, de maneira geral, tangibilizam a vontade de agir em direção a alguma coisa. Quando pensamos em adquirir um imóvel iniciamos um projeto; quando a empresa estuda a melhor forma de investir recursos disponíveis, inicia um projeto; quando encaramos alguém no balcão de um bar, imaginando que uma aproximação poderia ser muito agradável, iniciamos um projeto; quando nos reunimos diante de uma ameaça, no intuito de buscar alternativas que possam minimizá-la estamos, da mesma forma, diante de um novo projeto. Dessa forma, poderíamos dizer que o projeto representa a sistematização de ações com o objetivo de atingir um objetivo previamente estabelecido.

Em diversos livros sobre Planejamento, deparo-me com a palavra "problema" como a razão para o início de um projeto. Não gosto. Entender que um planejamento nasce de um problema é imaginar que os projetos são eminentemente reativos e nascem da existência de algo a se corrigir. Incomoda-me o uso do termo "problema" para originar o estudo de um projeto, assim como me incomoda quando entro em um Banco, em um departamento público ou mesmo em uma loja e ouço do atendente: – "Qual o problema?". Invariavelmente respondo: – "Nenhum. Quem te disse que tenho um problema? Eu estou com cara de quem tem um problema?". Aquilo me deixa indignado. Quando adentramos qualquer local que tenha a finalidade de nos atender em algo, podemos estar carregando uma série de finalidades: um desejo, uma intenção, uma dúvida, uma idéia, uma necessidade, uma sugestão, oportunidade, uma crítica. Nem sempre um problema!

Então, aqui cabe um primeiro comentário: nossa natureza humana nos leva, preponderantemente, a estabelecer objetivos de maneira reativa, ou seja, apenas quando temos um "problema" iniciamos, de fato, um processo mais profundo de planejamento. No ambiente corporativo presenciamos empresas que se dispõem a contratar consultorias para discutir os seus projetos, mesmo quando estão "voando em céu de brigadeiro". Não dá para negar que, na maioria das vezes, as consultorias só são convidadas a participar quando a empresa não está com apenas um, mas com muitos "problemas". Também é fácil acreditar que as pessoas só tendem a realizar um orçamento doméstico adequado quando o limite do cheque especial está no fim e alguns carnês já começam a "dormir" nas gavetas, dada a impossibilidade de sua quitação. Isso decorre de nossa predileção por agir, fazer, em detrimento de avaliar, planejar. Não podemos nos esquecer de que empresas são constituídas e geridas por pessoas, então todos os nossos vícios como pessoas tendem a ser transferidos para o ambiente corporativo.

É bastante comum, quando realizo uma visita com um de meus gerentes de contas, buscar informações que me permitam aferir o nível de planejamento que aquela visita ao cliente representa. E não é incomum perceber que estamos caminhando para um "vôo cego". Em poucos minutos estaremos "navegando sem bússola", na expectativa de que, em um golpe de sorte, encontremos o caminho que nos leve a um excelente negócio. É emocionante! Mas, sem dúvida, não é a melhor alternativa para a otimização de nossos recursos.

Nos dias de hoje, diríamos que otimizar recursos é o principal desafio da gestão. No passado, ainda recentemente, pudemos acompanhar negócios cuja gestão exigia "administrar abundâncias". Abundância de empresas no grupo empresarial (algumas contavam com empresas de "táxi aéreo", empresas de turismo e até empresas de confecção de uniformes, entre outras), abundância de recursos financeiros, que, sem direcionamento adequado, vagavam entre as alternativas de aplicações financeiras disponíveis – exigindo, não raramente, mais foco da área de finanças da empresa do que as práticas financeiras de suas principais operações –, abundância de recursos humanos, abundância de ativos fixos (muitos deles locados a outras empresas e cujos problemas de relacionamento desviavam o foco das principais competências a serem desenvolvidas) etc. Com o passar do tempo, o acompanhamento das empresas que demonstravam "excelência competitiva" em seu histórico, ou seja, performance de excelência em relação à sua capacidade de manutenção de boas parcelas de mercado, aliada à geração adequada de resultados no curto, médio e longo prazos, demonstrou aos pesquisadores uma tendência à substituição da abundância pela escassez. Não a escassez que provocasse uma "anorexia corporativa", impedindo os investimentos necessários à preservação da capacidade competitiva, mas a escassez que estimulasse a criatividade e mantivesse o foco no *core business* da empresa.

Assim, os recursos abundantes deveriam ser:

- reinvestidos em novos projetos que pudessem gerar retorno satisfatório sobre os investimentos; ou
- dispensados, alienados ou devolvidos a seus proprietários, caso não se identificassem projetos, nos quais eles pudessem ser adequadamente aplicados.

Dessa forma, os projetos passaram a fazer parte do cotidiano corporativo de modo muito mais freqüente e ativo, já que a dinâmica empresarial, a partir de então, passou a exigir a permanente identificação de alternativas em que seus recursos pudessem ser mais bem empregados.

Assim, o ambiente corporativo passou a conviver com inúmeros projetos para análise, muitos deles "mutuamente excludentes" (ou seja, os recursos e as particularidades presentes não permitiriam implementar ambos concomitantemente), o que passou a exigir, ainda mais, o desenvolvimento de projetos bem fundamentados, que pudessem dotar os escalões decisores de segurança para fazê-lo, assim como elevar as chances de êxito, diante da concorrência interna e externa.

Diversos profissionais de *Marketing* em seus artigos nas revistas especializadas reclamam de uma maior participação na etapa estratégica dos negócios. Alegam que freqüentemente recebem o projeto "pronto" e são obrigados a implementá-lo para que sejam gerados os resultados esperados, sem terem a chance, no entanto, de participar de sua elaboração, quando poderiam (e deveriam) agregar informações relevantes para ampliar a probabilidade de êxito nas etapas seguintes. Como se recebessem um adolescente com vícios, postura inadequada, formação duvidosa e outros aspectos problemáticos que remontassem à sua concepção e fossem orientados a transformá-lo em um adulto brilhante. Não se pode dizer que seria uma missão impossível, mas sem dúvida uma missão espinhosa.

A respeito, quero dizer que concordo, não só com as críticas que os profissionais de *Marketing* freqüentemente fazem a esse respeito, como também com a importância de sua participação – assim como de outras áreas corporativas – no planejamento que envolva os negócios estratégicos da empresa. No entanto – e reforçando meu entendimento de que a gestão pode ser representada por uma sinfonia, executada por muitos instrumentos –, diria que, muitas vezes, quando chamados a participar do processo, levando projetos para avaliação, esses instrumentistas "desafinam", estimulando a alta gestão a preferir um "solo".

Ou seja, não se pode negar que há, por parte da alta gestão uma resistência em abrir espaços para a participação das áreas táticas e operacionais no processo estratégico, mas também é preciso admitir que muitos projetos que são encaminhados para análise representam "sonhos de uma noite de verão", sem uma sustentação que permita dotar a alta gestão de segurança e da confiança nas propostas realizadas.

Portanto, se os gestores tencionam participar mais ativamente dos projetos em sua empresa – de maneira parcial ou total, direta ou indiretamente –, é preciso que o façam de maneira instrumentalizada e sistematizada, sem o que suas participações tendem a ser interpretadas apenas como gestos de boa vontade e não como projetos dignos de atenção.

Independentemente de sua origem ou de sua natureza, os projetos seguem um padrão quanto à sua estruturação, que poderíamos simplificar em um fluxograma, conforme segue:

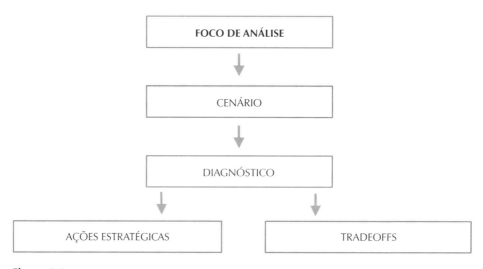

Figura 2.1

O foco de análise

O que chamamos de "foco de análise" é o que muitos autores chamam de "problema", ou seja, a razão que origina um projeto, conforme já citamos anteriormente. Tal como trataremos no tópico destinado ao "diagnóstico", no qual abordaremos a análise SWOT como ferramenta diagnóstica, o foco de análise precisa ser suficientemente claro, para que os participantes do planejamento entendam qual é a sua exata razão de ser, o que confere produtividade e objetividade nas etapas seguintes, sem ser excessivamente operacional, no entanto, o que não contribuiria para uma evolução criativa e aberta, características importantes em qualquer planejamento.

O cenário

O cenário é a estruturação de informações sobre a realidade passada, presente e futura (inferências) que possa contribuir para dotar os participantes de conhecimento suficiente para uma análise profunda das alternativas existentes. Não estamos falando apenas de cenários macroeconômicos (aqueles que traçam probabilidades quanto a índices econômicos a partir de dados passados e presentes e inferência sobre fatos futuros), nem apenas de estudos de mercado, que abordam características do mercado em que se está ou se estará atuando, tais como comportamento do consumidor, ambiente concorrencial etc. Entendemos como cenário um conjunto mais abrangente de informações, que envolve todos os agentes que possam interagir em um projeto. A amplitude e a abrangência de um cenário será sempre compatível com a abrangência e a amplitude de um projeto. Não podemos imaginar um empresário investindo recursos em um cenário de construção sofisticada e complexa para decidir se altera ou não a localização do balcão de sua padaria. Certamente, antes de tomar a decisão, deveria viabilizar um cenário a respeito, com abrangência e amplitude compatíveis com o seu projeto.

Nos capítulos 3 a 8 de seu livro "Administração de *Marketing*", Kotler nos dá uma rica contribuição na exploração do cenário que pode subsidiar projetos. No conteúdo, Kotler inicia com uma abordagem da estrutura de um planejamento estratégico de negócios, tratando – inclusive – da Análise SWOT como ferramenta diagnóstica e, em seguida, trata da análise interna e da externa, coleta de informações e mensuração da demanda de mercado, análise do ambiente de *Marketing* (no qual trata de componentes importantes de cenário, tais como as "tendências de Faith Popcorn", ambiente demográfico, ambiente econômico, ambiente natural, ambiente tecnológico, ambiente político-legal e ambiente sociocultural), análise dos mercados consumidores e do comportamento de compra (B2C), análise dos mercados empresariais e do comportamento de compra organizacional (B2B) e análise do ambiente concorrencial.

Já Djalma de Pinho Rebouças de Oliveira, em seu ótimo livro *Planejamento Estratégico*: Conceitos, Metodologias e Práticas", no Capítulo 3, aborda o Diagnóstico Estratégico, em que também trata da análise do ambiente interno e externo, ressaltando – para o caso do cenário externo – avaliações e informações sobre capacidade de integração vertical, tecnologia, governo, subsistema financeiro, sindicatos, comunidade, consumidores, mercado, segmento de atuação, concorrentes e fornecedores.

Também Porter, a partir de uma abordagem com diferente sistematização, nos faz, em seu livro "Vantagem competitiva", voltar a atenção para fatores importantes na composição do cenário, tais como as forças competitivas presentes no ambiente concorrencial (capítulo I) e a estruturação das cadeias de valores e dos sistemas de valores presentes (capítulo II), permitindo a reunião de abordagens e informações importantes na avaliação de um projeto.

No caso do ambiente interno, Kotler e Djalma citam e comentam uma série de atributos e características que podem trazer à empresa ou ao projeto vantagens ou desvantagens perante o ambiente em que o projeto será desenvolvido.

A bibliografia citada representa, sem duvida, uma ótima fonte de inspiração para a discussão, pelos planejadores, de quais informações deverão ser inseridas no contexto do cenário que subsidiará a seqüência do Planejamento.

O diagnóstico

O diagnóstico representa o tratamento de todas as informações levantadas no curso do planejamento e, como discutiremos no próximo tópico, entendemos que seja o momento mais importante na individualização da estratégia. Não o abordaremos de maneira profunda neste tópico, pois pela importância que direcionamos à fase diagnóstica de um planejamento, destacamos um tópico específico para esta fase do projeto.

Ações estratégicas

Após o desenvolvimento de um diagnóstico aberto, participativo e amplo, os participantes do Planejamento estarão aptos a discutir e propor as ações estratégicas a serem implementadas, em que, mais uma vez, vale a pena destacar a necessidade de uma visão integrada, na qual, pelo menos, os alicerces dos projetos táticos já estejam previstos, com o intuito de permitir que, a partir da divulgação dos projetos para cada unidade tática, a seqüência do planejamento não sofra uma descaracterização que comprometa sua implementação. Assim, se na fase estratégica o grupo de elaboração entendeu que a logística é um fator crítico de sucesso para o projeto, na etapa tática, a área de finanças desenvolverá o seu planejamento tático, observando que suas ações não poderão comprometer a manutenção de uma capacidade de logística compatível com a estabelecida no planejamento estratégico, ainda que, para cumprimento de seus objetivos táticos, a área de finanças tenha de restringir os recursos para uma outra atividade do projeto, considerada menos prioritária.

Tradeoffs

Não foi por acaso que no fluxo gráfico do projeto identificamos o quadro de *tradeoffs* ao lado do quadro de "ações estratégicas". Os planejadores deverão, a partir das ações propostas, discutir e avaliar a relevância (já que o estabelecimento de *tradeoffs* não é, a princípio, obrigatório) de se identificar e registrar *tradeoffs* que teriam como principal função evitar que propostas ou ações táticas ou operacionais pudessem descaracterizar as principais características do projeto original. Em texto divulgado pela revista Exame, que resumiu palestra proferida por Michael Porter no Brasil, cita-se como exemplo a implementação do produto "sabonete Neutrogena" nos Estados Unidos, em que, para se manter características relevantes do projeto, que, entre outras coisas, buscava posicionar o produto como algo que suplantava as características cosméticas e se aproximava dos produtos medicinais, abriu mão de oportunidades nas atividades de P&D, *Marketing* e Distribuição, restringindo as estratégias de pontos-de-vendas, de promoção e as próprias características do produto (cor, cheiro etc.), no intuito de preservar atributos estabelecidos durante a elaboração do projeto.

Importante reforçar que, a princípio, os *tradeoffs* não são obrigatórios, mas, uma vez estabelecidos, devem ser respeitados e, ainda que não representam leis imutáveis do projeto, exigirão – no mínimo – uma revisitação do Planejamento, caso oportunidades, ameaças ou características internas presentes recomendem a avaliação quanto à ruptura de *tradeoffs* originalmente definidos. Aqui, recomenda-se um "julgamento de corpo presente" e não um "julgamento à revelia", em que o *tradeoff* seria "executado" sem a chance de uma avaliação mais criteriosa a respeito.

Diagnóstico: A Análise SWOT

Como já vem sendo defendido desde o início desta discussão, a fase diagnóstica de um planejamento é o momento mais rico em possibilidades de agregação de vantagem competitiva dentro de um processo de planejamento estratégico ou na elaboração do planejamento de qualquer projeto. Essa percepção não se deve a "achismos" ou conclusões empíricas, mas à observação dos principais conceitos com que temos nos deparado nos estudos realizados sobre estratégia empresarial, além da observação dos casos de sucesso e insucesso corporativos, quando comparados com a maior ou menor predisposição de seus elaboradores e condutores em se aprofundar adequadamente no tratamento de cenários.

Numa analogia simplista, poderíamos comparar um planejamento a uma árvore, em que as informações de cenário compõem os nutrientes a serem absorvidos pelas raízes, com base em processos estimuladores, sendo o mais usual o denominado *brainstorming*. O diagnóstico poderia ser representado, nesse caso, pelo tronco da árvore, de cujo direcionamento e consistência dependeriam as ações estratégicas propostas, que poderiam ser representadas pelos galhos ( ). Aproveitando a analogia, poderíamos, ainda, definir que do escopo estratégico escolhido pela empresa dependeria se teríamos uma copa mais ampla ou um perfil mais longilíneo, em que a maior concentração em uma única direção poderia permitir um crescimento mais rápido e focado. E mais, a mesma árvore poderia entrelaçar-se com outras árvores ou até mesmo dar origem a outras, criando um "sistema" em que, ainda que preservando a mesma origem e, quiçá, os mesmos nutrientes, preservar-se-iam a prerrogativa e a capacidade de buscar novas e distintas configurações.

Deixando a continuidade de nosso "momento ecológico" para outra ocasião, o fato é que, com a constatação das empresas de que, em vez de manter uma estrutura onerosa para organizar e alimentar os cenários, a alternativa mais aceitável seria comprá-los de consultorias especializadas – a não ser quando o espectro de pesquisa for fator crítico para a estratégia sob avaliação (como, por exemplo, um estudo de cenário sobre as tendências de consumo em um mercado de bebidas não alcoólicas, para uma empresa que dispute esse mercado) –, esses estudos não constituem material exclusivo e confidencial (o que encareceria sobremaneira os custos), o que os transforma, portanto, em artigos comoditizados, ou seja, acessíveis a outros competidores. Assim, o tratamento dessas informações, com base nas particularidades da própria empresa e do próprio projeto – que, espera-se, somente a empresa conheça tão bem –, aliado a seu desenvolvimento participativo, em que as premissas de gestão discutidas até o presente momento (humildade, flexibilidade, simplicidade, premissas da qualidade, foco nas oportunidades ocultas, criatividade, foco na rentabilidade etc.) possam aflorar de todos os participantes – resguardada a diversidade e riqueza de conhecimento requerida – constitui oportunidade ímpar para a aglutinação de um número condizente de variáveis que, por meio de filtros bem desenvolvidos, permita estabelecer a base das ações estratégicas a serem propostas.

Ou seja, o que se pretende defender com base nessas afirmações é que:

a) os estudos de cenários tendem a ser adquiridos de empresas de consultoria especializadas no tema, como forma de desonerar as áreas estratégicas das empresas compradoras, cujo *core business* não seja "construir cenários". Esses estudos, se demandados com "cláusula de exclusividade/confidencialidade", mostram-se extremamente caros, uma vez que toda a estrutura utilizada pela empresa cenarista será destinada à entrega de um único resultado. Dessa forma, a alternativa mais usual é comprar cenários sem essa cláusula, o que acaba por permitir que as mesmas informações transitem por diversas empresas a fim de embasar diversos projetos e decisões estratégicas;

b) se nem todas as informações que compõem o cenário apresentam características de confidencialidade ou de exclusividade – e, portanto, tendem a se disseminar entre os diversos concorrentes e, às vezes, se "comoditizam" –, é a fase diagnóstica que constitui momento ímpar, em que a capacidade de tratar essas informações utilizando o conhecimento endógeno que somente a empresa detém com tanta profundidade (DNA corporativo) proporcionará oportunidade única de obter um diagnóstico exclusivo, permitindo a avaliação e a visualização de alternativas estratégicas próprias, que fujam da "mesmice" representada pela utilização indiscriminada de *benchmarking* como estratégia, e não como ferramenta ou insumo, que é o que esse processo deveria, efetivamente, representar.

Insistindo, ainda, na importância do diagnóstico e com o intuito de reduzir algumas "resistências posturais" com as quais me deparo eventualmente quando trabalho o tema em cursos, treinamentos ou palestras, são relacionadas a seguir algumas argumentações apresentadas por aqueles que desprezam o planejamento – e principalmente o tratamento de cenários – como direção para estabelecer os caminhos estratégicos da empresa ou do projeto em questão, assim como argumentos que, pela simples lógica, os próprios fatos impõem.

a) **"Os cenários são dispensáveis, tendo em vista que a prática demonstra que eles nunca se confirmam"**: este comentário é comum entre os diversos profissionais que tomam contato eventualmente com o tema. Não deixa de ser um argumento interessante para quem quer fugir do exercício do planejamento. No entanto, ele não se sustenta. Em primeiro lugar, é preciso que distingamos o exercício de tratar cenários do exercício de "futurologia" ou de previsão de futuro. Os cenaristas não utilizam "bola de cristal" em seus estudos, mas, sim, informações passadas e presentes que permitam inferir tendências futuras. Se conseguissem "acertar na mosca", certamente não trabalhariam com cenários; estariam em alguma agradável praia do Hawaii, recebendo ricos empresários e magnatas apenas uma vez por semana e cobrando milhões de dólares por informação "profetizada". Antes que se acredite nesse argumento, vale ressaltar que os estudos estatísticos não comprovam a tese de que a maior parte dos cenários desenvolvidos por empresas conceituadas não se confirmam. Pelo menos no que diz respeito às tendências de médio e longo prazo, os cenários vêm sendo, ao longo do tempo, predominantemente vitoriosos. A questão é que, como na maioria das vezes, o ser humano é traído pela "síndrome do fotógrafo" (só enxergam o negativo). Eis uma pergunta que pode confirmar essa afirmação: quando você está no metrô (se o utiliza cotidianamente), não passa por sua cabeça a idéia de que é sempre o seu trem que pára para o outro trem passar em alta velocidade e só então seguir viagem? Estatisticamente, o movimento de parar para esperar o outro trem passar é distribuído de maneira uniforme entre os trens que se movimentam pelo sistema, mas você tem a tendência – compreensível para todo o ser que se diz humano – de achar que apenas o "seu trem" fica parado. E assim é com filas, congestionamentos e outros tantos eventos. Contudo, esteja certo de que essas percepções se devem mais à nossa maneira humanamente "enviesada" de ver as coisas e não propriamente de uma realidade inconteste.

b) **"Para que reunirmos e tratarmos cenários em um país como o Brasil, onde as turbulências são constantes e as incertezas fazem parte de nosso cotidiano"?** Este é outro argumento bastante interessante. Para avaliá-lo de maneira mais adequada, nada melhor do que começar por uma pergunta: você acha que estar de posse de uma carta marítima é mais importante em um mar de pura calmaria ou em um mar bravio? E quem você acha mais importante ter um mapa: aquele motorista que conhece o caminho ou aquele que não conhece o destino? Essas duas perguntas já nos levam a uma conclusão bem diferente daquela formulada no argumento inicial. O fato de o comandante do navio ter uma carta marítima ou o motorista estar de posse de um mapa não garante que eles desenvolverão o trajeto da melhor maneira possível, nem que eles chegarão ao destino (até porque variáveis não previstas na carta marítima ou no mapa podem se fazer presentes no percurso), mas certamente conferem um apoio na jornada. E é isso que um diagnóstico deve ser: um suporte para a escolha dos caminhos e para a jornada estratégica. Não é simples?

c) **"Os acontecimentos são tão complexos e dispersos que se pode dizer que, no limite, beiram ao acaso"**: a maioria das filosofias orientais nem consideraria esse argumento, uma vez que acredita veementemente na lei da causa e efeito. No entanto, como estamos no Ocidente, vale a pena explorarmos o argumento com um simples exemplo. Considere a seguinte hipótese: estamos disputando uma partida de "dados". Eu e você jogaremos um "dado" por diversas vezes e quem acertar mais vezes o número que se situar em sua parte superior ganha o jogo. O exemplo trata, pois, de jogo de "dados" e nada melhor para exemplificar um "acaso", desde que o dado não esteja "viciado". E vamos supor que não esteja. Esse "dado", no entanto, só possui faces com um, dois ou três pontos. Ou seja, apresenta duas faces com um ponto, duas faces com dois pontos e duas faces com três pontos, sem conter faces com quatro, cinco ou seis pontos. Você não sabe disso e eu também não. A pergunta previsível: quem terá mais chance de ganhar o jogo: você ou eu? Acho que nem preciso externar minha opinião, não é mesmo? Não é possível garantir que eu "vou ganhar" o jogo. Eu posso restringir meus palpites entre um e três pontos e errar todas as jogadas. E você, por uma questão de sorte, pode se concentrar nos números inferiores do dado e, mais do que isso, acertar! Então, apesar de conhecer um número maior de variáveis do jogo, eu posso perder. E é exatamente disso que estamos falando: o tratamento do cenário e a composição de um diagnóstico não garantem que seu idealizador acerte ou ganhe o jogo. Isso é fato. Também é fato – e você não pode negar – que, ao deter e tratar dados que o outro não tratou, as suas perspectivas de sucesso são maiores. Ou não?

Se, apesar de todo o meu esforço para convencê-lo de que o diagnóstico vale a pena, você ainda não tiver se convencido, só me resta fazer-lhe um convite, tal qual a propaganda de cerveja: "Experimenta"!!! Faça alguns testes. Permita-se eventos similares e, em alguns, desenvolva um diagnóstico prévio e em outros, não. Pode ser em uma paquera, em uma negociação, na compra de um produto, enfim, em qualquer situação, desde que guarde similaridade com outras situações passíveis de comparação. E, ao final de alguns eventos, chegue você próprio às suas conclusões.

Uma vez "vendido o peixe" (e eu espero que bem), vamos apresentar-lhe a Análise SWOT. Diferentemente do conteúdo com que nos deparamos em muitos livros de planejamento estratégico, faremos uma abordagem voltada, além dos aspectos técnicos, para os comportamentos presentes em uma Análise SWOT, buscando identificar fatores que podem contribuir ou criar obstáculos no desenvolvimento de um diagnóstico que utilize a ferramenta.

A Análise SWOT foi desenvolvida por pesquisadores de Harvard na década de 1950 (ou seja, já é uma ferramenta cinqüentenária) e buscava sistematizar, de maneira simples e prática, a análise dos fatores internos e externos presentes em um projeto. E, não por acaso, SWOT representa a primeira letra desses fatores, ou seja:

STRENGTHS – FORÇAS
WEAKNESSES – FRAQUEZAS
OPPORTUNITIES – OPORTUNIDADES
THREATS – AMEAÇAS

Apesar das décadas que já se passaram desde sua idealização e de todos os esforços empreendidos para buscar e disseminar ferramentas mais modernas para o desenvolvimento de diagnósticos não financeiros, até hoje não nos deparamos com uma ferramenta tão simples e tão eficaz quanto a Análise SWOT. E é por isso que decidimos compartilhá-la com você. Porque, entre outras razões, acreditamos que a Análise SWOT:

- sistematiza de maneira eficaz o *brainstorming*;
- é de fácil desenvolvimento;
- permite e estimula o desenvolvimento participativo;
- é de fácil visualização;
- viabiliza a priorização, ou seja, a identificação dos fatores críticos do projeto;
- transforma "idéias" em "projetos".

Os Passos da Análise SWOT

Com o intuito de sistematizar o desenvolvimento do diagnóstico não financeiro, utilizando-se a Análise SWOT, podemos dividi-la nos seguintes passos:

1. Identificação do foco de análise.
2. Viabilização do cenário.
3. Equalização do cenário.
4. *Brainstorming*.
5. Tratamento das variáveis.
6. Classificação das variáveis.
7. Priorização das variáveis (identificação dos fatores críticos).
8. Cruzamento das variáveis endógenas e exógenas.

Parece complicado? Mas não é. Vamos abordar cada passo e no final você se sentirá à vontade para desenvolver uma Análise SWOT como nunca o fez. Antes de detalhar cada um dos passos, vamos definir três conceitos citados nos passos da Análise SWOT, cuja caracterização prévia certamente facilitará o entendimento da ferramenta:

- **variáveis:** pode-se definir "variáveis" como atributos ou características levantadas em um projeto, decorrentes ou não de um cenário estabelecido isso porque, nas discussões realizadas, muitos atributos e características presentes na avaliação de um projeto serão levantados pelas informações disseminadas como "base" das discussões, mas muitos outros serão explicitados pelas experiências e percepções dos participantes, sem que haja, necessariamente, vínculos com o cenário divulgado. Portanto, o cenário busca viabilizar uma "trilha" – e não um "trilho" – para a condução e o desenvolvimento das etapas do planejamento. Dependendo do grau de controle que o projeto apresenta em relação às variáveis presentes, essas podem ser consideradas internas (endógenas) ou externas (exógenas);
- **variáveis endógenas** (internas): são aquelas sobre as quais o projeto apresenta total domínio, ou seja, aquelas que – caso existam capacidade e recursos disponíveis – os implementadores do projeto podem manipular ou transformar, sem depender de fatores externos. De maneira geral, não dependem de "probabilidade", ou seja, estão presentes e representam uma realidade percebida (exemplo: caixa disponível, capacidade instalada de logística e distribuição, marca, política de financiamento, qualificação dos funcionários etc.);
- **variáveis exógenas** (externas): são aquelas sobre as quais o projeto não apresenta domínio total, dependendo, no todo ou em parte, da influência de fatores externos para sua realização ou de probabilidades (menores ou maiores) para sua ocorrência (exemplo: políticas macroeconômicas, variação cambial, tendências de consumo, nível de acesso de novos concorrentes no mercado etc.).

Uma vez definidos os conceitos de "variáveis", podemos avançar na abordagem de cada um dos passos da Análise SWOT. Não se atenha, exclusivamente, à abordagem técnica de cada um dos passos – também muito importante –; avalie a abordagem comportamental e reflita sobre ela em cada um deles. A preocupação com essas premissas na leitura do conteúdo fundamenta-se, sempre, na percepção de que as ferramentas de gestão – e, no caso, de planejamento – carecem mais da postura com que as desenvolvemos do que do conhecimento técnico presente.

1 - Identificação do Foco de Análise

Em primeiro lugar, é importante definir o que chamamos de "foco de análise". É muito comum, nas abordagens de ferramentas de planejamento e especificamente da Análise SWOT, lermos ou ouvirmos alguém citar como primeiro passo a definição do "problema". Não podemos concordar com isso. Esse tratamento é tipicamente uma visão baseada na "síndrome do fotógrafo", ou seja, olhando o "negativo" o tempo todo. Por que um projeto tem de partir de um "problema"? Por que não pode nascer de uma oportunidade? Ou de um desejo? Ou de uma dúvida? Ou de um sonho? Não, o entendimento predominante é de que iniciamos um diagnóstico quando temos um "problema".

É por esse tipo de percepção que, não raramente, quando chegamos a uma loja ou a um prestador de serviços para buscarmos a viabilização de algum desejo, ouvimos do vendedor ou do atendente: "Qual é o problema?" Invariavelmente eu respondo: "Nenhum. Por quê? Aqui vocês só atendem pessoas com problemas?" E, constantemente, percebo um sorriso do outro lado, em razão da imediata percepção de que aquela pergunta não seria a mais adequada para um primeiro contato. Felizmente, hoje já consigo me deparar com posturas mais "animadoras" que iniciam o diálogo com frases mais leves, tais como: "Em que posso ser útil?" ou "Posso ajudá-lo?". Ah, assim é muito melhor.

Então, o que chamamos de "foco de análise" é o motivo ou a razão pela qual se estabeleceu a necessidade de desenvolver um planejamento. Esse foco de análise pode ser de diferentes naturezas, mas resguarda sempre a característica de representar a "causa" para a realização de um planejamento. Entre outros, os "focos de análise" podem decorrer:

- de outro planejamento de maior amplitude, em que o atual foco de análise pode representar uma ação estratégica proposta no final da fase de planejamento anterior. Por exemplo: o planejamento anterior estabelecia uma série de investimentos e uma das ações estratégicas propostas seria a captação dos recursos necessários para isso. O seu novo foco de análise, que inicia um novo ciclo de planejamento, poderia ser: "obtenção dos recursos necessários para a realização dos investimentos previstos, objetivando compatibilizar os volumes, os prazos e os custos incorridos com as capacidades e as necessidades previstas no projeto";

- de uma necessidade, um desejo ou uma idéia original, sem a existência de causas anteriores (exemplo: análise para investimento de R$ 5 milhões, resultantes do lucro anual retido para novos investimentos, resguardando as premissas de sinergia, prioridades e retorno esperado para o projeto);
- da necessidade ou do interesse em se acompanhar um projeto em desenvolvimento (fase *check* do planejamento), como forma de permitir a "calibragem" na fase de implementação desse projeto (exemplo: avaliação do projeto "XYZ", como forma de permitir mensurar os resultados obtidos e os ajustes necessários à sua seqüência, visando atingir ou superar os objetivos inicialmente propostos);
- do interesse de estabelecer um diagnóstico mais amplo, sem nenhuma relação direta com os negócios atuais da empresa, buscando, por exemplo, identificar tendências e segmentos que, no futuro, possam se transformar em "focos de análise" da empresa ou de seus investidores para possíveis inversões de capital.

Uma vez definido o que se entende por "foco de análise", vamos comentar algumas particularidades que costumam se fazer presentes em planejamentos aos quais tive acesso, e sugerir algumas reflexões quanto ao melhor caminho para formular um "foco de análise" que reúna objetividade e clareza, sem inibir a criatividade no desenvolvimento do projeto:

- O "foco de análise" deve enfatizar, de maneira clara e objetiva, quais as premissas que farão parte daquele projeto específico, compatibilizando o nível de expectativa do projeto com o seu espectro, ou seja, primando pelo desafio, mas sem avançar demasiadamente naquilo que poderá ser "foco de análise" de outros projetos. É bastante comum, por exemplo, um projeto que deveria prever o ganho paulatino de parcelas de mercado, buscando um posicionamento adequado de mercado e, quiçá, um dia, a disputa da liderança, partir com um foco de análise "mirando o líder", ou seja, caracterizando objetivos extremamente ousados para aquele momento do projeto. Com isso, todas as variáveis (endógenas e exógenas) podem se tornar extremamente hostis ao projeto e, caso ele seja conduzido de maneira honesta e competente, podem levar a um diagnóstico que aponte para a inviabilidade de sua condução, ainda que um foco mais modesto pudesse indicar a total capacidade de implementá-lo. Nesse caso, o problema não seria do projeto, mas de uma definição inadequada do "foco de análise".

- Uma vez vencida a luta entre a acomodação e a ousadia excessiva, faz-se necessário, também, estabelecer, na definição do foco de análise, as premissas-chave do projeto que se pretende implementar, de modo que permita aos participantes do planejamento uma visão clara do que se pretende. Na história "Alice no país das maravilhas", há um momento em que Alice pergunta a uma corujinha, durante sua jornada, para onde levaria aquele caminho que se colocava diante de ambas. A corujinha, esperta como sempre, pergunta: "Para onde você quer ir?". E, diante da resposta de Alice de que ainda não sabia exatamente para onde gostaria de seguir, a astuta coruja replica: "Para quem não sabe para onde ir, qualquer caminho serve". Essa passagem de uma história infantil é repleta de possibilidades de reflexão. Muitos planejamentos empresariais se expõem a riscos, não pela qualidade de seu desenvolvimento, nem pela competência, dedicação e criatividade de seus participantes, mas pela ausência de um "foco de análise" bem delineado, ou seja, um objetivo que permita aos "viajantes" definir, de maneira adequada, quais os caminhos que desejam efetivamente seguir.

- Por fim, um "foco de análise" deve preservar a capacidade criativa dos elaboradores do planejamento, ou seja, não deve entrar demasiadamente nos detalhes operacionais; caso contrário, isso pode criar obstáculos para estabelecer um nível de discussão e de estabelecimento de alternativas que poderão, inclusive, contrariar algumas das premissas originalmente previstas.

Ou seja, um foco de análise tem de ser suficientemente "fechado" para trazer as principais expectativas do projeto de maneira clara e objetiva e suficientemente "aberto" que permita seu questionamento, durante a fase de planejamento, com liberdade, inclusive, para propor as alterações ou os aperfeiçoamentos que majorem as chances de obter os melhores resultados possíveis.

Agora, se conhecemos um pouquinho o ser humano, imaginamos que você esteja lendo e pensando sobre tudo isso, mas, no fundo, esteja se perguntando se vamos passar para o próximo passo sem dar, sequer, um exemplo de um "foco de análise" que preencha esses requisitos. Não é mesmo? Fique tranqüilo, não faremos isso. Portanto, a seguir, um exemplo de foco de análise:

"Planejamento para definição das ações propostas para a inversão de R$ 10 milhões em novos investimentos, com o objetivo de ampliar a participação de mercado nos segmentos 'resina' e 'esmalte', sem o comprometimento das margens individuais e global da corporação".

Veja que esse "foco de análise" não estabelece ações diretas para o atingimento dos objetivos propostos, mas estabelece, por si só, um *tradeoff* importante. Ao ler o "foco de análise" fixado, os participantes já perceberão que as ações a serem propostas não poderão passar, por exemplo, pela redução de preços para a penetração de mercado, a não ser que sejam propostas, concomitantemente, ações que reduzam os custos dos produtos, já que as margens deverão ser mantidas.

2 - Viabilização do Cenário

Voltando à nossa analogia entre um planejamento e uma árvore, o cenário comporia as raízes do planejamento, alimentando a estratégia com suas informações sobre eventos passados e presentes, além das inferências futuras realizadas por empresas e agentes que mantenham um profundo contato com as variáveis abordadas. Assim como na definição do foco de análise, defendo um cenário que não peque pelo excesso, nem pela carência. A obsessão pela abundância de informações pode levar o cenário a um grau de poluição excessivo, comprometendo a capacidade de tratá-lo, enquanto a displicência em seu desenvolvimento pode levar a uma "anorexia" de conhecimento, o que comprometeria o diagnóstico pela escassez de informações a serem consideradas. Além disso, a experiência demonstra que os "achismos" substituem o cenário quando este é insuficiente. Ou seja, como em qualquer experiência que envolva seres humanos – e é de uma delas que estamos falando –, os espaços são ocupados quando as lacunas são percebidas. Para a composição de um cenário adequado, sugerimos, entre outros, os seguintes cuidados:

- A realização de um *brainstorming* inicial, que vise estabelecer as informações julgadas fundamentais para a composição do cenário. Esse *brainstorming* busca direcionar a reunião de informações, mas não deve representar um obstáculo para;

- num primeiro momento, não foram elencadas, mas que se mostrem relevantes para a seqüência do planejamento.
- As fontes são fundamentais durante a composição do cenário. Não se deve esquecer de que o cenário compõe a raiz do planejamento. Portanto, aceitar informações de procedência duvidosa – e aí se incluem as "percepções" sem qualquer respaldo científico – apenas para agilizar e facilitar a reunião das informações pode custar muito caro. Muito mais caro, às vezes, do que encomendá-las de empresas especializadas na elaboração de cenários. As informações para a composição do cenário podem ser obtidas das mais diferentes formas (desde que resguardada a confiabilidade das fontes), valendo destacar algumas:
  - investigação competitiva: processo permanente de obtenção de informações sobre o ambiente concorrencial, seus agentes e as práticas que possam caracterizar fatores relevantes como insumo no diagnóstico;
  - cenários comprados: as informações mais relevantes e que exijam maior grau de confiabilidade podem ser adquiridas de empresas de consultoria que tenham como principal competência a montagem de cenários relacionados ao evento desejado. Como ponto forte, vale citar a qualificação das informações e, como pontos fracos, os custos envolvidos e a tendência à "comoditização" das informações, principalmente nos casos em que os dados são assediados e não existe cláusula de confidencialidade/exclusividade em relação às informações adquiridas;
  - pesquisa "bibliográfica" e "webgráfica": por meio de livros técnicos, *sites* e artigos da imprensa cuja confiabilidade permita incluir as informações no cenário;
  - entidades de classe.
- Quanto às informações que devem compor o cenário e conforme já adiantamos, o caminho mais adequado é defini-las por meio de um *brainstorming* inicial, que será influenciado pelo foco de análise e pela amplitude do projeto. De qualquer forma, é possível eleger alguns tópicos que, de maneira invariável, se mostram importantes na definição de um cenário, independentemente do foco de análise e da amplitude do projeto:

- aspectos demográficos e geográficos;
- aspectos macroeconômicos (renda, câmbio, PIB, PPP, reservas, superávit primário, endividamento público e privado, inadimplência etc.);
- aspectos microeconômicos (segmento, inadimplência no setor de atuação, quadro comparativo de produtos e serviços, situação dos concorrentes, tendência de consumo etc.);
- tecnologia (novas tendências produtivas, produtos substitutos etc.);
- legislação (aspectos legais voltados à atividade sob análise);
- forças competitivas de Porter (avaliação em relação a novos entrantes, produtos substitutos, poder dos compradores, poder dos fornecedores e intensidade da rivalidade);
- expectativas sociais;
- características do projeto, da empresa envolvida, do eventual grupo empresarial ao qual ele está vinculado e dos recursos humanos envolvidos. Em relação às características do projeto, deve-se relevar todos os atributos julgados importantes na implementação do planejamento, realizando, sempre que possível, uma comparação deles com os valores mantidos pelos principais concorrentes existentes (logística, caixa, capacidade operacional, localização, poder de distribuição etc.).

Uma observação que gostaria de destacar : o livro "Administração em Marketing" de Philip Kotler traz, em seu Capítulo III, informações interessantes acerca do desenvolvimento da Análise SWOT e, em seus Capítulos IV a VIII, uma discussão bastante enriquecedora sobre variáveis de cenários mercadológicos. Vale a pena conferir.

O mais importante é que tenhamos a consciência da importância da composição do cenário para a seqüência do projeto, buscando preservar um grau aceitável de confiabilidade e de amplitude em relação aos objetivos que compõem o foco de análise (compatibilidade do cenário).

3 - Equalização do Cenário

Nesta fase, busca-se disseminar todas as informações levantadas no cenário, especificando as fontes utilizadas, como forma de dar a oportunidade a todos os participantes de conhecer os eventos que o grupo coordenador do planejamento julga relevante para "guiar" o processo de *brainstorming*. É uma fase importante, também, para se tentar minimizar eventuais divergências de pensamento, embora não se recomende, em nenhuma hipótese, ações de "coação" ou "persuasão hostil" em relação às eventuais discordâncias remanescentes. Assim, a principal razão da fase de equalização do cenário é permitir que todos tenham acesso às informações levantadas e não que todos concordem, obrigatoriamente, com elas. Entretanto, é comum verificar que, quando se alcança um nível adequado de confiabilidade e lógica das informações levantadas, as discordâncias acabam minimizadas, atingindo um adequado grau de consenso em relação às informações divulgadas. A qualidade das informações levantadas e a eficácia em sua disseminação na fase de equalização ditarão os resultados das fases seguintes do planejamento.

4 - *Brainstorming*

A tradução do termo, por si só, define a idéia que permeia esta fase do diagnóstico: "tempestade cerebral". É o que, no interior, chamamos de "toró de palpites". Aqui, com base em informações captadas no cenário e/ou informações estritamente pessoais, os participantes deverão ser estimulados a levantar todas as idéias, variáveis, percepções, preocupações, atitudes, enfim, tudo aquilo que surgir em suas mentes, com base no cenário presente e no "foco de análise" inicialmente especificado. É importante ressaltar que, durante a fase do *brainstorming*, não se deve estabelecer nenhum grau de correção ou avaliação dos pontos levantados, pois sabe-se que esse procedimento pode gerar inibição e a redução do grau de participação dos envolvidos. Portanto, faz parte das premissas do *brainstorming*:

- ausência total de censura;
- estímulo à criatividade, independentemente do estilo, da pertinência ou da relevância dos pontos levantados (para isso, o planejamento contará com outras fases);
- valorização da participação de todos os envolvidos, buscando-se evitar a concentração da participação, principalmente quando são

verificados diferentes graus de *status* ou de "hierarquia" entre os participantes;
- direcionamento com o intuito de abordar o máximo dos aspectos que fizeram parte do cenário, ou seja, que se esgote a discussão em relação às informações que fizeram parte da base do planejamento.

Se estabelecermos uma analogia entre um planejamento e um jardim, podemos dizer que a liberdade de expressão representa a água e as boas idéias, as flores. Ou seja, sem permitir uma livre participação de todos, podemos deixar de ver lindas flores por absoluta falta de água que as irrigue.

Na prática, os pontos levantados deverão ser anotados em folhas ou, como é comum, com o auxílio valioso da tecnologia atual, inseridos em arquivos apropriados (computador), preferentemente com o apoio visual do *data-show*. As interrupções só deverão ser realizadas para esclarecer eventuais pontos levantados, de tal forma que permita um registro mais confiável no quadro de anotações.

5 - Tratamento das Variáveis

Nesta fase, a idéia central é tratar os pontos levantados com o intuito de preparar o conjunto de variáveis para a fase seguinte, que prevê a classificação delas. Utilizando mais uma analogia, poderíamos dizer que a fase do *brainstorming* é similar a uma pescaria com redes, em que conseguimos trazer inúmeros tipos de pescados (que pode ser um belo espécime de peixe ou um pedaço de pneu jogado anteriormente no rio). O tratamento das variáveis visa elucidar eventuais dúvidas remanescentes, unificar variáveis idênticas e segregar os pontos levantados que não correspondam a variáveis. Como exemplo, é muito comum que, durante a fase de *brainstorming*, já sejam levantadas propostas de ações estratégicas (exemplo: criar equipe de vendas para atuar na região Centro-Oeste). Nesse caso, explica-se aos participantes que esses pontos serão preservados para reavaliação nas fases futuras. Há de se ter muita habilidade na condução desse processo, para evitar constrangimentos ou inibição dos participantes, situação que poderia prejudicar a qualidade na seqüência do processo. Assim, no final do tratamento das variáveis, teremos um grupo de atributos e características que podem ser classificadas como variáveis internas (endógenas) ou externas (exógenas) ao projeto. Buscando conter, novamente, algumas ansiedades, elencamos abaixo alguns exemplos de variáveis:

- caixa robusto, com elevado grau de lucros acumulados;
- tendência provável de expansão de novos entrantes no mercado;
- logística bem estruturada, apoiada pela distribuição de bebidas não alcoólicas, mantida pela unidade de água, sucos e refrigerantes;
- legislação restritiva a propagandas, em larga escala, de bebidas alcoólicas.

A seguir, alguns exemplos de "não variáveis":

- negociar convênios com danceterias noturnas;
- realizar pesquisa para testar a receptividade ao produto;
- ampliar o *share* na região Centro-Oeste (aqui, caso as informações do cenário levassem a essa percepção, a variável deveria ser descrita como "importante receptividade ao produto na região Centro-Oeste").

6 - Classificação das Variáveis

Nesta fase, o grupo de trabalho deverá classificar as variáveis de tal forma que as identifique como "forças", "fraquezas", "oportunidades" ou "ameaças", buscando sistematizar os ambientes interno e externo por meio de seus respectivos fatores positivos e negativos. Assim, com base no *brainstorming* já depurado, os integrantes desenvolverão sua classificação. Para isso, sugerimos observar as particularidades a seguir:

- não é recomendável separar, num primeiro momento, as variáveis em suas quatro possíveis naturezas. O ideal é separar apenas as endógenas das exógenas, ou seja, aquelas em relação às quais o projeto tem pleno domínio ficam no grupo das endógenas e aquelas em relação às quais o projeto não detém domínio total são agrupadas entre as exógenas;
- na fase seguinte, parte-se do grupo das variáveis endógenas, classificando-as em "forças" ou "fraquezas", e das variáveis exógenas obtêm-se as "ameaças" e as "oportunidades";
- uma questão importante é saber qual referência deve ser utilizada para classificar as endógenas como forças ou fraquezas. A classificação das exógenas (ameaças ou oportunidades) tende a se mostrar mais fácil, pois a sensibilidade quanto aos impactos negativos ou

positivos das exógenas mostra-se mais consensual. No caso das forças e fraquezas, sugerimos que os participantes correlacionem a variável com dois outros parâmetros:

- o foco de análise: qual a principal razão do projeto?
- o *benchmark*: qual a referência de comparação?

Você quer um exemplo, não é? Vamos lá. Imagine que eu tenha 1,70 m (na verdade, tenho 1,69 m...) e isso seja uma variável endógena de meu projeto. Então, a pergunta seria: é uma força ou uma fraqueza? E uma resposta bastante plausível seria: depende!!! Então, recorrendo aos parâmetros sugeridos, eu realizaria as seguintes avaliações:

- foco de análise: digamos que o projeto fosse iniciar uma carreira como jogador de "basquete". Isso indicaria que quanto mais alto melhor, não é? Perceba que, se o foco de análise fosse "iniciar uma carreira como jóquei", a mesma premissa não prevaleceria, ou seja, quanto menor melhor, não é mesmo? Ainda assim, não daria para garantir que minha altura representaria uma fraqueza, pois eu ainda não teria a comparação com o *benchmark*.
- o *benchmark*, ou seja, meus concorrentes em potencial seriam, por exemplo, associados da Associação Nacional dos Anões de Circo. Nesse caso, apesar de aparentemente minha altura não ser das mais indicadas, o meu cenário indicaria que ainda assim ela representaria uma força. Entendeu?

Isso parece relativamente simples, mas ao mesmo tempo é relativamente complexo. Por quê? Ora, não é raro avaliarmos projeto em que o foco de análise é elevar em alguns pontos a participação de mercado em um produto. E ainda que esses pontos possam ser buscados de uma parcela elevada de concorrentes no mercado ou até mesmo do aproveitamento de uma demanda reprimida, a Análise SWOT considera o líder como *benchmark*. Isso não parece ser muito apropriado, pois ninguém disse que eu teria de tirar esses pontos de *share* do líder. Assim, muitas variáveis podem ser consideradas "fraquezas", porque o *benchmark* está superavaliado. Nesse caso, o projeto poderia até mesmo ser abortado por se julgar que a concentração de "fraquezas" não recomendaria sua implantação. Entretanto, caso o *benchmark* fosse ajustado, por exemplo, para um grupo maior de empresas no mercado, ou pelas medianas setoriais, muitas "supostas" fraquezas passariam a ser consideradas neutras ou forças. Assim, por meio de uma avaliação criteriosa que utilize um foco de análise e um *benchmark* adequado, podemos classificar as endógenas em:

- forças: características que superam o *benchmark* fixado;
- neutras: características que se equiparam ao *benchmark* fixado;
- fraquezas: características que se mostram aquém do *benchmark* fixado.

Na literatura disponível, alguns autores indicam que a posição "neutra" seja utilizada para classificar aquelas variáveis que não sabemos, exatamente, se representam uma força ou uma fraqueza. Discordo totalmente. A posição "neutra" deve caracterizar os atributos que se equiparam à performance do *benchmark*. Variáveis sobre as quais não se tem certeza quanto à classificação devem ser mais bem analisadas, pesquisadas, discutidas e definidas, e não classificadas como "neutras", como se essa posição representasse um "depósito para variáveis não classificadas". Em meu entendimento, essa postura contraria o conceito da neutralidade, além de desestimular a definição da variável quanto à sua contribuição para o projeto.

No caso das variáveis exógenas, a análise visa classificá-las, de acordo com o impacto positivo ou negativo que elas tendem a trazer para o projeto, caso ocorram, em:

- ameaças: tendência de impacto negativo ao projeto;
- oportunidades: tendência de impacto positivo ao projeto.

Finalmente, sobre a fase de classificação das variáveis, vale ainda destacar algumas particularidades que podem ser vivenciadas durante o seu desenvolvimento:

- Durante as discussões, poderão surgir conflitos quanto à classificação, principalmente se o grupo de trabalho for composto de participantes de diversas áreas e funções (área comercial e financeira, por exemplo). Nesse caso, pode-se estabelecer um critério de "moderação" para a superação do impasse e a seqüência do processo.
- Uma mesma variável endógena não deve constar em mais de uma natureza de classificação. Ou seja, uma variável endógena é uma

força OU neutra OU uma fraqueza. No caso das variáveis exógenas, é possível se deparar com variáveis que representam ameaças e oportunidades, concomitantemente. A variação de câmbio para uma empresa que compra insumo importado e exporta o produto acabado, por exemplo, pode representar ameaça e oportunidade, ao mesmo tempo.

7 - Priorização das Variáveis

Sem medo de errar, afirmaria que mais de setenta por cento das análises SWOT desenvolvidas se dão por encerradas no passo anterior, quando já se consegue viabilizar os atributos e os eventos classificados em "forças", "fraquezas", "oportunidades" e "ameaças". Eu diria que isso já representa um avanço em relação às decisões tomadas sem nenhuma análise. No entanto, não é suficiente. Gostaria de ilustrar essa afirmação por meio de dois exemplos:

- Uma empresa de *contact center*, que realiza exclusivamente ações de venda e atendimento por telefone pagava R$ 80 mil de aluguel mensal em um imóvel na Avenida Paulista, área nobre de São Paulo. Perguntado porque a empresa despendia tamanha quantia como aluguel para estar em local tão nobre se só realizava atendimentos e vendas por telefone, seu principal dirigente pensou intensamente, mas não conseguiu uma resposta consistente. E, detalhe adicional, a operação da empresa vinha sofrendo prejuízos pelas interferências sonoras de estações de rádio instaladas na avenida. Aí começava o processo de recuperação financeira da empresa.

- Um restaurante que serve refeições por quilo a preços populares no Centro de São Paulo aproveitou uma sobra de recursos disponíveis para investimentos e decidiu instalar aparelhos de ar-condicionado em suas instalações. Em princípio, parecia a agregação de uma força adicional, por climatizar o ambiente e melhorar a qualidade de atendimento a seus fregueses. Esses fregueses que, antes, faziam suas refeições rapidamente e deixavam o restaurante, viabilizando a rotatividade necessária para quem troca "margem" por "escala", passaram a ficar maior tempo nas mesas e a provocar filas de fregueses insatisfeitos na porta. Resultado: redução das receitas e ampliação de clientes muito insatisfeitos por não conseguirem almoçar. Um belo tiro no pé!!!

Por isso, além de classificar as variáveis, é muito importante avaliá-las sob o aspecto de prioridade. Assim, o projeto contará com mais um passo para filtrar as variáveis, de tal forma que permita a otimização de seus recursos, que poderão ser investidos de maneira muito mais focada, a partir dos elementos mais importantes diagnosticados.

Quando se fala em priorizar, intuitivamente se espera estabelecer parâmetros em relação aos quais as variáveis avaliadas possam representar maior ou menor importância no projeto. Tudo dentro daquela ótica de priorização que procura segregar as coisas em "essenciais", "importantes", "postergáveis" e "dispensáveis". No caso da Análise SWOT, a regra é mantida e os pesquisadores vêm, ao longo do tempo, sugerindo diversos caminhos para se chegar à classificação de prioridades. Particularmente, gosto muito do caminho sugerido por Kotler. Além de ser um modelo bastante simples, que utiliza parâmetros e metodologia de fácil compreensão e utilização, a ferramenta sugerida não arrisca "acertar na mosca" em relação às conclusões extraídas, o que por si só torna a seqüência do processo mais simplificado e reduz as frustrações mais freqüentes em ferramentas que ousam refinar demasiadamente as discussões, mensurando as variáveis em diferentes graduações de prioridades (pesos, notas, pontos etc.), resultados que não raramente passam longe da realidade, quando esta se torna identificável, ao longo da implementação do projeto. Assim, escolhemos disseminar as sugestões de Kotler para a fase de priorização das variáveis:

7.1 - Priorização das Variáveis Exógenas

Escolhemos dois parâmetros para que nosso processo de priorização seja conduzido: a probabilidade de que a variável exógena (ameaça ou oportunidade) ocorra, ou seja, a chance da realização do evento, e o impacto que essa variável venha a trazer na estratégia ou no projeto, uma vez presente. Ou seja, além de avaliar a real probabilidade da ocorrência do evento, o que permitirá aos participantes do projeto focarem o planejamento naquelas ameaças ou oportunidades que apresentam maior chance de acontecer, eles poderão, ainda, avaliá-las sob o foco do impacto no projeto, o que permitirá concentrar maior ênfase naquelas ameaças ou oportunidades que, se ocorrerem, trarão conseqüências importantes para o projeto em si. Para tanto, sugerimos a utilização dos quadrantes a seguir, para discussão, definição e distribuição das variáveis exógenas, conforme a prioridade que representam:

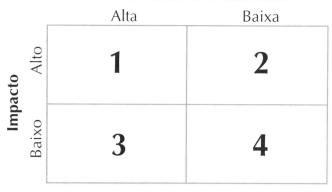

Figura 2.2

Desenvolvendo análises separadas para as "ameaças" e as "oportunidades", você terá, ao final, dois quadrantes similares ao indicado, onde estarão presentes as variáveis exógenas a partir de um grau de prioridade definido por dois parâmetros: "probabilidade de ocorrência" e "impacto no projeto".

Assim, os participantes do planejamento poderão visualizar, de maneira simples e eficaz, as ameaças e as oportunidades de acordo com a seguinte classificação:

Quadrante 1: Alta Ênfase, por representar as variáveis com alta probabilidade de ocorrência e com alto impacto no projeto;

Quadrante 2: Média Ênfase, com baixa probabilidade de ocorrência e alto impacto no projeto;

Quadrante 3: Média Ênfase, com alta probabilidade de ocorrência e baixo impacto no projeto; e

Quadrante 4: Baixa Ênfase, por representar baixa probabilidade de ocorrência e baixo impacto no projeto.

Não é difícil perceber que esse passo permite que o planejamento tenha maior foco nas variáveis que realmente interessam. Sem muito esforço, conseguimos visualizar que o **quadrante 1** é o que deve receber o maior foco na seqüência do projeto, pois reúne as variáveis com elevada chance de ocorrência e com elevado impacto no projeto. É o que chamamos de **fatores críticos entre as variáveis exógenas.**

Da mesma forma, o quadrante 4 representa as variáveis que, em princípio, não merecem uma avaliação mais profunda na seqüência do planejamento, uma vez que reúne variáveis com baixa chance de acontecer e, se acontecerem, devem trazer baixo impacto no projeto. Então, para que investir tempo, criatividade e dinheiro nelas?

No caso dos quadrantes 2 e 3, faz-se necessária uma observação. Como ambos apresentam variáveis que representam altos e baixos, dependendo dos parâmetros analisados, opta-se por priorizar o impacto, em detrimento da probabilidade. Ou seja, as variáveis com menor probabilidade de ocorrência, mas que representam maior impacto caso ocorram, são consideradas mais importantes do que aquelas que apresentam maior probabilidade de ocorrência. Contudo, caso isso aconteça, não trarão grande impacto no projeto. Ou seja, sugere-se maior preocupação com aquelas variáveis que, independentemente da probabilidade de ocorrer, possam trazer maiores conseqüências ao projeto. De qualquer forma, os quadrantes 2 e 3 representariam, igualmente, uma ênfase média, ou seja, os participantes do planejamento avaliariam a necessidade ou o interesse em utilizar as variáveis na seqüência do planejamento, dependendo do tempo de implementação e *payback* do projeto, dos recursos a serem investidos etc. Assim, em um projeto de curta duração, em que poucos recursos serão investidos, a avaliação poderia, por exemplo, prosseguir a partir, exclusivamente, dos fatores críticos (quadrante 1). Agora, se o projeto tratasse, por exemplo, da construção de uma usina hidroelétrica, com previsão de grandes quantias a serem investidas e retorno sobre o investimento de longo prazo, valeria a pena avaliar também os demais quadrantes, dentro da seqüência sugerida.

7.2 - Priorização das Variáveis Endógenas

Neste caso, sugere-se que a avaliação seja realizada a partir dos seguintes parâmetros: intensidade ou desempenho e impacto ou importância na estratégia/projeto. Isso porque, no caso das variáveis endógenas, a probabilidade é um parâmetro desnecessário na análise, já que os atributos classificados como "forças" ou "fraquezas" já se fazem presentes e não dependem de chance de ocorrência. Assim, podemos utilizar a seguinte ferramenta, que Kotler denomina "Lista de Verificação":

Variável	Desempenho					Impacto		
	G. Força	Força	Neutra	Fraqueza	G. Fraq.	Alto	Médio	Baixo

Dessa forma, todas as variáveis endógenas levantadas, tratadas e posteriormente identificadas como "endógenas" devem ser relacionadas na Lista de Verificação, na coluna "Variáveis". A partir de então, os participantes voltam a discutir com base no cenário interno disponível e nos *benchmarks* estabelecidos, a fim de definir em que coluna cada uma das variáveis será "marcada":

- Grande Força
- Força
- Neutra
- Fraqueza
- Grande Fraqueza

Posteriormente, cada variável voltará a ser avaliada pela importância ou impacto no projeto e, com base nas informações disponíveis, os participantes indicarão onde estará "marcada" cada variável, sendo:

- Grande importância ou impacto
- Média importância ou impacto
- Baixa importância ou impacto

Analogamente ao que já abordamos em relação às variáveis exógenas, no final da análise teremos as variáveis distribuídas de acordo com seu desempenho e com seu impacto ou importância para a estratégia. E, tal qual em relação às exógenas, poderemos determinar os fatores críticos das endógenas, que seriam:

- Grandes forças com elevado impacto
- Grandes fraquezas com elevado impacto

Assim, os fatores críticos indicados passam a ser o principal foco de nossa avaliação em relação às variáveis endógenas, na seqüência do projeto. Poderemos, ainda, estabelecer a escala de prioridade complementar, mantendo a lógica de valorizarmos o impacto no projeto, da seguinte forma (variáveis que surgirem antes serão consideradas mais prioritárias):

- Forças com elevado impacto
- Fraquezas com elevado impacto
- Grandes forças com médio impacto
- Grandes fraquezas com médio impacto
- Grandes forças com baixo impacto
- Grandes fraquezas com baixo impacto
- Forças com baixo impacto
- Fraquezas com baixo impacto

Pronto. Agora temos variáveis que foram tratadas e "filtradas" diversas vezes, seja em função de sua natureza, seja em função de sua classificação quanto ao domínio e poder de manobra, seja em função de seu grau de prioridade. Não dá para negar que, ao final desse exercício, podemos afirmar que nosso diagnóstico já apresenta uma qualidade bastante aceitável. Recomendamos, inclusive, que os participantes viabilizem um quadro em que indiquem exclusivamente os fatores críticos, resultantes do processo de priorização, pois essas variáveis representam verdadeiros "diamantes" para a proposta de ações a serem implementadas. Esse quadro, então, conteria:

Fatores Críticos do Diagnóstico

- Grandes forças com grande impacto
- Grandes fraquezas com grande impacto
- Oportunidades do quadrante 1
- Ameaças do quadrante 1

➢ Outras variáveis que resultaram em menor prioridade nas avaliações realizadas, as quais os participantes entendam que mereçam constar do quadro de fatores críticos.

Como última recomendação e apenas reforçando o que pode ter passado despercebido na dinâmica sugerida para a priorização das variáveis, sugerimos que a discussão seja desenvolvida por parâmetro, ou seja, que se realizem avaliações separadas com base nos parâmetros definidos. Por exemplo, no caso das exógenas, deve-se primeiramente discutir as variáveis em relação à probabilidade de ocorrência, estabelecer um intervalo de tempo que distancie os participantes da primeira análise (um *coffee-break*, por exemplo) e só então iniciar a avaliação em relação ao impacto no projeto. Da mesma forma, no caso das variáveis endógenas, deve-se realizar a análise das variáveis em relação ao desempenho/intensidade, viabilizar o intervalo e somente depois iniciar a avaliação quanto à importância das variáveis no quesito importância para o projeto.

Essa recomendação parece um tanto quanto estranha, mas tem uma explicação científica. Nossos cérebros tendem a cair em armadilhas quando avaliamos cada variável de acordo com ambos os parâmetros. Assim, se agirmos dessa forma, tenderemos a defender que tudo o que é provável é impactante e que todas as grandes forças ou grandes fraquezas levantadas são muito importantes para o projeto. E nem sempre é assim, pois os parâmetros são independentes. Já tive a oportunidade de orientar participantes, distribuídos em grupos diferentes, a utilizar métodos diferentes: um deles realizou as análises separadamente (primeiro avaliou as probabilidades ou os desempenhos e somente depois de um intervalo analisou o impacto ou a importância), enquanto o outro realizou a análise seqüencialmente, ou seja, cada variável foi avaliada de acordo com ambos os parâmetros, concomitantemente. Os resultados não surpreenderam: no caso das exógenas, por exemplo, o grupo que avaliou conjuntamente os dois parâmetros concentrou as variáveis nos quadrantes 1 e 4, isto é, o que era provável foi entendido como altamente impactante e o que era pouco provável foi definido, analogamente, como pouco impactante. São as armadilhas que nossa mente apresenta e que podem influenciar, de maneira significativa, nos resultados do projeto, se não tomarmos alguns cuidados para minimizá-las.

8 - Cruzamento das Variáveis

A Análise SWOT permite, ainda, uma avaliação quanto à estratégia mais adequada ao projeto, por meio do cruzamento realizado entre as variáveis endógenas e exógenas. Aqui, cabe ressaltar a relevância de uma classificação adequada das variáveis, pois, como o cruzamento propõe uma análise comparativa da predominância de variáveis na Análise SWOT, se os participantes classificarem erroneamente forças como oportunidades, fraquezas como ameaças etc., a fotografia analisada no cruzamento estará totalmente distorcida, provocando uma avaliação inadequada da estratégia a ser seguida. Mais uma vez fica patente que o planejamento é um ciclo totalmente interdependente, em que o cuidado, a profundidade e a qualidade com que se desenvolve cada fase determinarão o resultado da fase seguinte, num autêntico ciclo de *inputs* e *outputs*.

Assim, de acordo com a predominância das variáveis, sugere-se a adoção das seguintes estratégias na condução do projeto:

- **Predominância de fraquezas e ameaças => Estratégia de sobrevivência:** a lógica, nesse caso, é que o projeto apresenta deficiências críticas em um ambiente hostil. Ou seja, é como estar com pneumonia dentro de um freezer. Nesse momento, não adianta querer "ganhar músculos". O importante é sobreviver.
- **Predominância de fraquezas e oportunidades => Estratégia de crescimento:** aqui, pode-se dizer que se está diante de muitas oportunidades e, caso invistamos na minimização das fraquezas do projeto, poderemos crescer fortemente.
- **Predominância de forças e ameaças => Estratégia de manutenção:** com a presença de muitas ameaças, vale avaliar a pertinência de manter a posição, sem ousadia, aproveitando-se das forças existentes para isso.
- **Predominância de forças e oportunidades => Estratégia de desenvolvimento:** entende-se, nesse caso, que há ambiente favorável para um crescimento, mas menos intenso do que na estratégia de crescimento, tendo em vista que já existem muitas forças presentes e poucas fraquezas para se reverter.

No final de toda a análise delineada, estaremos aptos a dar continuidade ao planejamento, especificamente em relação às percepções quanto à sua viabilidade (não financeira) e à discussão das alternativas estratégicas mais adequadas, como forma de:

- potencializar as oportunidades e estar apto a aproveitá-las;
- minimizar as ameaças e estar apto a enfrentá-las;
- aproveitar as forças presentes e transformá-las em vantagem competitiva;
- reduzir as fraquezas ou, ao menos, evitar que elas comprometam o projeto.

Cadeia de Valores e Elos

Não conseguiremos, neste conteúdo, explorar de maneira profunda os conceitos e as possibilidades práticas que envolvem a cadeia de valores e os possíveis elos em um projeto, mas procuraremos apresentá-los a você, reforçando desde já a convicção de que o aprofundamento teórico e prático deles trará, certamente, excelentes subsídios e ferramentas para o seu desenvolvimento.

Conforme Porter ressalta em seus estudos, a cadeia de valores representa a sistematização racional de atividades envolvidas em um projeto, a partir do que não se visualizam os custos e os valores de um produto com a premissa de um resultado agregado, mas, sim, de maneira compartimentalizada e desagregada, permitindo melhor avaliação dos valores possíveis de ser agregados ao produto, assim como dos custos de cada atividade no custo final do produto, entendendo-se, portanto, que as margens passam a ser conseqüência da capacidade de otimizar custos e valores que representam uma seqüência no processo de comercialização envolvendo, por exemplo, fornecedores, empresas, canais e clientes. Ou seja, a cadeia de valores sistematiza as atividades internas de um projeto, enquanto o sistema de valores sistematiza as diversas cadeias de valores envolvidas.

Antes de voltarmos às razões que, em nosso entendimento, justificam uma avaliação criteriosa da cadeia de valores e do sistema de valores, tanto na fase diagnóstica quanto na fase de elaboração da proposta de ações estratégicas, vale a pena comentarmos os princípios que levaram Porter à estruturação da cadeia de valores reproduzida, que representa um "padrão" para as empresas de qualquer segmento de mercado:

- As avaliações no passado levavam em consideração os custos e valores adicionados do produto, numa visão "contábil" em que se consolidavam os custos envolvidos em diversas atividades do projeto (despesas de recursos humanos, por exemplo, que eram, independentemente da área de alocação, identificadas como "despesas de pessoal"). Esse procedimento dificultava sobremaneira a identificação dos resultados apresentados nas diversas etapas envolvidas no projeto, o que, de certa forma, punia a eficiência e premiava a ineficiência, uma vez que tratava todas as performances com base em um resultado global.
- A necessidade de conhecer a configuração das atividades no segmento de atuação, como forma de equiparar o nível de qualidade nas diversas atividades envolvidas no projeto e identificar oportunidades de agregação de vantagem competitiva, partindo de uma das duas alternativas a seguir:
  - redução do custo do comprador; e/ou
  - elevação da diferenciação valiosa para o comprador.
- A relevância de sistematização da cadeia de valores como forma de viabilizar "elos" ou "articulações estratégicas", tanto nas operações internas ("elos internos") quanto no relacionamento com o sistema de valores (cadeia produtiva, formada por fornecedores, empresa, canais e consumidor final) ou outras empresas com identificáveis oportunidades de coalizões estratégicas, incluindo neste grupo os concorrentes. Voltaremos a este tema quando abordarmos "Elos".

A cadeia de valores sugerida por Porter é dividida em dois grupos de categorias genéricas de atividades: cinco atividades primárias e quatro atividades de apoio, sendo:

a) **Atividades primárias:** são as atividades envolvidas na criação física do produto, em sua comercialização, entrega e sustentação, subdividindo-se em:

- **Logística interna:** responsável pela recepção, armazenagem e distribuição interna de insumos;
- **Operações:** associadas à transformação dos insumos em produto final;
- **Logística externa:** vinculada a coleta, armazenagem e entrega do produto final ao comprador;
- **Marketing e vendas:** direcionadas a criar os meios e induzir o comprador a adquirir o produto final;
- **Serviços:** atividade voltada à sustentação do produto, tais como instalação, manutenção, ajustes, treinamento etc.

b) **Atividades de apoio:** são as atividades responsáveis por sustentar as atividades primárias e a si mesmas:

- **Aquisição:** responsável pela aquisição de insumos utilizados em toda a cadeia de valores;
- **Tecnologia:** desenvolvimento de soluções tecnológicas que envolvem toda a cadeia de valores, incluindo P&D de produtos, estudo de *layout* das linhas de produção, tecnologia da informação etc.;
- **Recursos humanos:** atividade direcionada às ações de recrutamento, contratação, treinamento, desenvolvimento e compensação de toda a mão-de-obra envolvida na cadeia de valores;
- **Infra-estrutura:** atividades tais como gerência geral, planejamento, contabilidade, finanças, auditoria etc., ou seja, as atividades que dão apoio a toda a cadeia de valores, mas, nesse caso, de maneira ampla, sem envolver apoio específico a cada uma das atividades de valor.

Obs.: observe, no desenho da configuração da cadeia de valores, que as linhas pontilhadas envolvem aquisição, tecnologia e recursos humanos, ou seja, as atividades de apoio que podem prestar apoio específico às demais atividades de valor, não atingindo a infra-estrutura, que desenvolve apoio de modo global.

Por diversas vezes, nas discussões que desenvolvo sobre cadeia de valores, verifico que profissionais voltados para os segmentos de comércio e serviços discutem o tema com relativo desdém, entendendo que os conceitos e as ferramentas a ela vinculadas são mais úteis e eficazes em segmentos industriais. Santa inocência! Em todos os segmentos de atuação e em todos os projetos desenvolvidos, uma visão adequada desses conceitos e práticas pode gerar resultados fantásticos, viabilizando as posições exclusivas, que Porter defende – e eu concordo – ser o melhor caminho para a agregação de vantagem competitiva.

Com a intensa segmentação das atividades empresariais, potencializada por ações de terceirização (e até quarteirização), as empresas necessitam, cada vez mais, identificar a sua cadeia de valores e a cadeia de valores de empresas potencialmente parceiras, de tal forma que visualize os melhores caminhos para coalizões estratégicas que possam enriquecer a cadeia de valores do produto.

Para os "céticos" mencionados, que trabalham em segmentos de serviços, citamos o exemplo das empresas que elaboram e implementam projetos de TI. De maneira geral, essas empresas são enxutas e operam de maneira autônoma com apenas parte do projeto global demandado. Assim, necessitam identificar parceiros estratégicos que possam atuar em conjunto, a fim de oferecer soluções globais para o projeto. Numa linguagem menos técnica, diríamos que os projetos, atualmente, se assemelham àqueles jogos infantis de montagem de peças, em que cada uma das empresas cede parte de sua cadeia de valores, em cada projeto, constituindo uma cadeia de valores única na visão do cliente. A visão da própria cadeia de valores e da cadeia de valores dos eventuais parceiros determinará a qualidade final da integração.

Estive certa vez em Brotas, cidade localizada no interior de São Paulo, participando de *workshop* que envolvia, entre outras, atividades *outdoor*, tais como *rafting*, arvorismo e trilhas etc. Achei muito interessante a forma como as empresas locais operavam essas atividades. Mesmo sendo uma cidade de pequeno porte, em vez de contar com uma única empresa, diversas empresas se responsabilizaram pela condução das atividades, focadas cada qual em um "pedaço" do projeto: uma empresa responsável pelo desenvolvimento do *rafting*, outra, pelas atividades de "arvorismo" e trilha e uma outra. pela consultoria e treinamento, "fechando" a discussão e os conceitos que se desejava abordar a partir das atividades desenvolvidas.

Conversando com o dirigente de uma das empresas envolvidas, questionei a razão de tantas empresas diferentes participarem de um mesmo projeto e fiquei entusiasmado com a resposta. O dirigente respondeu-me que ele entendia que aquela forma de atuar era a mais adequada. Primeiro, porque possibilitava que cada uma das empresas focasse uma única atividade, tornando-se extremamente competente nessa atividade. Segundo, na baixa temporada, a assunção dos eventuais custos fixos envolvidos era mais suportável, uma vez que a estrutura de cada empresa era menor do que se houvesse uma única empresa, cuja estrutura fosse a somatória de todas as empresas presentes. Terceiro, ressaltou que, dessa forma, cada uma das empresas envolvidas se tornava uma "alavancadora" de negócios para as demais, ou seja, em vez de contar com uma única área de vendas, a estrutura acabava contando com três áreas de vendas, pois quem vendia uma das atividades tentava induzir o comprador a praticar as demais. E quarto, o nível de integração das empresas envolvidas era tamanho que, operacionalmente, era como se as três compusessem uma única empresa.

Fiquei, sinceramente, boquiaberto com a visão daquele rapaz que, em princípio, parecia ser muito competente em fazer um bote vencer as corredeiras, mas não imaginava ser tão competente em gerir uma empresa.

E citando mais um exemplo na área de serviços, que envolve a cadeia de valores, quero falar de "logística interna", para deixar bem claro como todas as atividades são extremamente importantes em qualquer segmento de atuação. Próximo do "Dia das Mães", liguei para o *contact center* de uma empresa editorial, a fim de comprar a assinatura de uma revista para presentear minha mamãe. Como sempre – e como acontece com todos nós – já tinha decidido pela compra. Não me interessava, naquele momento, o preço. Queria apenas ligar, comprar e voltar à minha vida normal. Ao ser atendido, coloquei a minha demanda. O atendente disse que realmente eu estava falando com a empresa que desejava, mas a comercialização de assinaturas não era feita por aquele telefone. Alguns segundos depois (deu para perceber que o atendente procurava algum dado, que não estava facilmente disponível), a pessoa voltou ao telefone e passou-me um número para que eu pudesse ligar. Um pouco decepcionado (imaginei que ele pudesse transferir a ligação...), agradeci e voltei a ligar. O novo número estava vinculado a um aparelho de fax. Ouvi por alguns segundos aquele "zumbido", na esperança de que alguém fosse aparecer na linha e, em seguida, desliguei, obviamente frustrado. Nem preciso dizer que, como não tinha o novo número, não voltei a ligar e, passado o "Dia das Mães", a compra ficou para uma outra oportunidade, talvez no próximo ano. Nesse relato podemos identificar, no mínimo, dois problemas na cadeia de valores da empresa: uma logística interna (informações) falha, já que o número correto deveria estar disponível no sistema de informações acessado pelo atendente, que acredito ter passado um número que estava em um cartão amassado e antigo, guardado em sua gaveta e sujeito à obsolescência na primeira alteração de prefixo; e a ausência de um "elo" interno importante, já que uma tecnologia adequada poderia permitir a transferência interna da ligação, inibindo o risco de fuga do cliente, que nesse caso já estava completamente fisgado...

E, insistindo na premissa que vimos destacando desde o início de nossa discussão, não se trata de "malhar" a empresa por apresentar essas deficiências. Assim como os seres humanos, todas as empresas são sujeitas a virtudes e a carências. O importante é entender que essas situações podem ser significativamente melhores, caso os gestores mantenham, de maneira permanente, a preocupação em conhecer a configuração das atividades envolvidas e repensar as formas de articulação interna e externa.

Relaciono, a seguir, algumas conseqüências freqüentes de uma cadeia de valores mal configurada (elaboração) e mal gerenciada (implementação):

- **Perda de foco nas funções vitais:** qualquer consultor sabe que, quando são distribuídos aqueles cartões para que cada área da empresa relacione as funções que executa, receberá um insumo valioso para a identificação de uma série de problemas presentes. Quantas vezes presenciamos a área de Finanças, por exemplo, passar semanas entrevistando candidatos para preenchimento de vagas. Que bonito! Deixando de lado a condução das soluções financeiras da empresa para entrevistar... Então, ouvimos, amiúde, que essa é a melhor alternativa, pois o RH da empresa não conhece o perfil necessário às atividades... Ora, vamos e venhamos. O que não se quer, de maneira geral, é abrir mão do "poder" que essa atividade representa. E, no caso de, em alguma exceção, a argumentação ser procedente, diríamos que a área de RH geralmente não está preparada para buscar o perfil indicado, porque nunca cabe a ela essa tarefa. E, se ela nunca o fizer, dificilmente acertará! O fato é que as atividades de "aquisição" e de "recursos humanos" dificilmente são concentradas nas atividades de apoio adequadas. De maneira geral, todo mundo quer comprar e todo mundo quer contratar. São apenas exemplos, já que a realidade demonstra outras inúmeras atividades distorcidas entre as áreas de atuação de uma empresa.
- **Isolamento entre as áreas:** quem faz tudo não precisa de ninguém. Portanto, a sobreposição de funções traz uma outra consequência

nociva ao projeto, que é o distanciamento entre as áreas intervenientes. Quando as áreas mantêm dependência entre si, o nível de integração também é maior. E com certeza o endomarketing é naturalmente mais bem-sucedido;

- **Falta de identidade corporativa:** os projetos ficam descaracterizados e as áreas intervenientes, assim como os parceiros estratégicos (fornecedores, compradores etc.), apresentam maior dificuldade em identificar "quem faz o quê", dentro da empresa. Recentemente um cliente informou-me que foi selecionado pela Petrobrás para atuar como seu fornecedor, mas para isso a empresa necessitaria efetivar algumas alterações em sua configuração (cadeia de valores) como forma de dar maior clareza à compradora quanto às áreas com que ela interagiria. Veja só: um comprador estabelecendo exigências quanto à configuração da cadeia de valores de um fornecedor. A indústria automotiva é um exemplo clássico de como isso está se tornando uma obsessão, pois, desde as primeiras ações adotadas pela Toyota (que revolucionaram as práticas de gestão no segmento), percebe-se, claramente, os ganhos de produtividade e a agregação de valor que esses elementos podem trazer ao projeto. A falta de identidade corporativa dificulta, ainda, o estabelecimento de "elos" internos ou "externos", já que as "peças" do jogo se mostram dispersas.

Os Elos na Cadeia e no Sistema de Valores

Como o próprio nome diz, os "elos" representam "articulações" dentro da cadeia de valores, que permitem que a estratégia se movimente de modo mais flexível e eficaz, otimizando os resultados do projeto. Tal qual ocorre com outros tipos de articulação, para que os elos sejam viabilizados de modo eficaz, são necessárias algumas pré-condições, entre elas:

- que haja um conhecimento adequado das partes envolvidas;
- que exista predisposição das partes para que as articulações ocorram;
- que sejam constatadas confiança e cumplicidade na parceria e no estabelecimento de relação entre os elos.

Em relação ao escopo, os elos podem ser internos e/ou externos ao projeto. Quando internos, envolvem as diversas áreas intervenientes no projeto, ou seja, dentro da cadeia de valores. Se externos, os elos possibilitam alianças e coalizões estratégicas entre cadeias de valores diferentes, sem a necessidade de ações estratégicas mais contundentes, como a formação de *joint ventures*, fusões ou aquisições.

Quanto à natureza, costumamos classificar os elos em:

- **Elos internos**: são aqueles viabilizados dentro da cadeia de valores do projeto ou da empresa, por meio da articulação e da integração adequada das áreas intervenientes. Quer alguns exemplos? Vamos lá:
  - A área de vendas alimenta a área de produtos com informações sobre as demandas mais presentes no mercado em relação aos itens comercializados.
  - A área de compras informa a área comercial sobre empresas que são fornecedoras e também apresentam potencial para ser compradoras, indicando o volume de compras realizadas, como forma de elevar o poder de barganha da área comercial.
  - Todos os empregados da empresa divulgam os produtos por ela produzidos e comercializados, independentemente de trabalharem na área de promoção e vendas ou não, para ampliar a capacidade de sinalização (boca-a-boca).
  - A área de *Marketing* mantém todas as áreas envolvidas no processo de produção e logística informadas sobre campanhas que visem elevar o nível de vendas, com o intuito de reduzir as chances de "estrangulação" do processo, na hipótese de êxito nas ações desenvolvidas.
  - Os empregados da empresa têm a liberdade de levar sugestões sobre melhorias em qualquer área da empresa, independentemente de atuar nela, e as boas idéias são recompensadas, de modo que estimule a iniciativa.

Obs.: São ações bastante simples (na teoria), porém nem sempre ocorrem ou são bem aceitas pelas áreas intervenientes (na prática). Ou seja, mais uma vez se percebe que o conceito é primário, mas sua aplicação depende da postura presente no ambiente corporativo.

- **Elos verticais:** são os elos possíveis de viabilização no sistema de valores, ou seja, na seqüência vertical de cadeias de valores, envolvendo os fornecedores, a empresa, os canais e até mesmo os consumidores finais. Os elos verticais representam muito mais do que uma relação comercial. Eles fazem com que as trocas comerciais não tenham resultado "nulo", ou seja, quando uma empresa vende uma mercadoria para a outra e recebe uma quantia por isso, essa operação se encerra aí e o resultado é praticamente "zero", a partir da simples troca de valores. Quando os "elos" são viabilizados, a troca tende a resultar em "valor positivo", além de elevar consideravelmente a cumplicidade entre as partes. Exemplos de elos verticais:
  - Uma empresa de autopeças precisava baixar seus custos de produção e o caminho escolhido foi baixar o custo de sua matéria-prima. Qual seria a alternativa comercial? Pressionar o fornecedor para baixar seus preços, até porque o poder de barganha dessa empresa (compradora) era muito grande. Qual foi a alternativa adotada? A empresa consultou as unidades-irmãs no exterior, para avaliar se elas se dispunham a comprar os insumos no Brasil. Demonstrado o interesse, a empresa conversou com o fornecedor, viabilizou a ampliação de sua produção em 400% e reduziu o preço do insumo pela nova escala assumida. No momento em que a empresa cliente funcionou como "agente" de seu fornecedor, viabilizou um "elo" fantástico, que, em vez de espremer o fornecedor num rompante de arrogância comercial, tornou-o mais forte e atingiu o seu objetivo de redução de custos.
  - Duas empresas se relacionavam há décadas na cadeia produtiva. Tanto a compradora como a fornecedora mantinham equipes de conferência dos insumos, que eram conferidos na saída da fornecedora (logística externa) e na entrada da compradora (logística interna). Consultada pela compradora, a fornecedora aceitou realizar a conferência no local da entrega, liberando a mão-de-obra da logística interna da compradora.
  - A própria Procter & Gamble passou a oferecer às redes de hipermercados a possibilidade de realizar o suprimento de suas gôndolas de maneira automatizada e integrada, liberando os esforços da rede no controle de estoques, pedidos, recepção de mercadorias etc.

- Uma empresa americana que vende chocolate para fábricas de doce e confeitarias passou a entregar o produto na temperatura de fusão. Com isso, a fornecedora não precisava mais resfriar e embalar o insumo e os compradores não precisavam mais desembalar e fundi-lo novamente.
- Uma grande rede de roupas no Brasil se interessou em adquirir biquínis e maiôs de uma empresa de porte médio, que, no entanto, não reunia condições de financiar os prazos de produção e de comercialização exigidos pela compradora, para a quantidade de peças desejada. A rede viabilizou uma reunião com a fornecedora em potencial e os seus possíveis fornecedores e, a partir de uma garantia de compra, convenceu os fornecedores de seu fornecedor a elevar os seus limites de crédito para que fossem permitidos os prazos necessários.

■ **Elos horizontais:** definimos como "elos horizontais" todos aqueles passíveis de viabilização e que não se definam como "elos internos" ou "elos verticais". Ampliando um pouco mais o conceito de inter-relações abordado por Porter, essas alianças podem ser constituídas com empresas do mesmo grupo empresarial, empresas que atuem em outros segmentos e até mesmo entre empresas que disputem o mesmo espaço concorrencial. Exemplos de "elos horizontais":

- Durante o período de "pico", empresas do segmento de fertilizantes (NPK) cedem sua eventual capacidade ociosa para concorrentes que necessitem elevar a produção para maior êxito na atividade de comercialização. A empresa que cede a capacidade produtiva reduz seus custos fixos e a que a recebe viabiliza suas vendas sem necessidade de novos investimentos produtivos.
- Diversas empresas fabricantes de calçados na região de Franca aplicam, juntas, nas ações de *marketing* no exterior, investindo em marca única e compartilhando a produção, e, ao mesmo tempo, concorrem em operações e *marketing* no mercado interno.
- Três empresas do mesmo grupo se unem para realizar a aquisição de insumos comuns de maneira integrada, obtendo ganhos de escala e elevando o poder de barganha.

- Um supermercado viabiliza convênio com uma empresa de cartões de crédito, no intuito de conduzir programa de premiação a seus clientes, em que tanto o supermercado quanto a empresa de cartões compartilharão ações conjuntas de promoção.

Mais importante do que identificar adequadamente a natureza de elos passíveis de viabilização, é fundamental a todo gestor de projetos compreender que os "elos" constituem elementos fundamentais na redução de custos ou na agregação de valor em um projeto. E, muitas vezes, sua identificação e constituição podem representar aspecto fundamental para tornar um projeto financeiramente viável ou para que seus retornos previstos sejam superiores aos retornos previstos para outros projetos mutuamente excludentes.

Por fim, vale salientar que as experiências atualmente observadas concentram-se nas ações de *marketing* à jusante, ou seja, nas ações de promoção, vendas, assistência técnica, garantias etc. Não se percebe, ainda, maior ênfase nas ações de *marketing* à montante, ou seja, nas ações que ocorrem antes e durante a concepção do produto. Aí uma dica sobre fontes ricas na obtenção de vantagem competitiva nos projetos.

E, falando tanto em agregação de valor, o que seria, efetivamente, esse negócio denominado "valor"? Seguem alguns comentários a respeito:

- Conforme consenso entre a maioria dos estudiosos, valor é uma variável exógena que representa a percepção que o comprador tem de determinado produto, ou seja, é aquilo que um comprador se dispõe a pagar por determinado produto.
- Quando o produto tem um preço técnico inferior ao valor, o projeto apresenta uma capacidade de manobra, já que se pode, nesse caso, optar por manter o preço-técnico e elevar a capacidade de venda (trocar rentabilidade por *share*) ou manter o preço compatível com o "valor percebido", elevando, portanto, as margens.
- Quando o produto tem um preço técnico superior ao valor, o projeto apresenta um problema, já que terá de optar por reduzir o preço e queimar margens, elevando os prazos estimados de *payback* ou investir em "sinalização" do produto, buscando elevar o "valor percebido", podendo incorrer em um círculo vicioso, que pode comprometer o próprio projeto.

Kotler define dois caminhos para a percepção do valor de um produto pelo comprador:

a) **O critério de uso:** são características apresentadas pelo produto, comparadas ao seu preço final (qualidade, utilização, ausência de substitutos, formas de financiamento, prazos de entrega, assistência técnica etc.).

O critério de sinalização: é a percepção decorrente da indução para a valorização do produto, tais como propaganda, *merchandizing* etc.

A própria lógica nos leva a deduzir que, quando um projeto se esforça adequadamente na fase de concepção e produção, atentando para a estrutura ótima de sua cadeia de valores e viabilizando elos que possam agregar valor ao projeto, o produto tende a chegar ao momento da venda em condições satisfatórias em relação ao critério de uso. Isso faz com que a necessidade de novos investimentos em sinalização seja menor.

Agora, quando o produto chega no momento da venda em condições desfavoráveis, faz-se necessário desenvolver ações excessivas de *marketing* a jusante, que, na maioria dos projetos, são classificadas como custos e não como investimentos, já que superam os gastos previstos no projeto original, fazendo com que esses custos sejam reincorporados ao produto e, portanto, elevando novamente o preço final, até um momento em que esse ciclo faça com que a empresa desista do produto, sacramentando o fracasso do projeto e de todas as pessoas nele envolvidas. Veja a Figura 2.3 abaixo:

Figura 2.3

Portanto, a obsessão pela aplicação racional e competente de recursos deve existir desde a idéia de concepção de um produto, tal como ocorre com um ser humano, quando todas as variáveis devem ser consideradas, desde a intenção da concepção, seguindo pelo acompanhamento pré-natal e momento do parto até o desenvolvimento do bebê. O adolescente e o adulto que teremos dependerá de todos os detalhes presentes em todas as fases de sua vida. Fica difícil convencer a sociedade ("sinalização") de que um delinqüente é um cidadão digno de comendas...

Você Faz. Por Que as Empresas Não Podem Fazer?

Estamos chegando ao final de nossa discussão. Tentamos, durante a evolução do conteúdo, demonstrar posturas, técnicas, conceitos e práticas que influenciam de maneira decisiva os projetos, e a maior ou menor capacidade de reconhecimento e ação estabelecem sua qualidade final e seus resultados no curto, médio e longo prazo. Vale, no entanto, comentar algumas ações que, como pessoas, julgamos ter o direito de implementar, mas, como empregados e cidadãos, julgamos que as empresas nem sempre têm o direito de desenvolver. É como se não reconhecêssemos que as empresas representam simplesmente a extensão das pessoas e segregássemos aquilo que pode ser bom para nós daquilo que pode ser bom para as empresas.

Os comentários abaixo têm como principal razão provocar em você uma reflexão mais profunda a respeito. Queremos deixar bem claro que, tanto quanto você (acreditamos!), defendemos que qualquer ação – pessoal ou corporativa – seja tomada após avaliação criteriosa a respeito e não como modismo ou como sintoma da "síndrome do siga o líder". O que defendemos, no entanto, é a prerrogativa de que as empresas desenvolvam as ações que, segundo seus critérios e resguardadas as premissas de ética e obediência à legislação e à regulação vigentes, ampliem a capacidade de êxito em seus negócios, preservando sua capacidade de servir aos empregados, aos investidores e à sociedade.

> **Reestruturação**

Imagine que você estava empregado, com um salário bastante expressivo e que, repentinamente, perdeu esse emprego, conseguindo um outro, com um salário bem menor. Como é que você agiria para se readequar? Se você deixasse o apartamento para alugar um outro mais barato, estaria obviamente "prejudicando" o seu locador, que ficaria com o apartamento vazio por meses, sem aquele rendimento (que poderia ser a sua aposentadoria...), pagando condomínio, energia elétrica, impostos etc. Caso você tivesse de dispensar a empregada, certamente contribuiria para a elevação do índice de desemprego. Se demitisse o motorista, contribuiria para isso também. No entanto, isso ocorre com muitos profissionais e a sociedade aceita essa situação de maneira razoavelmente pacífica. **Por que as empresas não podem fazer o mesmo?**

> Fusões e aquisições

Você encontra aquela pessoa que parece que nasceu para passar o resto da vida com você e não consegue entender como conseguiu viver até aquele momento sem ela... Parece que vocês se complementam, como a xícara e o pires, a tampa e a panela. Você a conhece um pouco melhor e, quanto mais a conhece, mais acredita que foram feitos um para o outro. Então vocês se casam, por entenderem que se enriquecerão e serão muito melhores juntos do que eram, separados. Nesse momento, a sinergia do relacionamento trará algumas conseqüências. Vocês empregavam duas faxineiras e passarão a necessitar de apenas uma (redução de mão-de-obra). Vocês alugavam dois apartamentos e agora compraram um (dois ativos descartados). Vocês comiam preponderantemente comida congelada e agora passarão a preparar suas refeições (dispensa de fornecedores). Certamente, se o casamento for bem-sucedido, conseguirão uma redução de custos, otimizando os recursos e permitindo investimentos em outros projetos comuns, e agregarão muito valor, pela incorporação do *know-how* de cada um. **Por que as empresas não podem fazer o mesmo?**

> Terceirização

Aquele seu casamento vai de vento em popa; vocês estão superfelizes e decidem ter um filho (um novo projeto...). Nem você nem seu parceiro querem deixar de evoluir e de buscar resultados cada vez melhores para si próprio e para a família como um todo. Então vocês deixam o filho com uma babá ou em uma escolinha infantil. Ou seja, "terceirizam", em parte, a criação e a educação do filho! Apesar dos riscos envolvidos e da dificuldade em repassar essas atividades a outras pessoas, vocês o fazem, entendendo que é uma necessidade para preservar a concentração nos projetos que acreditam ser relevantes para toda a família. **Por que as empresas não podem fazer o mesmo?**

Esses são apenas alguns exemplos de práticas presentes no ambiente corporativo e concorrencial que, freqüentemente, condenamos. Entretanto, é fundamental que realizemos uma reflexão mais profunda, porque, não raramente, quando julgamos que as empresas estão tomando decisões nocivas à sociedade, elas estão apenas se defendendo ou se fortalecendo, na tentativa de se perenizar, o que, com certeza, trará vantagens para todos.

Por fim, gostaríamos de destacar a convicção de que os projetos e as empresas tenderão a vivenciar maior quantidade de sucessos e menor quantidade de fracassos se TODOS os seus "atores" entenderem que uma estratégia somente atinge os resultados almejados quando todos falam a mesma língua, todos se sentem "donos do negócio" e as vaidades são descartadas em prol de uma integração adequada, tanto na abertura para a sua elaboração quanto na subordinação necessária à sua implementação. Certamente, se possível, o investidor, figura que coloca o seu capital em um projeto, entraria em contato com cada funcionário da empresa responsável, todos os dias pela manhã, e diria que a capacidade de rever seu capital, agregado aos dividendos esperados, dependeria decisivamente do desprendimento, da dedicação e da concentração que cada empregado colocasse em suas ações, naquele dia. Como essa é uma atitude normalmente impossível de realizar, caberá sempre à alta gestão a função de demonstrar, em suas atitudes, a predisposição de estabelecer um fluxo *omni-direcional* de comunicação e a vontade de reconhecer o valor que cada integrante do projeto agrega a este, distinguindo as diferenças em qualquer situação, e aos demais participantes do processo entender as particularidades e limitações presentes, subordinar-se às ações propostas, integrar-se a todas as áreas intervenientes e destacar-se como um "sócio" do projeto, o que, certamente, resultará em melhores resultados para si próprio e para a empresa para a qual trabalha. Bom trabalho. Bom projeto!

Referências Bibliográficas

Embora o conteúdo aqui desenvolvido seja resultado de consultas e estudos a uma grande quantidade de livros e artigos, assim como das experiências práticas vivenciadas no ambiente de elaboração e implementação de projetos, gostaríamos de destacar alguns títulos que, em especial, contribuíram para a formação da linha de pensamento presente neste trabalho:

ÂNGELO, Eduardo Bom. *Empreendedor corporativo*: Editora Negócio.

DRUCKER, Peter. *A administração na próxima sociedade*. Nobel.

GOLEMAN, Daniel. *Inteligência emocional*. Editora Objetiva.

KANAANE, Roberto. *Comportamento humano nas organizações*. Atlas.

KOTLER, Philip. *Marketing de A a Z*. Campus.

_____. *Marketing para o século XXI*. Futura.

_____. *Administração de marketing*. Prentice Hall.

OLIVEIRA, Djalma de Pinho Rebouças de. *Planejamento estratégico*: conceitos, metodologia e práticas. Atlas.

PORTER, Michael E. *Estratégia competitiva*. Campus.

_____. *Vantagem competitiva*. Campus.

WELCH, Jack (por John A. Byrne). *Jack Definitivo*. Editora Campus.

Capítulo 3
Administração Estratégica

Antônio Cláudio Queiroz Santiago

Mestre em Administração de Empresas, Pós-graduado em Recursos Humanos, Graduado em Administração de Empresas, é Instrutor dos Administradores de Agência e gestão de equipes da Caixa Econômica Federal. É professor de Inteligência de Marketing e de Administração Estratégica nos cursos de Pós-Graduação de Marketing da FAAP.

Carlos Roberto Lago Parlatore

Pós-graduado em Gestão de Negócios, Bacharel em Administração de Empresas. Sócio-proprietário da Estratégia Consultores Associados, é professor coordenador de cursos de Pós-Graduação e MBA da FAAP. Professor de Administração Estratégica nos cursos de Pós-Graduação em Marketing.

Marco Aurélio Morsch

Bacharel em Ciências Jurídicas e Sociais, Experiência profissional como Assessor Institucional e Consultor Interno da Caixa Econômica Federal. Consultor Associado da "Conceito Empresarial", nas áreas de Recursos Humanos, Relações do trabalho e Desenvolvimento Organizacional. Professor nas Faculdades de Administração, Comunicação e Economia – FAAP, e de Administração Estratégica nos cursos de Pós-Graduação em Marketing da FAAP.

A Administração Estratégica: Modelo Crucial para a Supremacia das Organizações

A administração estratégica tem conquistado cada vez mais espaço na vida dos executivos, nas estantes das livrarias e nos cursos de graduação, pós-graduação e MBA. Uma pesquisa recente realizada pela Consultoria Bain & Co. indicou que 70% dos executivos na alta direção das empresas consideram o planejamento estratégico a principal ferramenta de gestão nos negócios (1). Nos Estados Unidos, 92% das 1.000 maiores empresas afirmam que utilizam algum modelo de gestão estratégica nos seus negócios. Digitando-se as palavras *strategic planning* no website da Livraria Amazon.com, a maior livraria virtual do planeta, encontraremos quase 7 mil títulos editados sobre o assunto. Muitas escolas de ensino superior no Brasil passaram a desenvolver cursos específicos sobre administração estratégica e se tornou cada vez mais comum a inclusão desta disciplina nos diversos cursos de pós-graduação e MBA.

No atual mercado globalizado, em que as mudanças são escalantes, a competição acirrada, a tecnologia expansiva e o consumidor cada vez mais exigente, não se pode imaginar uma empresa sem planejamento estratégico. Pensar estrategicamente tornou-se competência indissociável da liderança no século XXI e fator crítico de sucesso para qualquer organização.

Peter Drucker afirmou que "a tarefa mais importante de um líder de uma organização é antecipar crises" (Swayne, Ginter e Duncan, 1996). No ambiente instável e turbulento em que as empresas do século XXI se encontram, a habilidade de antecipar as mudanças e pensar estrategicamente tornou-se uma competência essencial para qualquer empresa que deseje ser bem-sucedida, e até mesmo sobreviver.

O entendimento da administração estratégica como um modelo mental, como uma ferramenta eficaz de gestão e como um processo de adequação ao ambiente na administração de negócios é fundamental para a efetividade e o sucesso de qualquer administrador, sobretudo o profissional de *marketing*. Compreender também como o processo de administração mercadológica se integra e interage no âmbito do planejamento estratégico organizacional é responsabilidade do profissional de *marketing* para maior eficácia no exercício de suas atribuições. Com esse escopo, analisaremos, neste capítulo, as etapas que compõem o processo de administração estratégica, as principais ferramentas e metodologias na formulação de estratégias, a relação da gestão mercadológica com a estratégia organizacional e os conceitos e princípios básicos desta importante disciplina, com vistas a aperfeiçoar o pensamento estratégico do profissional de *marketing*.

O Mundo em Mudanças: Novas Tendências, Novos Paradigmas

Nas últimas duas décadas, o mundo vem passando por profundas transformações. As mudanças no contexto econômico, sociocultural, político-legal e tecnológico estão afetando profundamente as nações, as empresas e os indivíduos. Forças como a globalização, o *empowerment* e a orquestração da tecnologia, sintetizadas como o **paradigma do GEO**, estão moldando a nossa vida, provocando uma série de ondas transformadoras na vida das empresas, dos mercados e dos consumidores

No quadro abaixo, identificamos algumas dessas ondas transformadoras que estão mudando o comportamento das empresas, exigindo-lhes novas estratégias, novos modelos de gestão e novas competências como respostas para adequação aos novos cenários:

O Paradigma do GEO e as Ondas Transformadoras do Século XXI

- Formação de Blocos Econômicos
- Interdependência Global
- Encurtamento do Intervalo do Tempo e Distância
- Volatilidade do Capital
- Protecionismo
- Privatização
- Desregulamentação
- Transnacionalização de Empresas Multinacionais
- Novos Modelos de Gestão
- Reestruturações Organizacionais
- Fusões e Aquisições
- Barateamento de Custos e Preços Menores
- Ciclos de Vida dos Produtos Mais Curtos
- Prazos de Entrega Menores
- Maior Inovação (Novos Produtos e Serviços)
- Molecularização
- Segmentação de Mercados e *Marketing One-to-One*
- Rápidos Avanços Tecnológicos
- Tecnologia da Informação
- Interconectividade e Interatividade

- Virtualização
- Convergência Tecnológica
- Tecnologia de Consumo *High Tech, High Touch*
- Digitalização
- Transitoriedade
- Produconsumo
- Novas Profissões (*webdesigner*, programadores de genes etc.)
- Biotecnologia
- Desintermediação
- Desemprego
- Maior Abismo entre Ricos e Pobres
- Aumento da Preocupação com o Meio Ambiente
- Supremacia do Conhecimento
- Diversificação de Portfólios
- Comoditização
- Envelhecimento da População
- Crescimento da Consciência Ética e Responsabilidade Social Empresarial
- Discordância e Conflitos
- Aceleração das Mudanças

Ondas como a *volatilidade do capital* estão impactando os investimentos externos que se movem transitoriamente entre os países emergentes, provocando instabilidade em economias frágeis e interdependentes. A *transnacionalização das empresas*, resultante da globalização, faz com que já não identifiquemos claramente a origem diversificada do capital e dos valores integrantes de uma empresa que pensa globalmente e atua localmente. A constante adoção de *novos modelos de gestão* pelas empresas, como a gestão da qualidade total ou a terceirização, implica a atualização constante dos executivos e dos processos organizacionais. A *comoditização* (semelhança cada vez maior entre os produtos) exige cada vez mais qualidade dos serviços, inovação e melhorias no atendimento como diferenciais para a competitividade.

Algumas dessas tendências, identificadas por Don Tapscott (1997), representam profundas transformações em nosso cotidiano, rompendo com velhos padrões econômicos e comerciais, como, por exemplo, a *convergência tecnológica* (três setores convergindo – computação, comunicação e conteúdo e passando a dominar a economia, garantindo a infra-estrutura para a riqueza – telefones celulares que dão acesso à internet ou fotografam), a *molecularização* (a massa tornando-se molécula em todos os aspectos da vida econômica – a personalização de produtos e serviços), a *virtualização* (as coisas físicas podendo se tornar digitais – lojas virtuais), a *digitalização* (a comunicação, a prestação de serviços, os intercâmbios de fundos que se baseiam em uns e zeros – fotos digitais), a *desintermediação* (as funções de intermediários sendo eliminadas) e o *produconsumo* (os consumidores participando da elaboração de produtos e serviços junto com os produtores – configuração de um computador pelo consumidor em *website* do fabricante).

Os Novos Paradigmas e a Estratégia do Surfista

Diante desses cenários e tendências, as empresas que quiserem ser bem-sucedidas deverão pensar como *surfistas*. Acreditamos que a analogia com o esporte do *surf* representa perfeitamente os desafios estratégicos e as competências requeridas para o sucesso organizacional em um ambiente complexo, volátil e incerto. No mercado cambiante de ondas transformadoras e que provocam profundas rupturas, as empresas que forem capazes de evoluir e acompanhar as mudanças terão maior aptidão e flexibilidade para se adequarem aos novos cenários e saberão lidar mais efetivamente com as mudanças.

Essa visão se baseia na **abordagem sistêmica das organizações**, modelo desenvolvido por Ludwig Von Bertalanfy, que compara as empresas aos seres orgânicos (Ferreira; Reis ; Pereira, 1997). Assim como os seres humanos, as empresas são sistemas abertos que trocam influência com o meio ambiente e dependem dele para sua sobrevivência e sucesso. Assim como afirmou Charles Darwin, em *A Evolução das Espécies*, "não é o mais forte da espécie que sobrevive, nem o mais inteligente, é o que melhor se adapta à mudança", as empresas que não se adaptarem às mudanças, fatalmente vão desaparecer do mercado.

A Figura 3.1 exemplifica a abordagem sistêmica das organizações. Nela, uma empresa, com diretrizes organizacionais definidas, se insere em um contexto de negócios e mercado (meio ambiente), de onde retira os recursos e insumos necessários para seu funcionamento e operações (entrada), processa-os através de sua estrutura, cadeia de valor e cultura organizacional (processo de transformação), transformando-os em bens ou serviços para o mercado (saída). A manutenção e o sucesso da organização dependerão diretamente da sua capacidade de adaptação ao mercado e aos consumidores, de acordo com a receptividade e lucratividade necessária para a continuidade do negócio (*feedback*). Diversas empresas desapareceram do mercado ou sofreram enormes prejuízos por não pensarem sistemicamente, deixando de promover as adaptações necessárias em seus subsistemas internos para se adequarem e ficarem integradas harmoniosamente com o contexto ambiental. O caso mais notório foi o da PanAm, maior companhia aérea do mundo nos anos 60 e que não soube se adaptar ao mercado após as crises do petróleo nos anos de 1970 e 1980. A líder mundial de pizzas *fast-food*, a americana Pizza Hut, visando garantir seu êxito no mercado brasileiro, precisou fazer alguns ajustes em sua operação no país no final dos anos de 1990 (ver quadro). Hoje, a marca, refocalizada e reestruturada em sua atuação no país, tem obtido bons resultados em seu setor.

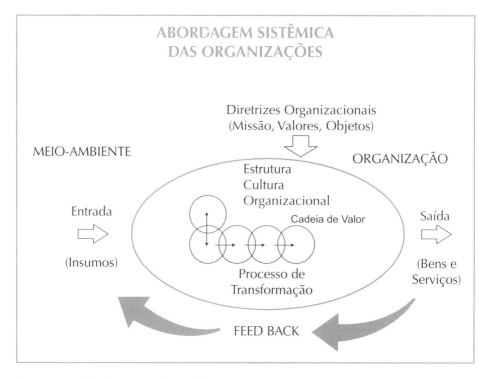

Figura 3.1 Abordagem Sistêmica das Organizações.

Pizza Hut fecha restaurantes em São Paulo

Entre 1997 e 1998, a Pizza Hut fechou 27 lojas em São Paulo. Presente na capital paulista desde 1991, a conhecida marca líder em pizzarias fast food, com 12 mil lojas no mundo, quase desapareceu do mercado paulistano. O alvoroço inicial que levou cerca de 10 mil pessoas só na primeira semana a saborear pizzas com gosto de novidade na Av. dos Imarés, em Moema, e que lotava as 54 lojas da rede em 1995, tinha esvanecido. O principal alvo dos fechamentos foram os estabelecimentos de rua, preservando-se os pontos das praças de alimentação dos shoppings e os chamados deliveries.

Especialistas do mercado de fast food trataram o episódio como crise. Tanto que, em 1998, a Tricon (holding americana que responde pelos negócios das redes KFC, Taco Bell e Pizza Hut) tentou negociar com a direção da Arby's brasileira a venda das lojas restantes. Mas o contrato não se concretizou. Analistas creditam as causas do insucesso aos planos grandiosos de expansão da franquia, a sua estrutura organizacional superdimensionada, aos preços acima do mercado, à localização inadequada (pontos caros numa cidade onde há centenas de pequenas e grandes pizzarias tradicionais), à intensa concorrência e, finalmente, à questão do paladar. "A pizza, com características exageradamente americanas, não caiu no gosto do público", acredita Percival Maricato, presidente da Associação de Bares e Restaurantes. "As pessoas estão preferindo ficar em casa, por questões de segurança e conforto. E quando saem, preferem as pizzarias conhecidas" explica Ismael Casas, sócio da tradicionalíssima Speranza. Para Luiz Caiuby Novaes, representante da Tricon para a América Latina, o que está acontecendo é apenas uma reorganização da marca: "Só fechamos as lojas que tinham problemas de localização, custavam muito e rendiam pouco"

Fonte: "Gato no Telhado", P. C., Revista *Veja*. São Paulo, 26/08/98.

A Questão dos Paradigmas

O surfista sabe que as ondas não são eternas e que algumas competências, como a flexibilidade e a visão de futuro, por exemplo, são cruciais e determinantes para o seu sucesso.

Em nossa analogia, as ondas simbolizam as tendências, as mudanças, os novos paradigmas. Alvin Tofler (1980) classificou a história da humanidade em três grandes ondas que moldaram a economia: a onda da agricultura, a onda industrial e a onda da informação. Através dessas transformações, a sociedade veio evoluindo. Em cada era, um paradigma definiu a riqueza e moveu a economia: a terra na primeira onda, a máquina na segunda e o conhecimento na terceira. Em meio a essas três grandes ondas, muitas mudanças exigiram da sociedade grande capacidade de adaptação.

Paradigmas são as formas como nós percebemos o mundo. Funcionam como filtros, criando nossa realidade subjetiva, através de um conjunto de regras, regulamentos, padrões ou rotinas, nem sempre reconhecíveis. Segundo Joel Barker, eles estabelecem limites e definem como ter sucesso resolvendo problemas dentro destes limites (Barker, 1993). Dessa forma, os paradigmas são úteis pois nos permitem interpretar a realidade e nos orientam a como lidar com o ambiente. Através de dados e informações coletadas por nossos sentidos, percebemos o mundo exterior. Essas informações são filtradas por nossos paradigmas, construídos mentalmente através das atitudes, experiências e conhecimentos previamente obtidos (*imprints*). Essa "filtragem" e aprendizado nos ajudará a interpretar as informações, compreendê-las e nos ajudar a como lidar com elas. A Figura 3.2 detalha esse processo:

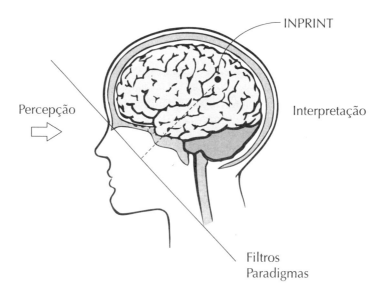

Figura 3.2 Paradigmas.

Paralisia de Paradigma

Como vimos anteriormente, paradigmas nos ajudam a interpretar a realidade. O risco é que nossa visão de mundo se torne estática e obsoleta, impedindo-nos de perceber as mudanças e tornando-nos incapazes de lidar com elas. Quando os paradigmas mudam, a realidade se transforma e todos voltamos à estaca zero, isto é, diante do novo, as velhas regras do jogo não significam nada. Diversas empresas não perceberam mudanças de regras que transformaram todo o seu setor industrial. Alguns bancos, por exemplo, que no início da automação bancária, não perceberam a mudança de paradigma e não acompanharam a evolução tecnológica e transformação do setor, ficaram para trás. Joel Barker define essa imobilidade mental como *paralisia de paradigma*, "uma doença fatal de certeza" – quando o seu paradigma passa a ser "o" paradigma, isto é, a única forma correta de fazer uma coisa. Há uma intolerância com regras, limites e comportamentos alternativos aos conceitos vigentes, bloqueando a criatividade e inovação. Muitas empresas sucumbiram ou quase desapareceram do mercado porque foram incapazes de perceber, aceitar e compreender as mudanças e as idéias novas emergentes. Não conseguiram se reinventar, adaptando-se às tendências, pois ficaram paralisadas por sua intransigência e inflexibilidade. Empresas como a PanAm, como citamos, ou como a Mesbla, o maior magazine do país nos anos de 1970, sumiram do mercado. Marcas como Estrela, Sharp e Polaroid, só para citar alguns exemplos, não são hoje nem um pouco da referência ou liderança que foram no passado. Talvez o maior exemplo de paralisia de paradigma tenha sido o da Enciclopédia Brittanica. Fundada em 1768, ela sempre foi referência como a fonte mais abrangente e confiável de informação e conhecimento do mundo. Líder em seu setor nos anos de 1980, ela não percebeu a convergência tecnológica chegando. Nos anos de 1990, sua posição foi "roubada" pela Encarta, da Microsoft, que através de um pequeno CD-ROM, em menos de 6 anos, derrotou os distintos 32 luxuosos volumes da tradicional enciclopédia. Embora posteriormente a empresa tenha se rendido ao CD-ROM, ela nunca mais foi a mesma, chegando a ser vendida em 1996, por menos da metade de seu valor contábil (Petersen, 2002).

Frases como as que se seguem demonstram que todos podemos ser acometidos pela paralisia de paradigma:

> "A televisão não dará certo. As pessoas terão de ficar olhando para sua tela, e a família média americana não tem tempo para isso" (*The New York Times, 18 de abril de 1939, na apresentação do protótipo de um aparelho de TV*).

> "O cinema será encarado por algum tempo como curiosidade científica, mas não tem futuro comercial" (*Auguste Lumière, a respeito de seu próprio invento, 1895*).

"O avião é um invento interessante, mas não vejo nele qualquer utilidade militar" (*Marechal Ferdinand Foch, professor da Guerra da França, 1911*).

Na Figura 3.3, propomos um teste para ilustrar como costumamos nos bloquear a novas formas de ver o mundo, em virtude do nosso condicionamento a regras e regulamentos. Procure unir os pontos do desenho, sem tirar o lápis do papel, utilizando apenas quatro linhas retas. Você verá que a solução exige criatividade e um novo paradigma.

Figura 3.3 "Você está sofrendo de Paralisia de Paradigma?"

Tendo em vista que os paradigmas afetam dramaticamente o nosso discernimento e nos ajudam a moldar nossa visão de futuro, torna-se vital estarmos sempre atentos às mudanças de paradigma. Devemos evitar o efeito paralisador que nossas regras e regulamentos podem provocar em nossas decisões e ações, podendo nos cegar quanto às mudanças e à escolha de estratégias vencedoras e provocando prejuízos irreparáveis. No quadro a seguir, apresentamos alguns velhos e novos paradigmas que ilustram a mudança de paradigma no ambiente em que vivemos:

Velhos Paradigmas	Novos Paradigmas
Estabilidade; Permanência	Mudança, Impermanência, Evolução
Estratificação; Partição; Cartesianismo (Universo)	Totalidade, Globalidade Sistemas
Dependência; Independência; Ação Isolada	Interdependência, Interação
Certeza ; Determinismo; Futuro Único e Certo	Incerteza, Probabilidade Tendência, Futuro Múltiplo

O Paradigma do Surfista

No mundo cambiante e turbulento de hoje, a imprevisibilidade e a complexidade exigem flexibilidade e aprendizado permanente. A abordagem contingencial da administração torna-se o padrão mais oportuno e provável na efetiva consecução dos objetivos organizacionais. Assim, pensar como surfistas significa pensar estrategicamente, considerando desde os aspectos sistêmicos e contingenciais até a incrível flexibilidade para não se deixar imobilizar pela paralisia de paradigma. Com base nas competências que integram o perfil do surfista e o ajudam a se tornar um esportista bem-sucedido, formulamos, por analogia, um anagrama que relaciona as principais habilidades e capacidades que as empresas e profissionais devem ter para obter sucesso nos atuais cenários (ver quadro a seguir). Denominam-se **empresas surfistas** – isto é, organizações que acompanham as mudanças, possuem alto grau de resiliência, pensam estrategicamente, são focadas, inovadoras, visionárias e se reinventam constantemente.

> **O Paradigma do Surfista - Estratégias para a Supremacia no Século XXI**
> - S - Pensamento Sistêmico (holismo; estratégia)
> - U - Senso de Urgência (agilidade, rapidez)
> - R - Resiliência (flexibilidade)
> - F - Foco (voltar-se para resultados e para o cliente)
> - I - Inovação (Empreendedorismo; criatividade)
> - S - Sem medo (Coragem; assumir riscos)
> - T - Tecnologia da Informação (Integrado; conectado; *upgradable*; atualização constante)
> - A - Antecipar-se às mudanças (proatividade; visionário; liderança)
>
> Fonte: MORSCH, Marco Aurélio. *Administração estratégica*. FAAP/Pós-Graduação, 1999.

Estratégia: Definições e Evolução

O termo estratégia deriva da palavra grega *strategós* (a arte do general) que em sua origem etimológica significa *a habilidade do general de derrotar o inimigo através do uso inteligente de seus recursos*. Não podemos falar de estratégia, sem visitar a famosa obra de Sun-Tzu, "A Arte da Guerra". Escrito há cerca de 2.400 anos, este primeiro registro histórico sobre os conceitos e princípios de estratégia é hoje um *best-seller* lido por milhares de executivos e alunos de MBA em todo o mundo. Suas idéias são interpretadas e aplicadas em áreas como *marketing*, liderança, recursos humanos e finanças, mas sobretudo no campo da administração estratégica, onde ganha incrível pertinência, adequação e atualidade. Seu capítulo previsões matemáticas, por exemplo, embasa a utilização de ferramentas para a análise de cenários e do ambiente de negócios como base para as decisões de futuro e para a formulação de estratégias. Os fundamentos de Sun-Tzu para a arte da guerra são facilmente comparáveis ao processo de administração estratégica empresarial vivido pelas empresas hoje (ver quadro abaixo).

Fundamentos da Arte da Guerra e o Processo de Administração Estratégica
Quadro Comparativo

A Arte da Guerra (Fundamentos Essenciais)	Etapas do Processo de Administração Estratégica
Doutrina (Tao):	Direção Estratégica (Missão, Visão, Valores e Objetivos Estratégicos)
Natureza (Condições Ambientais)	Análise da Situação (Macroambiente)
Situação	Análise Setorial (Ambiente Operacional)
Liderança (Habilidades)	Competências Essenciais/Formulação da Estratégia
Arte (Disciplina)	Sistemas e estruturas flexíveis (Implementação e Controle da Estratégia)

São diversas as definições de estratégia encontradas na bibliografia internacional. Não é raro, também, certa confusão semântica na utilização dos termos planejamento estratégico, estratégia empresarial e administração (gestão) estratégica, sendo freqüentemente utilizados como sinônimos, embora difiram em significado e enfoque como veremos adiante. Conceito proveniente do ambiente militar ("A ciência ou arte do comando militar aplicado ao planejamento e execução global de operações de combate em larga escala; uma manobra militar destinada a derrotar ou surpreender um inimigo" (Larousse, 1979), a palavra estratégia se expandiu para todas as áreas, ampliando sua acepção ("plano de ação em comércio ou política; arte ou habilidade de usar estratagemas na política, nos negócios, nas seduções ou similar") (Webster, 1972).

A seguir, apresentamos algumas das definições sobre estratégia:

- "É a determinação dos objetivos e metas básicas de longo prazo de uma empresa, e a adoção de linhas de ação e a alocação de recursos necessárias para alcançar estes objetivos".

- "As políticas e decisões fundamentais, adotadas pela administração, que causam impactos importantes sobre o desempenho financeiro. Estas políticas e decisões geralmente envolvem o comprometimento de recursos significativos e não facilmente reversíveis." (Robert Buzzell e Bradley Gale)
- "Estratégia é sinônimo de **escolhas**. A soma das escolhas determina se a empresa tem chance de vencer no mercado – se é capaz de conquistar e preservar clientes e superar o desempenho dos concorrentes" (Liam Fahey)
- "A estratégia empresarial é..., numa palavra, a vantagem competitiva... O único objetivo do planejamento estratégico é capacitar a empresa e ganhar, da maneira mais eficiente possível, uma margem sustentável sobre seus concorrentes. A estratégia corporativa, desse modo, significa uma tentativa de alterar o poder de uma empresa em relação ao dos seus concorrentes, da maneira mais eficaz." (Kenichi Ohmae)
- "Estratégia é o conjunto de objetivos, finalidades ou metas e as políticas e planos mais importantes para a realização dessas metas, declaradas de modo a definir em que negócio a empresa está ou deverá estar, e o tipo de empresa que é ou deverá ser." (Kenneth Andrews)
- "Plano de ação que prescreve a alocação de recursos e outras atividades para lidar com o ambiente e ajudar a organização a cumprir suas metas" (Richard Daft)
- "Processo gerencial de desenvolver e manter uma adequação viável entre os objetivos, experiências e recursos da organização e suas oportunidades em um mercado continuamente mutante" (Philip Kotler)
- "Estratégia converte a teoria do negócio (um conjunto de premissas tais como qual é o nosso negócio, quais nossos objetivos, como eles definem resultados, quem são nossos clientes e o que eles valorizam) em performance. Seu propósito é capacitar a organização a atingir os resultados desejados em um ambiente imprevisível. Ela permite a organização ser propositadamente oportunista" (Peter Drucker)

- "A essência de qualquer estratégia de negócios é a proposição de valor do cliente, que descreve o singular mix de atributos do produto ou serviço, relações com o consumidor, e a imagem corporativa que a empresa oferece. Ela define como o negócio vai se diferenciar" (Robert S. Kaplan e David Norton)
- "Estratégia responde a duas questões básicas: aonde v. quer ir? Como v. quer chegar lá?" (Michael Porter)
- "Estratégia é a criação de uma posição única e de valor, envolvendo um conjunto de atividades" (Michael Porter)
- "É o conjunto de regras de decisão para orientar o comportamento de uma organização" (H. Igor Ansoff)
- "Estratégia é a arte de construir o futuro" (Gary Hamel e C. K. Prahalad)
- "Padrão num conjunto de decisões e ações. Padrão ou plano que integra os principais objetivos, políticas e ações seqüenciais de uma organização em um todo coeso. Uma estratégia bem formulada ajuda a direcionar e alocar os recursos organizacionais em uma única e viável postura baseada nas suas relativas competências e fraquezas internas, nas antecipações das mudanças no ambiente e nos movimentos contingenciais de oponentes inteligentes." (Henry Mintzberg)

Desde a Arte da Guerra, o conceito de estratégia tem evoluído e seu estudo se ampliado de acordo com a evolução dos paradigmas de administração. No início do século XX, o enfoque da estratégia esteve totalmente voltado à produção e ao desafio de aumentar a eficiência e a produtividade para atender à crescente demanda e lucratividade da era industrial. Nos anos de 1950, com o desenvolvimento econômico do pós-guerra e diversificação de produtos e proliferação das empresas, a ênfase da estratégia se voltou para o **planejamento financeiro**. Aspectos como orçamento, fluxo de caixa, investimentos e lucratividade passaram a ocupar o planejamento estratégico empresarial. A ordem era planejar o futuro através do orçamento e cumprir o *budget*. Com a expansão para novos mercados e o início da globalização dos negócios, nos anos de 1960 e 1970, a estratégia entrou na fase do **planejamento corporativo**: fazer previsão para o negócio em seus ambientes diversificados de atuação, atendimento à demanda diferenciada, adaptação a novos cenários. A ênfase era fazer previsões. Autores da época como Kenneth Andrews, C. R. Christensen, A. D. Chandler e Igor Ansoff deram contribuições permanentes a este campo de estudo. Nos anos de 1980, com o acirramento da competitividade, as empresas passaram a focar mais cuidadosamente a **análise setorial e posicionamento** competitivo em determinado ramo de negócios. Pensar estrategicamente passa a representar a sobrevivência e o sucesso empresarial. Henry Mintzberg (1994) que escrevia sobre o processo estratégico desde 1965, propôs a revisão do conceito, ampliando seu foco para a administração estratégica. As idéias de Michael Porter (1985) sobre atratividade setorial e forças competitivas presentes nos setores industriais, bem como a opção por estratégias genéricas para a competição e necessidade de posicionamento único, ocuparam o centro das discussões empresariais. Finalmente, no final do século XX, a **exploração da vantagem estratégica específica da empresa** através de suas **competências essenciais** passou a dominar a abordagem sobre a estratégia organizacional. *Competindo pelo Futuro*, de Gary Hamel e C. K. Prahalad (1994), tornou-se o guia básico dos estrategistas. "Criar" o futuro, através da inovação e da reinvenção constante do negócio e do mercado, através de capacidades únicas e distintivas da empresa (competências essenciais), passou a ser o paradigma de vantagem competitiva. A tabela abaixo ilustra esta evolução do pensamento estratégico:

Tabela 3.1 Evolução do Pensamento Estratégico.

	Anos 50	Anos 60	Anos 70	Final dos Anos 70 e Meados dos Anos 80	Meados dos Anos 80 e Início dos Anos 90	Desde o Início dos Anos 90
Tema dominante	Orçamentação	Planejamento Empresarial	Estratégia Corporativa	Analise da indústria e competição	Vantagem competitiva	Valor da empresa
Principal enfoque	Controle contabilístico e financeiro	Planejamento do Crescimento	Planejamento de portfólios de negócios	Escolha de setores, merc. e segmentos mais atrativos	Fontes de vantagem competitiva	Renovação dinâmica da empresa
Principais conceitos	Orçamentação financeira, planejamento de investimentos e avaliação de projetos	Previsão do mercado, diversificação e análise de sinergias	Matrizes de plan. de portfólios; de neg. e anál. dos efeitos da curva de experiência e da rentabil. na quota de mercado	Modelos de avaliação da atratividade estrutural da indústria e de análise da concorrência	Anál. dos recursos e competências, identificação dos fatores críticos de sucesso e rapidez de resposta aos mercados	Inovação, aprendizagem organizacional e valor acrescentado de mercado
Implicações	Papel determinante da gestão financeira	Criação de departamentos de planejamento estratégico e desenvolvimento de conglomerados	Organização por unidades estratégicas de negócio e integração do contr. financeiro e estratégico	Desinvestimento de negócios pouco atrativos e melhor gestão dos ativos	Reestruturação das empresas e concentração em compet. únicas	Reengenharia dos processos. Alianças estratégicas e criação de redes empresariais

Fonte: "Estratégia", Adriano Freire

A Importância da Estratégia

Neste amplo e rico conjunto de definições, pode-se perceber que *decisões estratégicas são diferentes*. Por sua natureza, em função da *relevância, abrangência e profundidade,* as decisões estratégicas são importantes. Elas têm potencial para afetar a saúde e a direção do negócio de maneira fundamental. Elas envolvem significativas alocações de recursos para longo período de tempo e não são facilmente reversíveis. Elas envolvem mais de um departamento funcional e comprometem toda as áreas da organização.

Para Liam Fahey e Robert M. Randall (1999), a estratégia é o desafio mais importante da atualidade.

Explicam os especialistas:

A gestão estratégica é o nome do desafio mais importante, árduo e abrangente com que se defronta qualquer organização privada ou pública: de que maneira estabelecer as bases para o êxito amanhã e ao mesmo tempo competir para vencer nos mercados de hoje. A vitória no presente não é o bastante; a não ser que, simultaneamente, as sementes do amanhã estejam sendo plantadas e cultivadas, a empresa não terá futuro.

Estratégia e sucesso empresarial estão intimamente ligados. A sobrevivência a longo prazo, o crescimento sustentado, a rentabilidade adequada, a capacidade de inovação e a vantagem competitiva sustentável – critérios reconhecidos para o êxito organizacional – podem ser atingidos com o auxílio da estratégia (o *caminho* escolhido) ou dificilmente alcançados sem sua participação. A administração estratégica tem como principais benefícios para a empresa:

- Prover senso de propósito.
- Melhorar a performance a longo prazo.
- Fornecer direção e consistência na tomada de decisão.
- Ajudar a pensar o futuro e a reconhecer os sinais de mudança.
- Encorajar inovação e transformações para se adaptar ao ambiente.
- Melhorar a sinergia e a comunicação.
- Promover posicionamento e vantagem competitiva sustentável.

Pensando Estrategicamente

Há diferença entre planejamento estratégico e administração estratégica? Como vimos anteriormente, a evolução do pensamento estratégico foi uma resposta das empresas às mudanças do ambiente de negócios. Para se adequar aos cenários mais dinâmicos e complexos, em que a velocidade das mudanças se acelerou freneticamente, as empresas passaram a modificar sua perspectiva sobre estratégia: de uma metodologia gerencial para estabelecer a direção a ser seguida pela empresa, visando ao atingimento de seus objetivos e interação com o ambiente (planejamento estratégico), para um "processo contínuo e iterativo que visa manter a organização como um conjunto apropriadamente integrado a seu ambiente" (administração estratégica) (Certo e Peter, 1993). Sua definição evoluiu de uma ferramenta de gestão para um modelo mental, um sistema de raciocínio e sua abordagem, para uma filosofia de gestão, processo de adequação e aprendizado.

Distintas em escopo, a amplitude das decisões e ações envolvidas no processo de administração estratégica é maior do que o planejamento estratégico e inclui, entre outras etapas, como veremos adiante, a fase do próprio planejamento. Etapas igualmente relevantes, como implementação e controle estratégico, não eram consideradas na visão anterior. Assim, a expressão planejamento estratégico não abarcava todo o processo e, portanto, tornou-se limitada para compreender completamente o significado mais amplo da gestão estratégica. A própria definição clássica de administração – o ato de planejar, organizar, dirigir e controlar os recursos disponíveis para atingir os objetivos organizacionais – orienta o sentido amplo de administração estratégica. No quadro a seguir, contrapõem-se ambas as perspectivas:

Pensamento Estratégico	
Planejamento	Estratégia
Análise (Segmentação)	Síntese
Método	Criatividade, inovação
Plano formal, explícito e completo	Visão integrada, pouco clara e incompleta
Em reuniões de planejamento	A qualquer tempo
Responsável pelo planejamento e Gestores do topo	Qualquer membro da empresa

(Adaptado de FREIRE, Adriano. *Estratégia*. Editora Verbo, Portugal, 1997)

O pensamento estratégico é um modelo mental composto de características próprias. Ele envolve um sistema de pensamento abstrato, não-linear, sistêmico (perspectiva holística e multidimensional), analítico e conceitual (reflexivo e hipotético). Permite aos gerentes considerar e integrar muitas variáveis externas e internas que influenciam as organizações. Produz uma visão geral abstrata e âncoras conceituais para que eles possam compreender e analisar sistemicamente as variáveis complexas que precisam gerenciar e provê uma perspectiva integrada e seqüencial de estágios interdependentes (pensar a organização, o consumidor, a concorrência e o futuro) que inter-relaciona forças, causas e efeitos, criando cenários e analisando obstáculos, bem como efetivando escolhas do caminho a seguir.

Para Michel Robert (1998), "a maioria das corporações tem falta de capacidade de raciocínio estratégico". Elas podem adotar metodologias formais de planejamento, mas planejamento estratégico não é raciocínio estratégico.

O processo de raciocínio estratégico é descrito como o tipo de raciocínio que tenta determinar o que uma organização deve ser no futuro [...] em que a direção da empresa se reúne e pensa sobre os aspectos qualitativos de seu negócio e do ambiente em que irá atuar, definindo o rumo da organização. É uma metodologia auxiliar na formulação, articulação, comunicação e implementação de uma estratégia e visa proporcionar a lógica, a sistemática, as perguntas e uma linguagem comum para que as pessoas encontrem, elas mesmas, as respostas para estas questões, a serem materializadas em um plano.

Cinco Ps para Estratégia

Henry Mintzberg (1998) propõe uma definição de estratégia através de cinco Ps para melhor descrever suas dimensões. Por meio deles, podemos compreender melhor o modelo mental do pensamento estratégico:

- Plan (Plano)
- Ploy (Manobra)
- Pattern (Padrão)
- Position (Posição)
- Perspective (Perspectiva)

A estratégia é um *plano*, pois através do traçado de uma diretriz – plano – a empresa concebe conscientemente um curso de ação em direção ao futuro. A estratégia é uma *manobra*, pois se caracteriza como um movimento específico com a finalidade de enganar o concorrente. A estratégia é um *padrão*, pois tende a ser repetida em função da experiência e tem sua consistência expressa através de ações e comportamentos. A estratégia é uma *posição*, pois procura estabelecer um lugar – posicionamento – para a empresa ocupar no ambiente e no mercado. A estratégia é uma *perspectiva*, pois resulta da maneira enraizada de como a organização e seus líderes vêem o mundo.

Mintzberg (1998) identificou dez escolas de pensamento sobre estratégia. Segundo o autor, elas representam muito mais aspectos sobre o processo estratégico do que abordagens completas sobre o tema. Em cada uma delas, uma perspectiva em relação à estratégia prepondera, como vemos a seguir:

1. escola do *design* – estratégia como um processo de concepção;
2. escola do planejamento – um processo formal;
3. escola do posicionamento – um processo analítico;
4. escola empreendedora – um processo visionário;
5. escola cognitiva – um processo mental;
6. escola do aprendizado – um processo emergente;
7. escola do poder – um processo de negociação;
8. escola cultural – um processo social;
9. escola ambiental – um processo reativo;
10. escola da configuração – um processo de transformação.

Níveis de Estratégia

É comum escutarmos a expressão "vamos formular a estratégia". Entretanto, se faz necessário clarificarmos melhor esta citação. A construção de uma estratégia se dá em níveis e em cada um deles temos distintas decisões a serem tomadas. Wrigth (2000) e Certo (1993) categorizam essa criação em três níveis, enquanto Thompson a classifica em quatro, conforme tabela abaixo.

Tabela 3.2

Wrigth	Certo	Thompson	Conceito
Empresarial	Organizacional	Corporativo	Estratégias que a alta administração formula para toda a empresa.
Unidade de Negócios	Negócios	Negócios	Estratégias em que se define como a empresa deve competir no setor ou negócio escolhido.
Funcional	Funcional	Funcional	Estratégias buscadas pelas áreas funcionais de uma unidade de negócio: finanças, marketing, recursos humanos, produção etc.
		Operacional	Estratégias restritas para unidades operacionais básicas, tais como fábricas, distritos e regiões de vendas e departamentos dentro de áreas funcionais.

Wrigth, Certo e Thompson utilizam-se de palavras diferentes (empresarial, organizacional ou corporativo) para expressarem o mesmo conceito. Nesse nível, as decisões respondem às perguntas: em que setor deve atuar; que negócio deve elevar, estabilizar ou restringir a atuação; ou mesmo em que segmento é adequado deixar de atuar.

Na década de 1990, era comum a empresa expandir sua área de atuação em segmentos bem distintos, como, por exemplo, farmácia e posto de gasolina, pois diversificar era a orientação do mercado. Posteriormente, foi possível observar, entretanto, que nem todos estavam capacitados a gerir negócios tão distintos.

No nível de estratégia de negócios, os três autores citados optam pelas estratégicas genéricas de Michael Porter: liderança global de custos, diferenciação e enfoque.

Existem também similaridades no nível funcional, tanto no nome como na operacionalização da estratégia. Nesse nível, cada área dentro de sua dimensão de atuação: *marketing*, recursos humanos, finanças etc., desenvolve estratégias que favoreçam a implementação da estratégia corporativa.

A integração entre as diferentes áreas funcionais na formulação e implementação de suas estratégias é fundamental para o alcance dos objetivos. Entretanto, é comum identificarmos unidades funcionais que traçam estratégias sem nenhuma sinergia com as demais unidades, o que gera vários problemas.

Há uma correlação entre os níveis de decisões estratégicas e níveis hierárquicos dentro de uma empresa: enquanto as estratégias (empresarial, organizacional ou corporativa) são geralmente tomadas pela alta administração, as decisões estratégicas funcionais efetivam-se nas áreas funcionais.

Embora os níveis de tomada de decisão estratégica sejam distintos, existe uma correlação intrínseca entre eles. O grande desafio é desenvolver estratégias, independentemente do nível, e envolver todos dentro da empresa.

Empresas que já atingiram um grau de sinergia e amadurecimento de seus colaboradores conseguem envolvê-los não somente na implementação, mas também na construção de uma estratégia que consiga atender às expectativas dos clientes.

Não somente o colaborador precisa estar preparado, é necessário também que as chefias tenham o amadurecido o suficiente para "dividir" o poder e fomentar o desenvolvimento dos colaboradores para que se sintam participantes, a cada dia, da construção de soluções que viabilizem o sucesso da organização.

O Processo de Administração Estratégica

O processo de administração estratégica envolve o conjunto de decisões e ações integradas e contínuas para promover a adequação da empresa ao seu ambiente, definir o seu direcionamento estratégico, prover a vantagem competitiva frente à concorrência e implementar e controlar efetivamente os objetivos e resultados organizacionais, visando ao êxito da empresa. Na vasta bibliografia sobre estratégia, modelos diversos são apresentados para descrever esse processo. Optamos por utilizar a abordagem clássica descrita por Samuel Certo e J. Paul Peter (1993).

As etapas do processo de administração estratégica (análise do ambiente, diretriz organizacional, formulação da estratégia, implementação da estratégia e controle estratégico) são apresentadas na Figura 3.4:

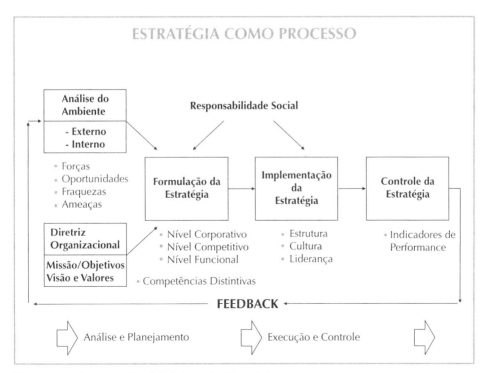

Figura 3.4 Processo De Administração Estratégica.

Análise do Ambiente

Assim como o alfabeto inicia-se com a letra A, o número 1 antecede ao 2 e assim por diante, qualquer processo necessita ser dividido em fases seqüenciais para ser adequadamente executado. A construção de uma casa não se inicia pelo telhado, mas, sim, pelas fundações; o aluno universitário teve de ser antes aluno dos cursos fundamental e médio etc. Assim é a seqüência natural da vida e o processo de aprendizado. Aprende-se experimentando, testando, planejando e, é claro, por vezes errando.

Em um processo de administração estratégica, a obediência a essas fases é também fundamental para seu sucesso. Antes de controlar e acompanhar um processo estratégico, é necessário, claro, implementá-lo. Para implementá-lo é necessário preparar um plano, formulá-lo. A formulação é a conseqüência da determinação da diretriz do processo, da razão de ser da atividade-base desse processo e de seus objetivos. Tudo isso, por sua vez, deve ser precedido de um conhecimento dos aspectos que o norteiam e podem afetar o processo estratégico. A essa fase do processo denominamos **análise do ambiente.**

A análise do ambiente deve descobrir informações que serão aplicadas nas etapas seguintes do processo de administração estratégica. Essa análise tem também o propósito de auxiliar o estabelecimento da diretriz organizacional e a preparação da planificação dessa estratégia e, por último, propiciar as efetivas bases para que esse processo seja implementado de maneira adequada e, finalmente, acompanhado e controlado.

Entende-se igualmente como ambiente o conjunto de fatores externos e internos à organização que podem afetar e influenciar a empresa na sua capacidade de atingir as metas propostas.

Ambiente Externo ou Geral

A análise do ambiente comumente chamado de externo ou geral deve contemplar o conjunto de fatores que se encontram fora do alcance natural dos dirigentes da organização, porém afetam seus planos, metas, objetivos, missão e visão, hoje e no futuro.

São muitos os fatores a que nos referimos e, para facilitar o estudo desse conjunto, vamos nos ater aos principais, passando, assim, pelos aspectos *políticos, econômicos, sociais* e *éticos* e, finalmente, tecnológicos. A esse conjunto de aspectos vamos chamar de *PEST*, que, longe de ser algo indesejável, é apenas a combinação de suas iniciais.

A Figura 3.5 mostra o diagrama dessa composição, bem como os principais quesitos a serem examinados em cada um dos fatores.

Análise do ambiente:

1 - EXTERNO: PEST

- Analisando o ambiente externo competitivo. Quais fatores estão afetando a organização? Hoje e no futuro.

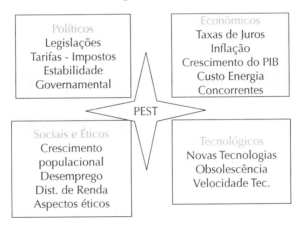

Figura 3.5

O fator **político** indica os componentes que podem afetar uma decisão estratégica, seja a mudança de governo, seja a instabilidade governamental, que quase sempre trazem insegurança aos investidores e aos consumidores. A mudança na legislação vigente pode também afetar ou modificar a operação a ser planejada para um negócio. A alteração de alíquotas de importação que favoreçam ou prejudiquem a obtenção de produtos de outros países ou mesmo a taxação de produtos antes isentos podem igualmente afetar decisões estratégicas.

O fator **econômico** pode indicar que alterações, por exemplo, nas metas inflacionárias, possam vir a comprometer a esperada demanda por serviços e o consumo de produtos. Também o aumento ou a diminuição do PIB fatalmente influenciarão as metas de resultados previstas pela empresa. Além disso, alterações substanciais no custo de insumos fundamentais, como energia, por exemplo, podem igualmente afetar as decisões que envolvam a utilização maciça desses elementos.

O fator **social e ético** influenciará as decisões estratégicas da empresa, por exemplo, com relação às taxas de desemprego evidenciadas e previstas, ao aumento ou redução dos índices de crescimento demográfico ou mesmo à melhora ou piora no poder aquisitivo da população. Não obstante a análise desses itens, o fator social e ético será decisivo para balizar as decisões da empresa quanto à transparência na divulgação de seus resultados e no respeito aos funcionários, clientes, fornecedores e sociedade em geral.

O respeito ao meio ambiente tem sido também outro elemento de preocupação dos empresários, uma vez que atitudes nesse sentido têm igualmente balizado a decisão de muitos consumidores.

Finalmente, o fator **tecnológico**, que constitui preocupação crescente entre os empresários quando da decisão de administrar a empresa com enfoque estratégico. As freqüentes e cada vez mais rápidas mudanças tecnológicas devem ser acompanhadas e, sempre que possível, antecipadas, possibilitando à empresa atingir o nível de competitividade e diferenciação desejado.

A busca pela competitividade é o cerne, o coração e a alma da administração estratégica. Não se pode afirmar que se esteja administrando estrategicamente uma empresa ou um negócio, se não se está buscando essa competitividade e com ela a diferenciação. Com a diferenciação, a empresa garante vantagem sobre seus competidores. Essa vantagem denomina-se *vantagem competitiva*.

Por vantagem competitiva entende-se, por exemplo, sair na frente, antecipar-se às mudanças que eventualmente possam ocorrer, ter retornos mais elevados e rápidos que os concorrentes ou agregar efetivo valor ao negócio que se está administrando.

Sem a vantagem competitiva não se pode afirmar que exista uma administração estratégica, mas tão-somente uma administração de rotina, que não levará a empresa, ou o negócio, a um patamar diferente daquele que ela se encontrava anteriormente.

Uma análise de ambiente elaborada de maneira adequada garante que a vantagem competitiva seja mais apropriadamente atingida, além de resultar nas condições mais favoráveis para a determinação do rumo a ser seguido pela empresa e os recursos que esta adotará para alcançá-los.

A análise do ambiente bem elaborada permite identificar as oportunidades e ameaças de seu segmento de negócio e determinar a melhor maneira de a empresa utilizar suas competências essenciais na busca dos resultados estratégicos desejados.

Como já dissemos, as empresas não são capazes de controlar diretamente o ambiente fora de seu segmento, ou seja, o ambiente externo ou geral. Entretanto, quanto mais rapidamente puderem conhecer as oportunidades resultantes desse ambiente, ou defender-se das ameaças que ele possa trazer, maior será a possibilidade de obter vantagem competitiva sobre seus competidores.

As **oportunidades** representam as condições existentes no ambiente externo que podem auxiliar a empresa a alcançar a tão desejada vantagem competitiva em relação a seus competidores. As **ameaças**, por sua vez, representam as condições que possam prejudicar os esforços dessa empresa para alcançar essa vantagem.

Existem várias maneiras de analisar um ambiente e cada uma é aplicada com maior ou menor intensidade pelos profissionais da empresa, dependendo dos resultados que se espera atingir. Não obstante a utilização dessas alternativas, o relacionamento pessoal, a influência nos diferentes setores da economia, o chamado *networking*, continua sendo indispensável como ferramenta informal na obtenção das informações desejadas. A internet é outra ferramenta habitual que facilitou sobremaneira a obtenção de informações desejadas.

Vejamos, entretanto, as alternativas tradicionalmente utilizadas na análise dos diferentes ambientes:

Investigação minuciosa – representa o estudo de todos os segmentos do ambiente, para identificar sinais precoces de mudanças em potencial. A detecção igualmente precoce desses sinais auxiliará a indicação da alternativa estratégica a ser seguida.

Monitoramento – o monitoramento, mais do que a investigação minuciosa, permite aos analistas observarem as mudanças no ambiente e de que maneira os consumidores e as pessoas em geral foram afetados por elas, qual a tendência surgida depois de ser detectada a mudança e qual a conseqüência trazida por ela.

Por exemplo, uma nova legislação que permita às lojas fora dos *shopping centers* abrirem aos domingos pode provocar aumento nas vendas em geral, mas ao mesmo tempo incitar os sindicatos a tentarem proteger seus afiliados com encargos trabalhistas muito mais elevados, que podem inviabilizar o eventual ganho com as vendas em dias adicionais.

A simples investigação minuciosa, nesse caso sem o monitoramento, pode levar os analistas a conclusões precipitadas e eventualmente equivocadas.

Previsões – a investigação minuciosa e o monitoramento atêm-se a eventos no momento em que ocorrem. Prever significa antepor-se a esses eventos. Ao formular previsões, os analistas desenvolvem projeções possíveis daquilo que possa vir a acontecer e da rapidez com que isso pode ocorrer.

A Philips, por exemplo, previu, no final dos anos de 1980, a utilização maciça de televisores com controle remoto se o custo desse componente pudesse ser reduzido a níveis comercialmente aceitáveis. Isso lhe deu a condição de antecipar-se aos demais concorrentes e projetar um controle remoto simplificado e, portanto, com preço muito menor que os controles remotos existentes na época no mercado. Seu exemplo foi seguido pelos concorrentes somente depois de determinado tempo, o que lhe permitiu auferir os resultados positivos de sua posição proativa.

Avaliação – é a interpretação dos efeitos das mudanças provocadas no ambiente e dos dados levantados nas alternativas anteriores.

A investigação minuciosa, o monitoramento e a previsão são alternativas que permitem aos analistas entender o ambiente em análise. Entretanto, a correta interpretação desses dados é que vai especificar ou "traduzir" essas informações. Sem isso, a empresa pode dispor de informações interessantes, mas de pouca relevância competitiva ou de competitividade desconhecida.

Ambiente Interno/Operacional

Ao contrário do ambiente externo/geral, no ambiente interno/operacional, principalmente no interno, os administradores têm maior controle e influência sobre os fatores que compõem esse ambiente e, portanto, suas decisões podem contribuir com maior precisão para o sucesso ou o fracasso de seus negócios.

A análise do ambiente interno/operacional é facilitada pela identificação de alguns fatores e componentes, entre eles: componente cliente, componente concorrência, componente mão-de-obra/organizacional e componente recursos operacionais/financeiros.

> **Componente cliente** – a análise do componente cliente procura identificar o perfil, o comportamento e a influência que os atuais e futuros clientes têm ou terão na decisão de compra de mercadorias e serviços da empresa.

Quem são os clientes atuais e quem serão os novos clientes, como compram os clientes atuais e os futuros clientes, quando compram e quando comprarão e, finalmente, qual a capacidade de compra que eles possuem?

A análise do componente cliente também procura segmentar os atuais e futuros clientes por canais de distribuição, analisando melhor os chamados 4 Ps em *marketing*: produto, praça, preço e promoção.

Conhecendo os aspectos que norteiam o perfil e o comportamento de seus clientes atuais ou de potenciais clientes, os dirigentes de uma empresa têm maior condição de aprimorar a aceitação de mercadorias e serviços disponibilizados a esses clientes, diferenciá-los e, assim, mais facilmente atingir a desejada vantagem competitiva.

> **Componente concorrência** – a análise da concorrência é um desafio fundamental para a estruturação da estratégia. É o conhecimento daqueles que a empresa tem de "vencer" para obter seu posicionamento competitivo diferenciado.

É saber quem são ou quem serão os potenciais concorrentes. Nesse aspecto, não somente os atuais concorrentes devem ser conhecidos e analisados, mas também as demais forças direcionadoras da concorrência dentro de um segmento específico.

Um atual comprador pode vir a ser um concorrente potencial desse segmento, assim como um atual fornecedor de insumos dessa empresa. Além disso, os chamados produtos substitutos com preços e qualidade inferiores são também potenciais ameaças e podem se tornar competidores no futuro.

> **Componente mão de obra/organizacional** – é a análise dos fatores que influenciam a mão-de-obra, como, por exemplo, estrutura organizacional interna, regiões mais influenciadas por sindicatos representativos ou regiões mais sujeitas a greves, captação de pessoas treinadas, necessidade de treinamento, faixa etária etc.
>
> **Componente recursos operacionais e financeiros** – é a análise dos recursos materiais e financeiros necessários para fazer face à estratégia definida.

Nesses recursos são incluídos os aspectos relacionados à qualidade dos materiais empregados, a abundância ou falta de matérias-primas, estoques, logística e processos de fabricação ou serviços.

Além dos aspectos operacionais, é também analisada neste item a necessidade de recursos financeiros, a forma de melhor alavancar o projeto do ponto de vista financeiro, os aspectos de liquidez, a lucratividade, a margem de contribuição por produto, entre outros.

Por todos os tópicos analisados, concluímos que a análise criteriosa dos ambientes externo/geral e interno/operacional é de extrema importância no processo de administração estratégica e um patamar fundamental e necessário para a adequada atuação nas fases seguintes do processo.

Estabelecendo a Diretriz Organizacional

"Não há vento favorável para quem não sabe aonde vai" (Sêneca). Este antigo provérbio grego caracteriza bem a essência do que o estrategista vai analisar nesta etapa. Empresas que não têm clareza de propósito e objetivos bem definidos são como barcos à deriva, sem rumo e ao sabor das ondas. É crucial para qualquer organização estabelecer um norte para seu negócio. As decisões e ações relativas a esta definição estabelecem o foco que vai nortear a organização.

Embora não haja uniformidade entre os autores na terminologia que designa esta etapa, todos concordam com os aspectos relevantes que este estágio do processo estratégico deve englobar. Definições como a **missão organizacional**, a **visão**, os **valores empresariais** e os **objetivos estratégicos** estão contidas na **diretriz organizacional** (**direção estratégica ou foco estratégico**).

Missão Organizacional

O desenvolvimento da missão organizacional é uma etapa crítica no estabelecimento da diretriz de qualquer organização. Sua elaboração deve refletir os resultados de uma acurada análise do ambiente, sobretudo na exploração das oportunidades, bem como expressar a identidade da organização.

Essencialmente a missão estabelece a meta geral e abrangente da empresa. Serve de referência e abrange todo o negócio, sobretudo os objetivos organizacionais que, como veremos adiante, como desdobramento da missão, a suportam e reduzem seu enfoque para alvos mais específicos. A missão é a razão de ser do negócio, e por que ele existe. Ela expressa o propósito da organização, definindo o que ela é e o que ela faz e o que não faz. É uma declaração formalmente escrita na qual a empresa define pontos de sua identidade, tais como os produtos e os serviços que produz, o ramo e foco de atuação (os mercados em que atua), seus principais atributos e diferenciais (distinção) e como ela se apresenta para o mercado. A missão é como um cartão de visitas – muitas, inclusive, explicitam sua missão no verso dos cartões de visitas de seus funcionários, deixando claro para o mercado seu propósito organizacional. Com o advento da internet, muitas empresas passaram a apresentar sua missão em seus *websites*, sob ícones institucionais titulados como "quem somos".

Embora variem de empresa para empresa, a maioria das declarações escritas de missão inclui informações como:

- produto ou serviço da empresa
- mercado
- tecnologia (técnicas, materiais e processos de produção)
- objetivos da empresa
- filosofia da companhia (credo da empresa)

- autoconceito da empresa (a impressão que a companhia tem de si mesmo)
- imagem pública (que a empresa quer passar para seus diversos públicos)

Esses tópicos principais podem estar mais ou menos detalhados no corpo da declaração da missão, traduzindo os ideais e orientações globais da organização, mas acreditamos que o formato ideal deva ser claro, conciso e abrangente. Recomendamos algumas características para a declaração de missão:

- clareza (intangível)
- concisão (aproximadamente 50 palavras)
- inspiradora
- focada
- abrangente

A missão deve ser clara e concisa, transmitindo objetivamente um conceito e imagem distintiva que possa facilmente ganhar tangibilidade na percepção de todos os interessados que interagem com a organização. Ela deve prover significado ao negócio, permitindo que compreendamos e sintamos sua razão de existir, traduzindo os ideais e orientações globais da organização e, conseqüentemente, inspirando os colaboradores a executar as atividades que a empresa pretende realizar e os objetivos que pretende alcançar. A missão deve ser focada, para fornecer claramente a orientação e o posicionamento do negócio, e abrangente, para incluir, de maneira geral, todos os objetivos da empresa, balizandoem suas ações. Algumas perguntas podem facilitar a elaboração da declaração de missão, como mostra o quadro a seguir:

Declaração de Missão – Perguntas Facilitadoras
- Qual é a nossa *razão de ser* (propósito)?
- Qual é o nosso *negócio*?
- Que *clientes* ou *nichos* pretendemos atender?
- Que *produtos* e *serviços* ofereceremos?
- Que *necessidades e expectativas* atenderemos?
- Quais são as futuras *competências* requeridas?
- Qual nosso *diferencial* ante à concorrência?

- Que *valor* ou *benefícios adicionais* nossos clientes obtêm quando escolhem nossa empresa em vez da concorrência?
- Quais são os nossos *princípios básicos* e *valores*?
- Com que velocidade estas respostas *mudam*?

Fonte: Elaborado pelos autores com base em TIFFANY, Paul; PETERSON, Steven D. *Planejamento estratégico*, Campus, 1999.

A seguir, apresentamos alguns exemplos de declarações de missão:

➢ "Nossa missão é oferecer a todos os clientes um meio de locomoção a pequenas distâncias para pessoas e cargas, com um grau de confiança superior aos produtos oferecidos por empresas semelhantes no mundo inteiro."

(Elevadores Otis)

➢ "Contribuir para o progresso cultural, político, econômico e social do povo brasileiro, através da educação, da informação e do entretenimento."

(Rede Globo)

➢ "Prestamos grande trabalho a nossos clientes, funcionários e acionistas, sendo fornecedora proeminente de componentes para a indústria de computadores."

(Intel)

➢ "Buscar com Ousadia Soluções Criativas para o Homem."

(Bosch)

➢ "Servir alimentos de qualidade com rapidez e simpatia, em um ambiente limpo e agradável."

(McDonalds)

➢ "Salvar Vidas"

(Hospital das Clínicas de S. Paulo)

➢ "Promover a melhoria contínua da qualidade de vida da sociedade, através da intermediação de recursos financeiros."

(Caixa Econômica Federal)

Importância da Missão

A missão tem fundamental importância para a organização, pois a ajuda a alinhar e concentrar o esforço das áreas e colaboradores em torno dos mesmos objetivos. Esse sentido sinérgico, característica inerente da estratégia organizacional, se materializa através da declaração de missão. Ela possibilita a convergência de foco entre as pessoas e é ferramentapoderosa para o sucesso organizacional, já que cada colaborador está consciente do que é e faz a organização, somando esforços para sua consecução.

Essa consciência acrescenta outra função importante para a missão: prover significado para o negócio. Segundo Peter Drucker (1998), todo negócio deve ter uma função no ambiente para poder existir, que deve ser conhecida e compreendida por toda a organização. A definição do negócio vai nos permitir entender o significado da existência organizacional e sua função para os consumidores, colaboradores, acionistas e sociedade. Quando respondemos à pergunta: "Qual é o nosso negócio?" e visualizamos algum significado, nos orgulhamos de fazer parte dessa razão de ser. Por fim, a missão serve como base lógica para a alocação de recursos organizacionais e como referência para nortear a fixação das metas organizacionais, ajudando em sua consistência e minimizando conflitos entre propósitos divergentes.

Princípios e Valores Organizacionais

Os valores organizacionais são o conjunto de crenças e princípios que guiam as ações e as atividades da empresa. São a ideologia essencial da organização. Os princípios e valores fornecem a estrutura que orienta as pessoas quando se deparam com escolhas difíceis e as mantêm no rumo certo. Eles servem de balizamento para decisões e comportamentos na empresa.

A declaração de valores se destina a todos os que participam e têm algum interesse no negócio e se relacionam com a empresa, os chamados *stakeholders* (acionistas, colaboradores, consumidores, fornecedores, governo e sociedade).

"O exemplo vem de cima". Este velho ditado ajuda a ilustrar a importância da visão para o negócio. Os princípios e valores devem ser praticados no dia-a-dia da organização e não apenas serem palavras bonitas e vazias ostentadas em quadros nos corredores da empresa. A coerência entre o que a empresa propugna ser e o que realmente faz é a consolidação do que a empresa acredita e valoriza. Essa prática, no entanto, só será cristalizada se a alta direção se comportar de acordo com os valores explicitados.

Os princípios e valores representam o espírito que governa a empresa: tem poderosa força força entre os colaboradores, atrativa para novos talentos e percebida pelos consumidores. Em seu livro *Feitas para Durar*, Collins e Porras (1994) fizeram um estudo em que identificaram diversas empresas bem-sucedidas ao longo dos anos, em virtude de seus princípios básicos e valores. Todas elas, chamadas pelos autores de visionárias, aliavam a intenção estratégica a uma cultura forte, baseada em valores compartilhados. A seguir alguns exemplos de declaração de princípios e valores organizacionais:

- IBM:
  - Respeito pelo indivíduo
  - Melhor atendimento do mundo ao cliente
  - Busca da excelência
- DISNEY:
  - Criatividade, sonhos e imaginação
  - Não-ceticismo
  - Atenção fanática aos detalhes
  - Preservação e controle da magia Disney
- NATURA
  - Humanismo – cultivo das relações
  - Criatividade – ousar, inovar
  - Equilíbrio – harmonia, interdependência
  - Transparência – claro, evidente, que se deixa conhecer
- CAMPOS Advocacia
  - Parceria (foco no cliente)
  - Qualidade dos Serviços
  - Ética
  - Alegria

Visão

"O que você quer ser quando crescer?" é o que costumamos perguntar a uma criança pequena. Qual seria a resposta a esta pergunta se a fizéssemos de maneira adaptada para uma empresa: o que você quer ser e onde você quer estar no futuro? A resposta será sua visão de futuro, o que a organização deseja ser.

O foco estratégico começa com a visão. Essa imagem que a organização constrói mentalmente de seu futuro idealizado, comprometendo-se na alavancagem dos recursos e capacidades internas, é também denominada **intenção estratégica**. Ela orienta o planejamento e os objetivos organizacionais. Funciona como um "sonho" ou como "desafio estratégico". Bill Gates, fundador da Microsoft, sonhou "colocar um computador em cada lar americano", mas o que ele não disse é que cada computador teria um software da Microsoft (Vasconcellos Filho e Pagnoncelli, 2001).

A declaração de visão é o conjunto preciso e bem elaborado de palavras que anunciam para onde a empresa está indo. Além de apontar o caminho para o futuro, funcionando como uma bússola, a visão tem forte poder motivador sobre os indivíduos da organização, fazendo-os querer chegar lá. Jack Welch, ex-presidente da GE, considerado o executivo do século disse: "Os líderes de sucesso criam uma visão, articulam-na compaixão, a assumem e a concretizam implacavelmente" (Vasconcelos Filho e Pagnoncelli, 2001). Welch definiu para a GE uma visão de "ser a primeira ou a segunda em todos os mercados em que atua e com a velocidade e agilidade de uma pequena empresa". No anos de 1990, a empresa tornou-se a maior empresa do mundo, entre as *500 Maiores da Revista Fortune*. A seguir, alguns exemplos de declarações de visão empresarial:

- "Mudar o mundo através da tecnologia."

    (Apple Computer, Inc)

- "Ser reconhecida como a empresa mais criativa do mundo."

    (3M)

- "Ser o melhor delivery de comida chinesa do mundo."

    (China In Box)

- "Ser a melhor empresa aérea do Brasil."

    (TAM)

- "Ser a companhia aeroespacial número um do mundo e entre as principais empresas industriais em termos de qualidade, lucratividade e crescimento."

(Boeing)

- "Criar um mundo onde todos possam se sentir crianças."

(Disney)

Embora sejam diferentes em escopo e perspectiva, é comum certa confusão entre os conceitos de missão e visão organizacionais. Alguns executivos redigem a declaração de missão como se fosse a visão, focando um futuro idealizado para o propósito organizacional. Assim, para evitar essa confusão, recomendam-se as seguintes perguntas facilitadoras: para missão: "qual é o nosso negócio?" e para visão: "o que queremos ser?". Outra dica para a diferenciação é a utilização do verbo **fazer** (*to do*, em inglês) para se referir à missão organizacional e do verbo **ser** (*to be*) para se referir à visão.

Objetivos Estratégicos

Depois de definidos a missão organizacional, os valores e a visão de futuro, o próximo passo fundamental será o estabelecimento dos objetivos estratégicos. Esta fase da diretriz organizacional estabelece os alvos que a organização quer atingir no longo prazo e reflete o desdobramento da missão e visão empresariais em metas específicas que conduzirão ao cumprimento de seu propósito. Um objetivo organizacional é uma meta para a qual a organização direciona seus esforços.

Alguns autores e teóricos de administração se dividem em relação à terminologia; alguns utilizam o termo "metas" e outros, o termo "objetivos" para designar os alvos estratégicos. Uma distinção (Tiffany e Peterson, 1999) considera as metas como resultados mais abrangentes, estabelecidas como intenções gerais, e os objetivos, alvos mais específicos e detalhados, que se relacionam diretamente a determinada meta. Os objetivos são declarações operacionais expressas em números e datas, isto é, são específicos, mensuráveis e atingíveis. A utilização diferente dos termos não trará prejuízo, se ficar claro para o estrategista que um deve servir como desdobramento e suporte para o outro. Por exemplo, a meta estratégica "tornar-se líder de mercado" pode incluir o objetivo "aumentar as vendas em 5% ao ano, nos próximos três anos".

O sucesso de uma estratégia está diretamente vinculado à qualidade dos objetivos organizacionais. Um conjunto de objetivos integrados, que explorem as capacidades e recursos empresariais, reflitam as oportunidades do macroambiente e suportem a realização do propósito organizacional, é a chave para melhorar a eficácia de uma organização e levar ao êxito do negócio. Peter Drucker, que desenvolveu em 1954 o método integrador de gerenciamento por objetivos (MBO - Management by Objectives) para a organização, indica oito **áreas-chave para o estabelecimento de objetivos** estratégicos, aos quais todas as áreas da empresa devem estar relacionadas e comprometidas:

- **posição no mercado**: indica a posição que a empresa deseja ocupar em relação a seus concorrentes;
- **inovação**: indica alvos e mudanças desejadas nos processos, sistemas e produtos da organização;
- **produtividade**: define a quantidade de bens ou serviços produzidos pela organização em relação aos recursos utilizados no processo de produção;
- **níveis de recursos**: indicam as quantidades relativas dos recursos que a organização quer alcançar, tais como estoques, equipamentos e caixa;
- **lucratividade:** define o nível de lucratividade desejado;
- **desempenho e desenvolvimento do administrador**: indica a qualidade do desempenho administrativo e a taxa de desenvolvimento dos gerentes;
- **desempenho e atitude do empregado**: reflete a qualidade do desempenho e os sentimentos dos funcionários em relação ao trabalho;
- **responsabilidade social**: define alvos relacionados à obrigação de melhorar o bem-estar da sociedade e operar de maneira sustentável.

Combinados entre si através de um sistema integrado de gerenciamento, os objetivos organizacionais fornecem poderoso direcionamento para o negócio. Sua consistência com a missão, visão e valores organizacionais, bem como sua coerência com as oportunidades do mercado e do contexto no qual a empresa opera, poderão contribuir efetivamente para o sucesso estratégico da organização.

Formulação da Estratégia

A formulação da estratégia é o momento mais crítico do processo de administração estratégica. É a etapa em que decidiremos por onde seguir. Nesse estágio, a empresa escolhe, entre várias alternativas, quais os cursos de ação apropriados para alcançar seus objetivos.

A formulação da estratégia inclui atividades como análise, planejamento e seleção de estratégias que aumentem as chances de o intento estratégico e os objetivos de uma organização serem plenamente atingidos. Ela se fundamenta no processo mental de síntese, pelo qual selecionaremos aquelas opções que melhor possam garantir, de maneira sustentável, o futuro e a vantagem competitiva empresariais. Para essa decisão, a análise ambiental terá importância fundamental, pois nossas escolhas se apoiarão nas informações obtidas principalmente em relação às ameaças, oportunidades, forças e fraquezas diagnosticadas. Além disso, a estratégia escolhida deverá ser coerente e consistente com a diretriz organizacional, alinhando-se com a missão, os valores e os objetivos de longo prazo da empresa. Ademais, a estratégia combina o que a empresa pode fazer (por causa de seus recursos e capacidades organizacionais) com o universo do que poderia – ou deveria – fazer (por causa das oportunidades e pressões competitivas. A Figura 3.6 sintetiza essa integração e alinhamento:

Figura 3.6   Três Setas Para Estratégia.

Apoiando-se nos Dados de Análise do Ambiente

A análise do ambiente fornece os dados que são o fundamento para projetar estratégias bem-sucedidas. Como já vimos, a análise dos fatores internos e externos do ambiente de negócios possibilita o entendimento da situação geral da organização. Através da Análise SWOT, podemos equilibrar os pontos fortes e fracos de uma empresa com as oportunidades e ameaças que o ambiente externo apresenta. Uma cuidadosa avaliação desses quatro elementos, compreendendo inclusive sua importância relativa, poderá fornecer as bases para elaborar a resposta mais apropriada da empresa. A tabela abaixo apresenta algumas questões relevantes que podem auxiliar a análise dos fatores internos e externos.

Tabela 3.3 Análise Swot.

Pontos fortes	Pontos fracos
Uma competência distintiva?	Direção estratégica não clara?
Recursos financeiros adequados?	Posição competitiva deteriorada?
Boa habilidade competitiva?	Instalações obsoletas?
Considerada pelos compradores?	Lucratividade baixa devido a ... ?
Líder reconhecido de mercado?	Falta de talento e profundidade administrativa?
Estratégias de áreas funcionais bem concebidas?	Falta de experiência ou competências?chave?
Acesso a economias de escala?	Controles ruins na implementação da estratégia?
Isolado (pelo menos um pouco) da forte pressão de concorrentes?	Contaminado com problemas operacionais internos?
Dona da tecnologia?	Vulnerável a pressões da concorrência? Ficando para trás em Pesquisa e Desenvolvimento?
Vantagens de custo?	Linha muito limitada de produtos?
Vantagens competitivas?	Imagem de mercado fraca?
Capacidade de inovação de produtos?	Desvantagens competitivas?
Administração competente?	Experiência de marketing abaixo da média?
Outros?	Incapaz de financiar as mudanças necessárias na estratégia?
	Outros?

Outra ferramenta útil para a formulação de estratégias é a análise de questões críticas proposta por Certo e Peter (1993), que fornece um referencial para estudar a situação atual da empresa através de quatro questões básicas:

1. Quais são o(s) propósito (s) e o(s) objetivo(s) da organização?
2. Para onde a organização está indo no momento?
3. Que fatores ambientais críticos a organização está enfrentando atualmente?
4. O que pode ser feito para alcançar os objetivos de maneira mais efetiva no futuro?

Os três níveis de decisão e formulação da estratégia

Uma organização pode escolher uma ampla variedade de estratégias gerais. Com base em Certo e Peter (1993), classificamos a formulação da estratégia em três níveis de decisão distintos:

- estratégias corporativas (no nível organizacional)
- estratégias competitivas (no nível do negócio)
- estratégias funcionais (no nível dos departamentos)

Definidas pela alta administração, as estratégias corporativas são projetadas para garantir que a empresa atinja seus objetivos gerais. Elas dão direção à organização e estabelecem os mercados em que a empresa vai atuar. As estratégias competitivas dizem respeito às decisões no nível das unidades estratégicas de negócio e definem como a empresa vai competir com seus concorrentes. Por fim, as estratégias funcionais são delineadas pelos departamentos organizacionais conforme suas áreas de especialidade e provêem o apoio especializado para sustentar as demais estratégias. A Figura 3.7 mostra a interação entre os três níveis de decisão para a formulação estratégica.

Figura 3.7 Os três níveis de formulação da estratégia.

Estratégias Corporativas (Organizacionais)

A estratégia corporativa refere-se às decisões relativas aos negócios em que a empresa deve entrar e sair e como deve distribuir os recursos entre os diferentes negócios em que está envolvida. Está, portanto, relacionada com o direcionamento que a organização deseja dar ao seu negócio e os aspectos relativos à atratividade e às vantagens de atuar em determinado setor (ramo industrial) ou setores da economia. Essas estratégias são formuladas pela alta direção, envolvem todo o nível organizacional e são orientadas para alcançar os objetivos globais da empresa. As principais alternativas estratégicas que uma empresa pode adotar no nível corporativo são: estratégias de crescimento, estratégias de concentração, estratégias de estabilidade, estratégias de redução de despesas e estratégias combinadas.

Estratégias de Crescimento

A estratégia corporativa mais comum entre as organizações é a estratégia de crescimento. É uma vocação natural das empresas a busca do crescimento nas vendas, lucros, participação no mercado, valorização das ações ou outras medidas. O crescimento tem sido freqüentemente associado ao sucesso de uma estratégia organizacional e, quando obtido de maneira sustentável, pode garantir a longevidade do negócio. As estratégias de crescimento são: diversificação, fusões e aquisições, *joint ventures*, integração vertical e integração horizontal.

Diversificação

Esta estratégia envolve o crescimento através da extensão da empresa para outras indústrias ou linhas de negócios. A diversificação geralmente é alcançada pela aquisição de empresas em outros setores, podendo ser relacionada (conexa ou concentrada) ou não relacionada (sem vínculos ou conglomerada).

A diversificação relacionada ocorre quando a empresa adquirida tem produção, tecnologia, produtos, canais de distribuição e/ou mercados similares aos da empresa compradora. Por exemplo, as Organizações Globo, grande grupo de comunicação, têm negócios nos setores de TV Aberta, TV por Assinatura, Jornais, Portal de Internet, Revistas e Editora de Livros.

A diversificação não relacionada ocorre quando a empresa adquirida é de uma linha de negócios completamente diferente. O Grupo Sílvio Santos possui negócios em setores diferentes como TV Aberta, Varejo, Construção Civil, Banco e Concessionária de Veículos.

Entre as vantagens da diversificação, podemos incluir: diluição do risco, economia de escopo, economia de custos, poder de mercado, incentivos fiscais, incorporação ou transferência de competências críticas.

> **Diversificar ou não diversificar, eis a questão**
> Muitas empresas, em algum momento de sua trajetória, enfrentam a difícil questão de diversificar ou não sua linha de negócios. Embora a diversificação traga vantagens e benefícios para a empresa, sua opção deve ser analisada cuidadosamente. Um estudo feito por Porter apontou que 33 grandes empresas geraram mais perda do que valor entre 1950 e 1986 após aquisições e entradas em outros setores. Outras pesquisas apontaram que 60% das aquisições foram desfeitas mais tarde e as margens de lucro ficaram reduzidas para as empresas que optaram por diversificar. Movimento inspirado nos keiretsus japoneses (conglomerados), a diversificação explodiu nos anos de 1980. Segundo a Booz, Allen, entre 1987 e 1992 foram realizadas 20 mil fusões e aquisições, contra apenas 750 nos anos de 1970. Muitos autores, como Al Ries, defendem a focalização como a melhor estratégia. Citando Confúcio ("O homem que caça dois coelhos não pega nenhum"), o consultor relata inúmeros casos de empresas que obtiveram sucesso pelo estreitamento de foco e afirma que as empresas diversificadas e bem- sucedidas são exceções (Al Ries, 1997). Se uma empresa busca diversificar, para saber se a expansão agregará valor, deve-se responder a três questões básicas: 1) É um setor atraente para entrar? 2) O custo de entrada compensa? 3) A empresa obterá vantagem competitiva?

Integração Vertical

Através desta estratégia, a empresa adquire outras organizações num canal de distribuição. A integração pode ser inversa ou para trás (compra de fornecedores) ou direta ou para frente (compra de distribuidores). A integração vertical permite obter maior controle sobre uma linha de negócios e aumentar os lucros através de maior eficiência ou melhor esforço de vendas. A NET Serviços, maior operadora de TV por Assinatura do país, distribui a programação de Canais da Globosat aos seus assinantes. Ambas as empresas são pertencentes às Organizações Globo, que, ao ser proprietária da produção de conteúdo e da distribuição, garante maior controle da qualidade e de custos.

Integração horizontal

Através deste tipo, a empresa adquire empresas concorrentes numa mesma linha de negócios, buscando aumentar seu porte, vendas, lucros e participação de mercado. O Banco Bradesco, maior instituição financeira do país, vem, ao longo de sua história, adquirindo empresas concorrentes como os Bancos BBV, BCN, Banco Mercantil de São Paulo, Banco do Estado da Bahia e Banco do Estado do Amazonas, entre outros.

Fusões e *Joint Ventures*

Além do crescimento através da diversificação, que inclui aquisições, uma organização também pode crescer por meio de fusões e *joint ventures*. Na fusão, uma empresa se une a outra para formar uma nova, como ocorreu com a AMBEV, por exemplo, quando as empresas Brahma e Antartica se uniram para fundar uma nova, maior e mais forte cervejaria. Na *joint venture* (aliança estratégica), duas ou mais organizações se associam para o desenvolvimento de um produto ou projeto de grande porte ou complexidade que teria difícil execução por uma empresa isolada, quer por falta de capacidades, quer por falta de recursos. Para explorar a dispendiosa distribuição de TV por Assinatura em algumas capitais brasileiras, como Vitória e Recife, o SBT e a Bandeirantes se uniram a fundos de pensão estrangeiros para formar a TV Cidade, empresa que opera a marca NET.

Estratégia de Concentração

A estratégia de concentração é aquela na qual uma organização se concentra numa única linha de negócios. Ela permite a obtenção de vantagem competitiva através do conhecimento especializado e eficiente, bem como evita os problemas naturais da administração de muitos negócios. Todavia, deixa a empresa vulnerável economicamente às flutuações de um único segmento de negócios e ao enfrentamento de competidores agressivos e de maior porte. Por exemplo, o Habib's, maior rede nacional de *fast-food*, concentra-se no setor de alimentos rápidos.

Estratégia de Estabilidade

A organização que adota uma estratégia de estabilidade se concentra em manter estável sua linha ou linhas de negócio, isto é, sem almejar o crescimento. Por que uma empresa não desejaria crescer? Muitas vezes o crescimento pode exigir alto nível de investimentos ou ter efeitos prejudiciais sobre a lucratividade. É comum também uma organização de grande porte e dominante num setor querer evitar controles governamentais ou penalidades por monopolizar a indústria. Pode ocorrer também que seu setor esteja estagnado ou com baixo crescimento e a empresa, sem outras opções viáveis, seja forçada a adotar uma alternativa de estabilidade. Manter uma posição estável a médio ou longo prazo pode ser uma escolha estratégica oportuna e adequada para a sobrevivência e sucesso organizacional.

Estratégia de Redução de Despesas

Esta alternativa ocorre quando uma organização que não está competindo eficientemente tem sua sobrevivência ameaçada. Empresas diversificadas, por razões econômicas ou de foco estratégico, não raro utilizam a estratégia de redução de despesas naqueles negócios em que não são competitivas ou que requerem altos custos para sua manutenção. Três tipos básicos levam à redução de despesas: a **estratégia de rotatividade** (quando a empresa que funciona de maneira deficiente, mas ainda não em estado crítico, desativa produtos ou linhas de produtos não lucrativos), a **estratégia de desinvestimento** (quando, para sobreviver, a empresa vende negócios ou procura desmembrá-los como organização separada) e a **estratégia de liquidação** (quando, em último caso e em situação extrema, a empresa decide encerrar o negócio e vender seus ativos). O grupo Abril decidiu recentemente fechar sua divisão fonográfica, a gravadora Abril Music, utilizando a estratégia de desinvestimento em um negócio de baixa lucratividade e fortemente impactado por tendências transformadoras como o MP3, que permite baixar músicas diretamente da internet.

Estratégias Combinadas

Organizações de grande porte, com atuação diversificada, normalmente utilizam diversas das estratégias anteriores de maneira combinada. Um conglomerado, por exemplo, pode adotar simultaneamente estratégias de crescimento em algumas empresas do grupo, de estabilidade em outras, de concentração em mais outras e de redução de despesa em alguma outra. Para formular estratégias combinadas de maneira consistente, empresas diversificadas precisam analisar cuidadosamente diversos aspectos, como atratividade e evolução dos setores em que atua e grau de rivalidade existente nesses segmentos, bem como avaliar suas competências e capacidade de crescimento em cada ramo industrial no qual compete. O grupo Votorantim, por exemplo, poderá optar por uma estratégia corporativa diferente para cada empresa que integra seu conglomerado.

Estratégias Competitivas

Formular estratégias competitivas ou de negócios envolve a tomada de decisões em nível de divisão ou unidade de negócios e refere-se aos meios pelos quais a empresa busca obter vantagem competitiva em cada um de seus negócios. Neste nível de decisão, as escolhas estão diretamente relacionadas à competitividade de determinado setor, às variáveis críticas no enfrentamento da concorrência, incluindo-se o posicionamento que a empresa pretende ocupar no mercado e sobretudo a utilização de suas forças e competências como fonte de vantagem competitiva. As estratégias competitivas devem ser consistentes com a estratégia global da organização.

Michael Porter (1985) propôs uma abordagem útil para a formulação da estratégia competitiva: a análise estrutural da indústria (Cinco Forças Competitivas). Através de seu modelo de análise setorial, pode-se compreender de maneira sistemática como cinco grandes forças moldam a dinâmica de funcionamento das indústrias (setores ou ramos industriais), facilitando a decisão e escolha da estratégia competitiva mais adequada à unidade de negócios. Essas cinco forças competitivas (ver Figura 3.8) abrangem o risco de novos concorrentes, o poder de barganha dos fornecedores, o poder de barganha dos compradores, o risco de produtos substitutos e a rivalidade entre as empresas existentes.

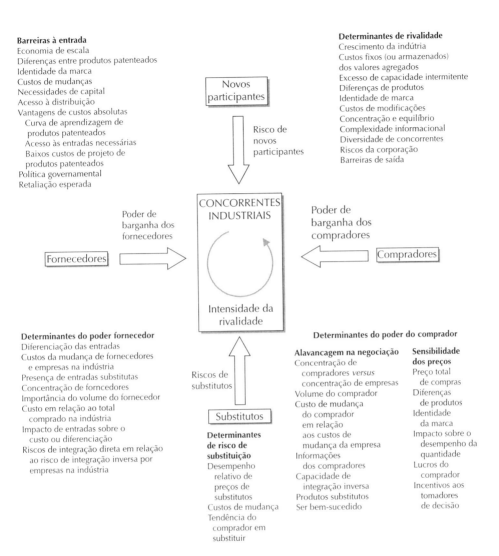

Figura 3.8 As 5 Forças Competitivas de Michael Porter.

Risco de novos concorrentes – novos competidores que entram em um ramo industrial trazem nova capacidade e poderão ameaçar as empresas existentes pelo seu desejo por lucros e participação no mercado. Essa entrada depende das **barreiras à entrada**, mostradas na Figura 3.8, isto é, obstáculos capazes de bloquear novos entrantes, como a curva de experiência, por exemplo. Através da experiência acumulada na produção e comercialização, empresas já

Administração Estratégica **215**

estabelecidas podem obter custos unitários abaixo dos de empresas inexperientes. Quanto maiores as barreiras à entrada, menor a probabilidade de empresas externas entrarem no setor.

Poder de barganha dos fornecedores – elementos críticos em qualquer ramo industrial, os fornecedores exercem forte influência na cadeia produtiva, representando eventualmente riscos à competitividade porque podem elevar os preços das matérias-primas ou reduzir sua qualidade. Fornecedores poderosos podem reduzir a lucratividade de uma indústria se as empresas compradoras não suportarem os aumentos de preços impostos pelos primeiros. A Figura 3.8 mostra alguns determinantes de poder dos fornecedores.

Poder de barganha dos compradores – os compradores "competem" com a indústria, exercendo forte influência através de seu natural poder como consumidores. Eles podem barganhar por melhor qualidade ou mais serviços, jogar os concorrentes uns contra os outros, forçar os preços para baixo – tudo às custas da lucratividade da indústria. Alguns determinantes do poder dos compradores são visualizados na Figura 3.8.

Risco de produtos substitutos – qualquer produto que ofereça ao mercado uma proposição de valor igual ou superior ao de uma empresa é um produto substituto, isto é, capaz de levar o consumidor a sua adoção em troca do anterior. Em sentido amplo, todas as empresas numa indústria estão competindo com indústrias que produzem produtos substitutos. Eles tendem a limitar o retorno potencial em uma indústria, colocando um teto nos preços que as empresas podem cobrar com lucro. Quanto mais atraente a opção de preço-desempenho oferecida por produtos substitutos, menor a cobertura de lucros para a indústria. Veja na Figura 3.8 os determinantes de risco de substituição.

Rivalidade entre concorrentes existentes – o grau de concorrência e competitividade de um setor determina sua atratividade. Fatores como o tamanho da indústria, nível de crescimento, quantidade e diversidade de concorrentes, diferenciação de produtos e barreiras de saída (como mostrado na Figura 3.8) são determinantes do grau de rivalidade numa indústria. Para atrair clientes da concorrência, as empresas se utilizam freqüentemente de estratégias como competição de preços, batalhas de propagandas, introdução de novos produtos e melhores serviços aos consumidores.

Fonte de Vantagem Competitiva

Qualquer que seja o foco para o estabelecimento da vantagem competitiva sustentável, necessário se faz que observemos que fontes de vantagens estão direcionando a supremacia de uma organização sobre a outra, pois, segundo Craig (1999), não basta olhar unicamente para a estratégia para entender por que algumas empresas superam de maneira sistemática o desempenho no mesmo setor.

Segundo o Dicionário da Língua Portuguesa (1977, p. 643), fonte é aquilo que origina ou produz, origem ou causa e, por dedução, podemos afirmar que fonte de vantagem competitiva é a origem ou a causa de uma vantagem competitiva.

O conceito a ser adotado neste trabalho contempla as posições de dois autores: Porter e Gadotti.

Uni-se o conceito de Porter(1997) de que a vantagem competitiva é "obtida através do estabelecimento de uma estratégia genérica, que envolva uma forma particular de trabalhar, de desenvolver atividades, de fornecer um tipo particular de valor" e o pensamento de Gadotti (2000) sobre sustentabilidade, que vai além da questão econômica, incluindo, ainda, uma sustentabilidade ambiental, social, política, educacional, curricular etc.

Assim, o fornecimento de um tipo particular de valor contemplará os aspectos propostos por Gadotti no que concerne à relação da empresa com todos: clientes, acionistas, empregados, fornecedores e sociedade. Com essa escolha a "estratégia" é estabelecida como uma fonte de vantagem competitiva sustentável.

Existe uma variedade de pontos de vistas acerca de qual fonte determina uma vantagem competitiva; apresentaremos a seguir algumas delas.

Porter (1990) assegura que as diferenças entre cadeias de valores concorrentes são fontes básicas de vantagem competitiva e a existência de concorrentes pode permitir que a empresa amplie sua vantagem competitiva. Porter, em seu artigo na *Harvard Business Review* em 1996, também propõe a tecnologia como fonte de vantagem, desde que ela tenha um papel significativo na determinação da posição do custo relativo ou da diferenciação .

Mintzberg (2000) listou seis pontos para uma vantagem competitiva sustentável, dos quais os cincos primeiros dizem respeito à estratégia e a questões organizacionais globais. O outro item é a inovação, apontada também por Montgomery (1998).

Prahalad (1995) afirma que uma competência essencial é, de uma forma mais básica, uma fonte de vantagem competitiva, pois é competitivamente única e contribui para o valor percebido pelo cliente ou para o custo, e acrescenta que o mais provável caminho para a vantagem competitiva sustentável é a eficácia organizacional.

Craing (1999) faz uma distinção entre recursos e capacidade de uma empresa, definindo que recursos e capacidades superiores aos de seus concorrentes poderão criar uma vantagem competitiva. Segundo o mesmo autor, recursos são os patrimônios específicos da empresa: bens de capital, qualificação de funcionários, patentes, marcas e similares, e capacidades se referem àquilo que a empresa pode fazer: o resultado dos recursos que operam em conjunto para realizar tarefas produtivas.

Baney (1995) na mesma linha de Craing propõe recursos e capacidades como fontes que agregam a estes valores, raridade e imitabilidade. Ele também aponta cultura como fonte.

Thompson (2000) declara que a vantagem competitiva é quase sempre conseguida por meio de mudanças estratégicas ofensivas; as estratégicas defensivas podem proteger a vantagem competitiva, mas raramente constituem a base para alcançá-la.
Bolwijn e Kumpe (1990) ponderam que existem estágios de evolução nas empresas e, com a evolução destes, as organizações obtêm eficiência em seus processos produtivos. Com o passo seguinte, gera-se a vantagem competitiva em termos de qualidade, rapidez, flexibilidade e inovação. Esse conceito é questionado por Porter quando afirma que "eficácia operacional não garante sucesso".
Geoge Stalk (1988) afirma que o tempo é uma importante fonte de vantagem competitiva, na administração, pois o tempo de resposta ou de criação na solução de necessidades e desejos dos clientes é um diferencial competitivo.
Richard Love, da Hewlett-Packard (apud Kotler, 1999), afirma que a capacidade de mudar, neste mundo em constantes transformações, se tornou uma vantagem competitiva.
Duane e Hitt (1999) defendem que a liderança estratégica é uma fonte de vantagem competitiva, pois o modo como uma empresa é gerida pode alterar a forma como ela se posiciona no mercado.
Richard Rumelt (apud Mintzberg, 1997) afirma que a estratégia deve proporcionar a criação e/ou manutenção de uma vantagem competitiva.
Christopher (1997) aponta o gerenciamento logístico, o *benchmarking*, o gerenciamento da cadeia de suprimentos e os serviços ao cliente como fontes de vantagem competitiva.
Peters e Waterman (apud Mintzberg, 2000) afirmam que as empresas bem-sucedidas (ou excelentes) são "dominadas" por valores-chave, tais como atendimento, qualidade e inovação, os quais, por sua vez, provêem vantagem competitiva.
Ghemawat (apud Montgomery, 1998) cita que as vantagens sustentáveis estão incluídas em três categorias: porte do mercado-alvo, acesso superior a recursos ou clientes e restrições a opções dos concorrentes.
Reichheld (1996) reconhece que a retenção de funcionários não é apenas crítica para a eficiência de custos, mas também um fator importante no crescimento do faturamento, em razão de sua ligação direta com a aquisição e a retenção de clientes.
Peter Drucker (apud Edvinsson, 1998) afirma que a inovação é a principal força motriz da empresa competitiva moderna.
Low e Kalafut apresentam um estudo que envolve 12 intangíveis que conduzem ao desempenho: liderança, execução da estratégia, comunicação e transparência, força da marca, reputação, redes e alianças, tecnologia e processos, capital humano, organização e cultura do ambiente de trabalho, inovação, capital intelectual e adaptabilidade.
Eles reuniram em um só estudo vários itens anteriormente citados por diferentes autores.
Podemos observar que a quantidade de autores que defendem fontes de vantagem competitiva sustentável é vasta e neste trabalho não contemplaremos todos eles. Embora tenhamos mais de vinte opções de fontes, nosso posicionamento é o de que a escolha de uma estratégia adequada, conduzida por uma liderança estratégica, é capaz de construir, desenvolver ou implementar todas as outras fontes.

Alternativas Estratégicas

Integrada aos aspectos identificados anteriormente na etapa de análise do ambiente e sistematizada em ferramentas como a análise SWOT, a análise das cinco forças competitivas, além de servir como um modelo efetivo para avaliar a atratividade industrial, é uma ferramenta poderosa para o desenvolvimento da estratégia de negócios. Uma empresa, por exemplo, terá maior possibilidade de alta lucratividade em indústrias caracterizadas por altas barreiras à entrada e por concorrentes substitutos, compradores e fornecedores fracos. Embora esse seja um perfil pouco comum nas indústrias, a chave para a formulação estratégica competitiva deve necessariamente passar pela análise de oportunidades e restrições particulares de uma indústria. Com base no esquema de Porter, qualquer empresa pode adotar três estratégias competitivas (genéricas):

- liderança global de custos
- diferenciação
- enfoque

A **liderança global de custos** permite a uma empresa retornos acima da média de sua indústria apesar da presença de fortes forças competitivas. A empresa consegue produzir seus produtos ou prestar seus serviços ao menor custo possível e, como conseqüência, é capaz de obter vantagem competitiva sobre a concorrência. Tendo em vista que muitos consumidores preferem "gastar a sola do sapato" procurando pelo menor preço, essa dimensão pode ser muito eficaz para distinguir a essência do negócio e garantir a vantagem competitiva. Empresas como Casas Bahia, Habib's e Gol Linhas Aéreas têm obtido vantagens acima da média através dessa estratégia.

A **diferenciação** envolve o desenvolvimento de atributos distintivos na oferta de produtos ou serviços que, por sua diferenciação, obtêm vantagem competitiva e retornos acima da média. Diferenciais superiores como qualidade, performance, *design*, serviços e suporte, velocidade de entrega, atendimento, imagem e marca podem representar atributos que distinguem vantajosamente as ofertas da empresa ante à concorrência. Empresas como TAM, Pão de Açúcar e Brastemp têm se utilizado dessa estratégia para obter resultados vantajosos.

O **enfoque** caracteriza a estratégia de focalização em determinado nicho específico do ramo industrial no qual a empresa opera. A distinção da essência do negócio se faz pelo escopo dos produtos e pelos serviços oferecidos e, com efeito, pela extensão do mercado em que são oferecidos. A marca de biquínis Rosa Chá, a Líder Táxi Aéreos e a empresa de chocolates Copenhagen são exemplos de empresas bem-sucedidas que adotam a estratégia de enfoque.

Estratégias Funcionais

Desenvolvida no nível dos departamentos organizacionais, como seu próprio nome designa, uma estratégia funcional é traçada no âmbito das áreas especializadas da organização e descreve as tarefas específicas resultantes do desdobramento das estratégias corporativa e competitiva da empresa. É através do conjunto de estratégias funcionais que a organização realizará, de maneira integrada, as atividades necessárias ao provimento e ao suporte para a criação e sustentação da proposição de valor que fornecerá a vantagem competitiva planejada. Em última instância, são elas efetivamente as responsáveis finais pela criação e sustentação do valor estratégico. Embora a organização e as responsabilidades das áreas funcionais possam variar conforme a empresa, podemos classificar algumas funções empresariais comuns às organizações em geral:

- **Estratégias de pesquisa e desenvolvimento:** o sucesso de muitas empresas está diretamente ligado à sua capacidade de criar novos produtos e serviços. No atual ambiente de mudanças e competição acirrada, onde as empresas precisam se reinventar constantemente, a inovação virou sinônimo de estratégia. Em muitas indústrias, as empresas líderes e que obtêm retornos acima da média são aquelas que utilizam estratégias baseadas na inovação e priorizam investimentos em pesquisa e desenvolvimento (P&D).

- **Estratégia de *marketing*:** cada vez mais destacado e poderoso entre as funções organizacionais, o *marketing* é responsável pela determinação dos mercados apropriados para as ofertas da empresa, pelas suas estratégias de segmentação e posicionamento, bem como pela definição das estratégias do próprio produto, de preço, de distribuição e de comunicação com o mercado e os clientes. Geradora de receitas, a estratégia de *marketing* pode ser uma importante fonte de diferenciação e de provimento para a vantagem competitiva da organização.

- **Estratégia de operações:** os especialistas nesta área analisam a tomada de decisão acerca da capacidade necessária, a disposição da fábrica, os processos de manufatura e produção e necessidades de estoques. Atividades importantes como o controle de custos e a melhoria da eficiência incluem-se nessa dimensão.

- **Estratégia de recursos humanos:** na atual era do conhecimento, o capital intelectual das organizações passa a ser talvez a mais importante e decisiva fonte de vantagem competitiva empresarial. O conjunto de decisões estratégicas em recursos humanos inclui a atração, avaliação, motivação, capacitação e manutenção dos talentos requeridos para conduzir o negócio efetivamente.

- **Estratégia financeira:** os especialistas de finanças são responsáveis pela previsão e planejamento financeiros, avaliação de propostas de investimentos, garantia de financiamentos para os diversos investimentos e controle dos recursos financeiros da organização. Pelo grande impacto que as estratégias corporativas e de negócios provocam nas finanças da empresa, e vice-versa, sobretudo em suas despesas, lucros e investimentos, afetando decisivamente a saúde financeira da organização, as estratégias de finanças podem subsidiar e contribuir efetivamente para a escolha das alternativas estratégicas da empresa.

As estratégias funcionais têm fundamental importância para a sustentação das estratégias competitivas e corporativas da organização. São elas que efetivamente vão operacionalizar, através de seus programas e planos, as decisões sobre o direcionamento do negócio e a criação e manutenção da fonte de vantagem competitiva. Por sua integração e interdependência, a congruência e o alinhamento entre os três níveis é condicionante para o sucesso estratégico. A empresa C&A, por exemplo, por criar coleções diferenciadas e buscar ampliar sua participação no mercado brasileiro de moda, obteve um fenomenal crescimento de 30% em seu faturamento no ano de 2003, principalmente em razão de sua estratégia funcional de *marketing*, quando decidiu associar a imagem da *top model* Giselle Bündchen em sua campanha de comunicação para o público.

A Contribuição da Cadeia de Valor e das Competências Essenciais para a Formulação Estratégica

A análise da cadeia de valor e a identificação de competências essenciais são critérios importantes para a formulação eficaz de estratégias corporativas e competitivas. A cadeia de valor é um modelo que desdobra e segmenta todas as atividades (divididas em primárias e de apoio) realizadas pela empresa em seu fluxo produtivo, permitindo identificar os diversos meios e custos envolvidos em todas as fases da geração de valor (ver Figura 3.9). Competências essenciais são recursos e capacidades que servem de fonte de vantagem competitiva para uma empresa (Hitt, 2001). Definidas por Gary Hamel e C. K. Prahalad (1994) como as habilidades que dão à empresa seu tempero singular, que não pode ser imitado por um rival, elas têm natureza valiosa para o mercado e costumam ser raras e insubstituíveis. Portanto, é fundamental que as empresas identifiquem, entre os elos de sua cadeia produtiva, quais são as capacidades e recursos capazes de se transformarem em competências essenciais, isto é, aquelas que são valiosas, raras, de imitação dispendiosa ou insubstituíveis e, por isso mesmo, geradoras de valor único e distintivo. A partir dessa distinção, poderão investir maior tempo, recursos e dedicação ao aperfeiçoamento daquelas atividades que efetivamente gerem valor superior (menor custo ou diferenciação) ao produto e sejam capazes de prover vantagem competitiva única e distintiva.

Figura 3.9 Cadeia Básica de Valor.

Restrições e Critérios de Seleção na Formulação da Estratégia

Certas restrições organizacionais poderão interferir na escolha estratégica e dificultar sua formulação. A condição econômica interna e a disponibilidade de recursos financeiros da empresa, a atitude frente a riscos, as capacidades organizacionais, as relações entre a empresa e os canais de distribuição e a retaliação da concorrência estão entre as principais condicionantes para a formulação de estratégias.

Para tentar minimizar a incerteza sobre os retornos de uma escolha estratégica, alguns critérios são recomendados para auxiliar sua seleção e aceitação (Certo e Peter, 1993):

1. correspondam ao ambiente externo;
2. envolvam uma vantagem competitiva sustentável;
3. sejam consistentes com outras estratégias da organização;

4. forneçam flexibilidade adequada para a empresa e para a organização;
5. conciliem-se com a missão organizacional e com os objetivos de longo prazo;
6. sejam organizacionalmente factíveis.

Implementação da Estratégia

Implementar estratégia é o ato de colocar as estratégias em ação. É a capacidade de gerir pessoas e recursos para alcançar os objetivos anteriormente traçados.

As etapas anteriores do processo de administração estratégica são alicerces para esse momento. A identificação correta das forças, fraquezas, ameaças e oportunidades se traduz em facilidades ou dificuldades na implementação de uma estratégia. Quanto maior a exatidão da etapa anterior, maior segurança terá o administrador para gerenciar as adversidades presentes na implementação de qualquer estratégia.

A necessidade de recursos humanos e materiais levantados no diagnóstico agora precisa ser gerida.

O grande desafio ao implementar uma estratégia está em gerenciar pessoas visando seu engajamento mental e psicológico na construção de soluções criativas e produtivas. Na construção dessa participação, o modelo de gestão de pessoas utilizado no dia-a-dia influencia na criação de condições adequadas ou não para a manifestação máxima desse potencial.

A implementação é tão importante que, embora tenhamos uma formulação adequada, uma má implementação pode colocar em risco os resultados esperados. A Figura 3.10 mostra as combinações e influências que a formulação e a implementação da estratégia têm entre si. Quando a formulação e a implementação são bem feitas, temos o sucesso da estratégia. Quando uma formulação for bem feita mas a implantação for conduzida de maneira inadequada, teremos certamente problemas e falta de efetividade. Uma estratégia malformulada, definida de maneira nebulosa, incoerente ou inadequada, pode dar certo ou não, como em uma roleta, dependendo da forma como for implementada. Muitas empresas foram habilidosas na execução, contornando situações maldefinidas e ajustando, de maneira ágil e flexível, seus sistemas internos na correção de rumo. Por fim, uma estratégia malformulada e implementada de modo inadequado resultará fatalmente na pior combinação: no seu fracasso.

FORMULAÇÃO DA ESTRATÉGIA

	Boa	Ruim
Boa	Sucesso	Roleta
Ruim	Problemas	Fracasso

(IMPLEMENTAÇÃO DA ESTRATÉGIA)

Figura 3.10 Combinações entre Formulação e Implementação da Estratégia.

É na implementação que identificamos a capacidade de um gestor para "fazer acontecer".

Implementar estratégias exige do administrador um conjunto de competências que possibilitem a identificação das oportunidades e a administração dos recursos necessários para sua implementação.

Existem diferentes formas de implementar estratégias, entretanto a estrutura da empresa e sua cultura são fatores que devem ser levados em consideração, pois para cada ambiente existe uma melhor opção para "fazer acontecer".

Entenda-se por estrutura o tamanho e a forma como a empresa se constrói. Temos desde estruturas simples, em que um proprietário, com seus poucos colaboradores, conduz diretamente o negócio, passando por estruturas funcionais, divisionais, unidade estratégica de negócios, até o estágio matricial.

O tamanho da estrutura influencia no trabalho que se terá para integrar as diferentes unidades, pois, quanto maior a estrutura, maior esforço terá o administrador. Cada estrutura traz em seu bojo vantagens e desvantagens; enquanto a estrutura mais simples carrega a dependência do proprietário, o que pode inviabilizar a continuidade da empresa, a estrutura funcional possibilita a rivalidade e conflito interfuncional e a estrutura divisional e de unidade estratégica de negócios favorece a disputa por recursos corporativos.

A estrutura é criada em função da estratégia. A estratégia limita a amplitude dos movimentos estratégicos. Por isso, a seqüência correta seria: formulação da estratégia e posteriormente desenvolvimento da estrutura. Entretanto, não parece ser essa a seqüência que algumas organizações têm adotado. Parece que se inverte a ordem: criamos as "caixinhas" para "ajustar" pessoas ou situações e em seguida pensamos na estratégia.

Constata-se que das três variáveis básicas, "**estratégia, estrutura e identidade**", a mais fácil de modificar é a estrutura. É possível, inclusive, observar que algumas vezes as estratégias continuam as mesmas; mudamos apenas a estrutura, mas a impressão que se passa é a de que mudamos a estratégia. Algumas empresas passam por ciclos como aumentar "caixas" ou diminuir "caixas", ou seja, centralizar, descentralizar, centralizar, descentralizar...

Tendo identificado o tipo de estrutura que caracteriza a empresa, o próximo passo é analisar a cultura organizacional. Edgar Schein (1990) define cultura como o "sistema de ações, valores, e crenças compartilhadas que se desenvolvem numa organização e orienta o comportamento dos seus membros". O mesmo autor, em outro trabalho, em 1992, define cultura como:

> Um padrão de suposições básicas compartilhadas que o grupo aprendeu ao resolver seus problemas de adaptação externa e integração interna, que funcionaram bem o bastante para serem consideradas válidas e, por isso, foram ensinadas aos novos membros como o modo correto de perceber, pensar e sentir em relação a estes problemas.

Os conceitos apresentados trazem consigo alguns aspectos que são significativos para análise e reflexão:

a) Cada organização tem uma cultura própria; portanto, a estratégia maravilhosa que funcionou em uma organização pode não ser a melhor para uma outra. Isso sinaliza o quanto se erra ao comprar pacotes que foram implementados em empresas, países, regiões e realidades diferentes como "fórmulas mágicas" que resolverão todos os problemas. É comum percebermos um "modismo" por novos métodos que não necessariamente têm a ver com a realidade da empresa. Existem dois lados nessa história: de um lado, um conjunto de consultores e autores que desejam divulgar sua mais nova criação e, do outro, um conjunto de gestores que, diante dos desafios que nos cercam, ficam ansiosos por uma nova "tábua de salvação", como se isso fosse possível. Procuram-se caminhos que façam desaparecer, ao toque de uma vara mágica, todo o trabalho e firmeza de propósito que deveríamos ter dedicado durante um espaço de tempo.

b) A cultura empresarial é aceita por uma grande parte dos colaboradores e tem uma tendência a se perpetuar, o que leva a crer que implementar uma nova ordem vai exigir do administrador romper com padrões já estabelecidos.

Segundo Maquiavel, "não há nada mais difícil de manipular, mais arriscado de conduzir, ou mais incerto de ser bem sucedido do que liderar a introdução de uma nova ordem das coisas".

Para Dias (2003), identidade organizacional é a conjugação de dois elementos centrais: grupo social e cultura.

Tendo observado a cultura e a estrutura da organização, a etapa seguinte da implementação de uma estratégia diz respeito à escolha da abordagem de implementação. Cada abordagem leva em consideração o nível de envolvimento do gestor maior, bem como o grau de participação dos colaboradores. David Brodwin e L. J. Bourgeois (apud Certo, 1993) propõem cinco abordagens, as quais apresentamos a seguir.

Abordagem do Comandante

Nesta abordagem, o administrador concentra sua energia na **formulação da estratégia**, podendo fazê-la sozinho ou coordenar uma equipe de especialistas encarregados de construí-la. A participação dos colaboradores é pequena ou nenhuma. O administrador evita se envolver com a implementação da estratégia. Esta abordagem pode reduzir a motivação dos empregados que estão acostumados a contribuir com a construção das estratégias. É a abordagem adequada para estruturas menores ou estratégias que dêem continuidade a estratégias ou mudanças não muito significativas (Certo, 1993).

Abordagem da Mudança Organizacional

Nesta abordagem, o administrador parte da premissa de que a formulação foi adequada e os colaboradores se sentem comprometidos com a implementação, participando diretamente das ações que envolvem a mudança de estrutura. A capacidade de envolver, gerar sinergia e comprometimento dos empregados é fundamental na implementação dessa abordagem. Os administradores utilizam-se de seu poder pessoal e magnético para criar um clima de receptividade para o engajamento de toda a empresa.

Geralmente é utilizada para implementar estratégias mais difíceis (Certo, 1993).

Abordagem Colaborativa

Nesta abordagem, o administrador convoca os demais administradores e busca, em conjunto, construir e implementar a estratégia. A vantagem dessa abordagem consiste na busca da contribuição de todos, pois isso não somente enriquece a construção da estratégia, como também favorece o engajamento de todos na implementação. A máxima que afirma: "Eu me envolvo mais naquilo que eu ajudei a construir" se adapta perfeitamente a essa abordagem. O único risco dessa abordagem que foi negociada com diferentes pessoas é o de ser mais conservadora (Certo, 1993).

Abordagem Cultural

A abordagem cultural é a abordagem colaborativa que inclui a participação dos colaboradores. Nessa abordagem, existe um estímulo ao processo criativo, que procura romper a máxima: "Uns pensam e outros executam". Embora tenha muitos pontos positivos, é necessário um nível de maturidade dos componentes e sua implementação requer um tempo maior (Certo, 1993).

Abordagem Crescente

Nesta abordagem, a criação da estratégia se faz simultaneamente com a implementação, pois os próprios colaboradores dos escalões mais baixos da empresa, por terem claros a missão, os valores e seu papel, vão desenvolvendo ações que facilitam a realização dos objetivos organizacionais (Certo, 1993).

Qualquer que seja a abordagem escolhida, é importante ressaltar a importância da liderança estratégica na construção de um clima adequado ao envolvimento dos colaboradores. O referencial teórico aqui apresentado reforça a prática do mundo corporativo que afirma: "Com ele no comando é possível ver mais facilmente as coisas acontecerem".

Ressaltamos, também, que novos tempos exigem novos modelos de gestão; portanto, os antigos métodos de terrorismo e pressão descontrolada estão aos poucos sendo substituídos.

O argumento de algumas pessoas para que se continue acreditando no modelo que reforça práticas antigas de gestão é: "mas fulano dá resultado". Entretanto, é salutar se questionar: Por quanto tempo? A que custo? Quanto colaborador talentoso a empresa perderá, por ele discordar e não compactuar com este modelo?

O novo modelo reforça a importância da contribuição de todos, do fomento da criatividade e da crença de que colaboradores comprometidos podem facilitar não somente a construção de uma imagem positiva da empresa, como também a sinalização, para a organização, das necessidades reveladas ou implícitas dos clientes. É importante reforçar que em um planejamento adequado cada colaborador percebe qual a sua contribuição para a construção dos resultados traçados e que, na implementação, isso favorece o engajamento de todos.

Essa etapa do processo de administração estratégica, sem dúvida, é o diferencial, pois de nada adianta percorrer todas as etapas anteriores maravilhosamente, se isso não puder ser colocado em prática. Identificamos vários administradores dispostos a contribuir com as empresas na **formulação das estratégias**, porém poucos realmente sabem colaborar com implementação delas. É na implementação que diferenciamos quem são os estrategistas que admiramos e que possuem competências para transformar sonhos em realidade.

É importante reforçar que na implementação de uma estratégia os fatores **CULTURA** Adequada + **ESTRUTURA** Adequada + **ESTRATÉGIA** adequada, aliadas a uma **LIDERANÇA** eficaz, representam um caminho com muitas possibilidades de sucesso. Os três elementos fundamentais que condicionam a implementação da estratégia são visualizados no **tripé da implementação da estratégia** apresentado na Figura 3.11.

Figura 3.11 O Tripé da Implementação da Estratégia.

Controle Estratégico

No Brasil, quando utilizamos a palavra "controle", ela traz, para alguns, o sentido de "autoritarismo, ditadura, pressão psicológica e até mesmo terrorismo", e isso é o reflexo do contexto histórico-cultural que marcou nossa nação. A conseqüência dessa atitude mental é uma fuga quase que inconsciente de mecanismos que nos levem a observar se estamos próximos ou distantes dos objetivos traçados, que é o conceito de controle estratégico.

O controle estratégico é importante e necessário, porque possibilita o acompanhamento do que foi planejado, bem como a identificação dos erros cometidos no planejamento ou implementação, e busca, em tempo, alternativas que minimizem ou anulem esses erros. O controle também nos orienta quanto aos redirecionamentos necessários quando os fatores externos se alteram e fazem com que as ações anteriormente planejadas se tornem obsoletas e inadequadas. No cenário complexo, dinâmico e volátil do atual ambiente competitivo, esta etapa do processo de administração estratégica ganha fundamental importância e é considerada por alguns estrategistas como o momento mais crítico do processo estratégico.

Em essência, controlar uma estratégia é monitorar constantemente os resultados obtidos para garantir o uso eficiente e eficaz dos recursos dedicados à consecução dos objetivos. Através do controle, conseguimos que o que foi planejado ocorra de fato. Assim, o controle está associado à definição e à medição de indicadores de performance e às ações corretivas necessárias ao pleno atingimento das metas. Para monitorar, avaliar e melhorar as atividades estratégicas da organização, devemos encarar o controle estratégico como um processo que envolve o desenvolvimento de três etapas:

1. **Estabelecimento de padrões de medição da performance organizacional:** quais os resultados que a organização quer atingir? Quais os padrões de desempenho que pretende alcançar? Estas e outras perguntas são definidas como parâmetros para o estabelecimento dos itens de controle (ou medidores) que deverão ser acompanhados e monitorados pela empresa. Associados aos objetivos previamente definidos nas etapas anteriores, os medidores permitirão a avaliação do desempenho organizacional. Assim, indicadores tradicionais de performance como crescimento do volume de vendas ou parcela de participação de mercado (*market-share*), retorno sobre o investimento (ROI) e valorização das ações no mercado são comumente utilizados para avaliar a performance estratégica de uma organização. Os padrões de desempenho poderão incluir medidas quantitativas (por exemplo, EBITDA, isto é, receitas antes de impostos e taxas ou nível de rotatividade e absenteísmo de funcionários) ou qualitativas (reputação e imagem corporativa ou capital intelectual da organização).

2. **Comparação do desempenho organizacional com os padrões estabelecidos:** ao acompanhar os resultados que a organização vem obtendo, os estrategistas poderão compará-los aos padrões previamente fixados, identificando conseqüentemente possíveis desvios. Por exemplo, se uma empresa de telecomunicações estabeleceu como padrão o crescimento de sua base de assinantes em um índice de 15% no ano, o monitoramento das vendas mensais poderá sinalizar o quanto a empresa está obtendo um desempenho adequado relativo e em direção à consecução da meta. Nesta etapa, torna-se necessário um sistema de informações e mecanismos de verificação capazes de permitir à organização o correto e pronto acompanhamento dos resultados.

3. **Adoção de medidas corretivas:** caso sejam identificados desvios na comparação dos resultados obtidos com os padrões estabelecidos, a empresa deverá promover ajustes e correções em suas ações estratégicas, visando à mudança de rumo para garantir o êxito empresarial. Dessa forma, é fundamental que os estrategistas, em conjunto com todos os gestores e áreas da empresa, avaliem e interpretem cons-

tantemente os resultados obtidos, bem como analisem e discutam a necessidade de tomar medidas corretivas e promover mudanças na estratégia organizacional.

Historicamente, os gestores fixaram seus controles em indicadores contábeis e financeiros para avaliar a saúde organizacional. Entretanto, hoje são necessários outros "sinais" para avaliar o desempenho organizacional e possibilitar que a empresa se torne mais competitiva.

Kaplan e Norton (2004), criadores do Balanced Scorecard (BSC), alertam quanto à influência, no comportamento dos gestores, da sinalização de indicador pela alta administração. À medida que o item é observado com atenção, os gestores tendem a despender maiores esforços para atingi-lo.

O Balanced Scorecard não propõe somente indicadores financeiros ou operacionais, mas ambos, como sinalizadores para os gestores medirem a performance estratégica.

Kaplan e Norton (2004) apontam quatro macroindicadores de desempenho:

- **Perspectiva do cliente** – responde à pergunta: de que forma os clientes nos percebem? (inclui indicadores para medir a satisfação do cliente, retenção de clientes, conquista de novos mercados, lucratividade do cliente, parcela de participação no mercado).

- **Perspectiva financeira** – responde à pergunta: de que modo os acionistas nos vêem? (inclui indicadores de crescimento da receita e *mix*, redução de custos, melhoria da produtividade, utilização dos ativos e estratégia de investimentos)

- **Perspectiva de inovação e aprendizado** – responde à pergunta: em que e como podemos ser melhores a cada dia? (inclui indicadores relativos a pessoas, tecnologia e cultura organizacional – sistemas, procedimentos e informação).

- **Perspectiva interna** – responde à pergunta: em que devemos ser excelentes? (inclui indicadores relacionados ao ciclo de inovação, gestão do fornecimento, custos, qualidade e tempo de ciclo, utilização de ativos e capacidade de gestão).

A Importância da Informação no Controle Estratégico

É comum na atividade de diagnóstico organizacional listarmos 20 ou 30 questões com itens de controle ou de verificação dos processos sob a gestão de executivos e identificarmos que estes não têm resposta para a maioria das perguntas. O nosso "bom senso" e a "experiência" têm sido as desculpas que os administradores apresentam para não focarem a atenção em controles.

O professor Campos Falconi (1992) nos presenteia com uma citação de Ishikawa, que afirmou: "Se você não tem item de controle, você não gerencia". Esta asserção deixa claro o quanto é fundamental o controle estratégico. Se não podemos gerenciar o que não podemos medir, é crítico que se definam padrões e medidores capazes de nos sinalizar os dados e as informações para a tomada de decisão estratégica. Assim, a disponibilidade de informações é crucial para o controle estratégico.

É importante que os estrategistas e todos os gestores envolvidos na trajetória organizacional definam as informações necessárias e relevantes para o acompanhamento dos resultados empresariais, bem como os meios para sua obtenção, monitoramento, análise e disseminação interna. Para evitar subjetividade na tomada de decisão, essas informações devem ser válidas (responderem de modo pertinente às questões reais e especificamente formuladas) e confiáveis (consistentes e quantitativamente comprovadas por fontes críveis).

Torna-se, portanto, necessária a adoção de **sistemas de informação** no âmbito da organização.

Todas as organizações devem desenvolver e implementar algum tipo de sistema para gerar e analisar as informações relevantes para o processo de administração estratégica. Embora exista uma variedade de sistemas no mercado, cada empresa poderá desenvolver e implementar o seu próprio modelo, classificando-o conforme o propósito, a utilidade e a importância. Comumente, as empresas desenvolvem sistemas de informações gerenciais (SIG) ou sistemas de apoio a decisões administrativas (Sada), que reúnem um conjunto de informações pertinentes sobre os mais variados aspectos organizacionais. Com os avanços ocorridos na tecnologia de informação, a gestão das informações e o controle estratégico sofreram uma grande evolução nos últimos anos, permitindo que os gestores disponham dos dados e informações em tempo real e de maneira integrada com todas as células da empresa.

O controle tem poderosa função de servir como *feedback* no processo de administração estratégica. Assim, no momento em que a organização sentir necessidade de revisão de seus objetivos de longo prazo em razão de desvios diagnosticados no seu desempenho ou de mudanças registradas no ambiente geral, operacional ou interno, o processo de controle fornecerá o feedback necessário para a correção de rumo. Por sua natureza iterativa e contínua de adaptação, o processo estratégico contribuirá permanentemente para a evolução e êxito da organização.

A Estratégia e a Responsabilidade Social Empresarial

Uma das medições quantitativas mais utilizadas de controle estratégico é a **auditoria dos depositários.** Os depositários, também conhecidos como *stakeholders*, são todas as partes interessadas na organização e com as quais a empresa se relaciona: acionistas/investidores, clientes/consumidores, colaboradores, fornecedores, credores, governo, sociedade, grupos de interesse, concorrência e meio ambiente. Dessa forma, uma estratégia para ser vencedora, além de ser gerenciada eficazmente em todas as suas etapas, deverá contemplar as expectativas de todos os públicos que tenham interesse nos objetivos e atividades da organização. Por isso, acreditamos que, para uma estratégia ser sustentável e garantir efetivamente a perenidade da organização, ela deverá ser formulada e implementada com base nos princípios da responsabilidade social empresarial.

Filosofia de gestão mais moderna e mais ampla, que incorpora, no gerenciamento empresarial, a dimensão social à econômica, a responsabilidade social das empresas é o compromisso com políticas e práticas que visem atender às expectativas éticas, legais e mercadológicas dos diversos grupos que de alguma forma afetam ou são afetados pelos negócios da empresa. Na era do relacionamento, a qualidade dos vínculos que a organização mantém com seus públicos é, pois, um elo fundamental para a sustentação de suas estratégias corporativas, competitivas e funcionais.

Como vimos neste capítulo, a administração estratégica é uma ferramenta crucial para o sucesso empresarial, sobretudo num ambiente dinâmico, turbulento, complexo e hipercompetitivo. A correta compreensão do processo estratégico e a habilidade no uso de seus conceitos, princípios e técnicas pelos estrategistas e profissionais de *marketing*, bem como sua interação com outras áreas e atividades da administração, como o processo de administração mercadológica, serão cruciais para a sobrevivência e supremacia de qualquer organização no ambiente empresarial brasileiro e mundial.

Referências Bibliográficas

AL RIES. *Foco*. São Paulo: Makron Books, 1997.

ANSOFF, H. Igor. *Implantando a administração estratégica*. São Paulo: Atlas, 1993.

BARKER, Joel A. *Paradigms*: the business of discovering the future. New York: Harper-Collins, 1993.

BOWMAN, Cliff; FAULKNER, David. *Competitive and corporate strategy*. London: Irwin, 1997.

CAMPOS, Vicente Falconi. *TQC - Controle da Qualidade Total* (no estilo japonês). Belo Horizonte: Fundação Christiano Ottoni, 1992.

CAVALCANTI, Marly. (Org.). *Gestão estratégica de negócios*. São Paulo. 2001.

CERTO, Samuel; PETER, J. Paul. *Administração estratégica*. São Paulo: Makron Books, 1993.

CHRISTOPHER, Martin. *Logística e gerenciamento da cadeia de suprimentos*. São Paulo: Pioneira, 1997.

CRAING, James C.; Roberto Grant. *Gerenciamento estratégico*. São Paulo: Literra Mundi, 1999.

CRAWFORD, Richard. *Na era do capital humano*. São Paulo: Atlas, 1994.

CUNHA, Antônio Geraldo da. *Dicionário etimológico*. Nova Fronteira da língua Portuguesa. Rio de Janeiro: Nova Fronteira, 1982.

DAY, George S. *A Dinâmica da estratégia competitiva*. Rio de Janeiro: Campus, 1999.

DRUCKER, Peter. *A profissão de administrador*. São Paulo: Pioneira, 1998.

FAHEY, Liam; RANDALL, Robert M. *MBA estratégia*: curso prático. Rio de Janeiro: Campus, 1999.

FERREIRA, Ademir Antonio; REIS, Ana Clara; PEREIRA, Maria Isabel. *Gestão empresarial*: De Taylor a nossos dias. São Paulo. 1998.

FREIRE, Adriano. *Estratégia*: sucesso em Portugal. Lisboa: Editora Verbo, 1997.

GADOTTI, Moacir. *Pedagogia da terra*. Rio de Janeiro: Fundação Petropólis, 2000.

GHEMAWAT, Pankaj. *A estratégia e o cenário dos negócios*: textos e casos. Porto Alegre: Bookman, 2000.

HAMEL, Gary, C. K. Prahalad. *Competindo pelo futuro*: estratégias inovadoras para obter o controle do seu setor e criar os mercados de amanhã. Rio de Janeiro: Campus, 1995.

HITT, Michael; IRELAND, R. Duane; HOKISSON, Robert. *Strategic management*. Cincinnati, Ohio: South-Western Publishing, 1998.

KAPLAN, Robert S.; NORTON, David P. *The Balanced Scorecard*: translating strategy into action. Boston: Harvard Business School Press, 1996.

KOTLER, Philip. *Administração de marketing*: análise, planejamento, implementação e controle. São Paulo: Atlas, 1998.

_____. *Marketing para o século XXI*: como criar, conquistar e dominar mercados. São Paulo: Futura, 1999.

LOW, Jonathan; KALAFUT, Pam Cohen. *Vantagem invisível*: como os intangíveis conduzem o desempenho da empresa. Porto Alegre: Bookman, 2003.

MILLER, Alex. *Strategic management*. Boston: Irwin MacGraw Hill, 1998.

MINTZBERG, Henry; BRUCE AHLSTRAND, Joseph Lampel. *Safári de estratégias*. Porto Alegre: Bookman, 2000.

MINTZBERG, Henry; QUINN, James Brian. *Processo da estratégia*. Porto Alegre: Bookman, 1998.

MONTGOMERY, Cynthia A.; PORTER, Michael E. *Estratégia*: a busca da vantagem competitiva. Rio de Janeiro: Campus, 1998.

OHMAE, Kenichi. *The borderless world*. New York: Random House, 1990.

OLIVEIRA, Djalma de Pinho Rebouças. *Estratégia empresarial*: uma abordagem empreendedora. São Paulo: Atlas, 1991.

PIETERSEN, Willie. *Reinventing strategy*. New York: John Wiley & Sons, 2002.

PORTER, Michael E. *Estratégia competitiva*: técnicas para análise de indústrias e da concorrência. Rio de Janeiro: Campus, 1986.

_____. *Vantagem competitiva*: criando e sustentando um desempenho superior. Rio de Janeiro: Campus, 1990.

REICHHELD, Frederick F. *A estratégia da lealdade*. Rio de Janeiro, Campus, 1996.

ROBERT, Michel. *Estratégia*. São Paulo: Negócio Editora, 1998.

SENGE, Peter M. *A quinta disciplina*. São Paulo: Best Seller,1990.

SWAYNE, Linda E.; GINTER, Peter M.; DUNCAN, W. Jack. *The physician strategist*. Burr Ridge, Chicago: Irwin. 1996.

TACHIZAWA, Takeshy; REZENDE, Wilson. *Estratégia empresarial*: tendências e desafios. Um enfoque na realidade brasileira. São Paulo: Makron Books, 2000.

TAVARES, Mauro Calixta. *Gestão estratégica*. São Paulo: Atlas, 2000.

TAPSCOTT, Don. *Economia digital*. São Paulo: Makron Books, 1997.

THOMPSON JR., Arthur A.; A. J. Strickland III. *Planejamento estratégico*: elaboração, implementação e execução. São Paulo: Pioneira, 2000.

TIFFANY, Paul; PETERSON, Steven. *Planejamento estratégico*. Rio de Janeiro: Campus, 1999.

TOFFLER, Alvin. *A terceira onda*. Rio de Janeiro: Record. 1980.

VASCONCELOS FILHO, Paulo de; PAGNONCELLI, Dernizo. *Construindo estratégias para vencer*. Rio de Janeiro: Campus, 2001.

WRIGHT, Peter L. Mark J. Kroll, John Parnell. *Administração estratégica*: conceitos. São Paulo: Atlas, 2000.